写作与交流

主　编　王志强
副主编　左一喻　林珍华　吴宁辛　陈　颖

电子工业出版社
Publishing House of Electronics Industry
北京·BEIJING

内 容 简 介

本教材共 14 章,包括写作与交流两大部分。其中写作部分包括应用文概述、行政公文写作、事务文书写作、礼仪文书写作、学术类论文写作、新媒体写作、日常文书写作、AI 写作等,交流部分包括语言交流概论、演讲语言艺术、日常社交语言艺术、辩论语言艺术、营销口才、求职语言艺术等。每章内容结合实际应用情境,通过理论和实例相结合的方式展示应用文写作的重要要素和技巧。

未经许可,不得以任何方式复制或抄袭本书之部分或全部内容。
版权所有,侵权必究。

图书在版编目(CIP)数据

写作与交流 / 王志强主编. -- 北京：电子工业出版社, 2025. 2. -- ISBN 978-7-121-35898-2

Ⅰ. H152.3；H193.2

中国国家版本馆 CIP 数据核字第 2025NU0848 号

责任编辑：路　越
印　　刷：三河市华成印务有限公司
装　　订：三河市华成印务有限公司
出版发行：电子工业出版社
　　　　　北京市海淀区万寿路 173 信箱　邮编：100036
开　　本：787×1092　1/16　印张：15.5　字数：400 千字
版　　次：2025 年 2 月第 1 版
印　　次：2025 年 9 月第 4 次印刷
定　　价：55.00 元

凡所购买电子工业出版社图书有缺损问题,请向购买书店调换。若书店售缺,请与本社发行部联系,联系及邮购电话：(010) 88254888,88258888。
质量投诉请发邮件至 zlts@phei.com.cn,盗版侵权举报请发邮件至 dbqq@phei.com.cn。
本书咨询联系方式：luy@phei.com.cn。

前　言

　　在这个信息爆炸的时代,写作与交流技能的重要性愈发凸显。无论是在学校、工作场所还是在社交媒体上,我们都离不开文字和语言的表达。良好的写作能力和交流能力不仅能够帮助我们更好地与他人沟通,还能在我们个人的成长和发展中起到至关重要的作用。

　　本课程将成为读者提升写作与交流技能的充电站,我们将为读者提供一系列系统性的教学,涵盖写作和交流方面的知识和技巧。我们的目标是帮助读者具备准确的表达能力,并掌握符合不同场合和需求的写作技能和交流技巧。

　　在本课程中,读者将学习如何准确理解信息,并能够用简洁明了的语言将其转化为文字或口头表达;读者将学习如何有效地进行信息搜索和整理,以及如何运用批判性思维分析、评估资料的可靠性和价值。同时,我们还将关注如何根据不同的受众和目的来进行写作,以及如何运用非语言交流技巧与他人进行良好的沟通。为了提高学习效果,我们将开展大量的实践活动,这些实践活动将帮助我们发现自身的优势和不足,并逐步提高我们的写作和交流能力。

　　此外,在课程中我们还将注重培养团队合作能力和批判性思维。通过小组项目和讨论,读者将学会与他人合作,倾听他人意见,并在集体智慧的指导下提升自己的表达能力。我们鼓励大家勇于提出自己的观点,从多个角度思考问题,并学会欣赏和尊重他人的观点。

　　在编写本书的过程中,我们充分考虑了同学们的实际需求,力求内容简洁实用,语言通俗易懂。我们首先要感谢厦门工学院的各级领导,正是因为他们的大力支持,这本书才得以面世;正是因为他们坚持"博雅教育",这门课程才能在众多的课程中占有一席之地。我们还要感谢每一位参与本书编写和策划的人员,是你们的辛勤付出,让这本书最终付梓。其中王志强负责撰写第一章、第五章、第八章、第十四章,以及全书的统稿,左一喻撰写第二章、第十章和第十二章,陈颖撰写第四章、第七章,林珍华负责撰写第六章、第九章,以及附录部分的收集工作,吴宁辛撰写第三章、第十一章和第十三章。同时,我们也感谢同学们的支持和信任,希望本书能为你们带来收获和成长。

　　最后,衷心希望每一位同学都能够在本课程中收获满满,并将所学的知识和技能运用到日常生活和未来的发展中。请时刻记住，写作和交流是一项需要持续学习和提升的技能，只有不断地实践和磨砺，才能让我们精进和成长。希望通过本书，大家在写作与交流的道路上能够越走越远，成为更好的自己。

让我们携手展开写作与交流之旅，相互学习，相互支持，共同成长！祝愿我们度过充实而有意义的课程！

本书编写者

2024 年 8 月于厦门工学院

引 言

在现代社会,应用文写作已成为人们日常生活和工作中不可或缺的一部分。在应聘求职、商务往来、公务办理、日常沟通中,应用文都扮演着至关重要的角色。因此,掌握应用文写作的基本技巧和方法是每个人都应该具备的能力之一。

本书的目标是帮助读者全面掌握应用文写作的基本知识和技巧,进而能够熟练地撰写各类应用文。通过学习本书,读者将能够提高自己的写作水平,增加写作的自信,并将所学应用到实际的工作和生活中。此外,本书对广大学子掌握规范化的书面表达和有效的口语表达技能有很大的帮助。

本书共14章,包括写作与交流两大部分。其中写作部分包括应用文概述、行政公文写作、事务类文书写作、礼仪文书写作、学术类论文写作、新媒体写作、日常文书写作、AI写作等,交流部分包括语言交流概论、演讲语言艺术、日常社交语言艺术、辩论语言艺术、营销口才、求职语言艺术等。每章内容结合实际应用情境,通过理论和实例相结合的方式展示应用文写作的重要要素和技巧。

本书的学习方法主要包括学理论、看范文、练实践三个环节。在学习理论部分时,读者应仔细阅读每个章节的内容,理解并记忆重点;在看范文时,应仔细研究典型范例,学习优秀应用文的写作技巧和结构;在练习实践时,读者可以根据所学内容,自行撰写应用文,并寻求他人的意见和建议,不断提升自己的写作能力。

目 录

上编 写作部分

第一章 应用文概述 … 2
第一节 应用文的含义 … 2
一、应用文的起源与发展 … 2
二、应用文的分类与特点 … 3
三、应用文在社会生活中的作用 … 4
四、应用文的写作技巧与注意事项 … 4
五、应用文的创新与发展 … 5
六、应用文面临的挑战与应对措施 … 6
七、应用文的社会价值与文化意义 … 7
八、结语 … 8
第二节 应用文的性质与特点 … 8
一、性质 … 8
二、特点 … 9
三、结语 … 9
第三节 写作能力概述 … 9
一、写作能力的重要性 … 10
二、提高写作能力的途径 … 10
练习园地 … 11

第二章 行政公文写作 … 13
第一节 行政公文概述 … 13
一、行政公文的概念 … 13
二、行政公文的种类 … 13
三、行政公文的特点 … 14
四、行政公文的行文规则 … 14
五、行政公文的格式 … 15
第二节 通知 … 16
一、通知的概念 … 16

二、通知的特点 ·· 16

　　三、通知的种类 ·· 16

　　四、通知的结构 ·· 17

　　五、通知的写作要求 ··· 17

练习园地 ·· 17

第三节　函 ·· 19

　　一、函的概念 ·· 19

　　二、函的特点 ·· 19

　　三、函的种类 ·· 19

　　四、函的结构 ·· 20

　　五、函的写作要求 ··· 20

练习园地 ·· 21

第四节　请示 ·· 24

　　一、请示的概念 ·· 24

　　二、请示的特点 ·· 24

　　三、请示的种类 ·· 24

　　四、请示的结构 ·· 24

　　五、请示的写作要求 ··· 25

练习园地 ·· 25

第五节　报告 ·· 29

　　一、报告的概念 ·· 29

　　二、报告的特点 ·· 29

　　三、报告的种类 ·· 29

　　四、报告的结构 ·· 29

　　五、报告的写作要求 ··· 29

练习园地 ·· 30

第三章　事务文书写作 ··· 35

第一节　计划 ·· 35

　　一、计划的概念 ·· 36

　　二、计划的种类 ·· 36

　　三、计划的特点 ·· 37

　　四、计划的写作方法 ··· 37

第二节　总结 ·· 44

　　一、总结的概念 ·· 45

　　二、总结的特点 ·· 45

三、总结的写作方法……………………………………………………………45
第三节　调查报告……………………………………………………………………52
　　一、调查报告的概念…………………………………………………………52
　　二、调查报告的特点…………………………………………………………52
　　三、调查方法…………………………………………………………………52
　　四、调查报告的写作方法……………………………………………………53
练习园地…………………………………………………………………………………58

第四章　礼仪文书写作……………………………………………………………60
第一节　礼仪文书概述………………………………………………………………60
　　一、礼仪文书的概念…………………………………………………………60
　　二、礼仪文书的种类…………………………………………………………61
　　三、礼仪文书的特点…………………………………………………………61
第二节　演讲稿………………………………………………………………………63
　　一、演讲稿的特点……………………………………………………………63
　　二、演讲稿的种类……………………………………………………………67
　　三、演讲稿与礼仪文书………………………………………………………68
　　四、演讲稿的写作方法………………………………………………………69
第三节　开幕词………………………………………………………………………86
　　一、开幕词的概念和特点……………………………………………………86
　　二、开幕词的写作方法………………………………………………………90
练习园地…………………………………………………………………………………91

第五章　学术类论文写作…………………………………………………………95
第一节　学术论文……………………………………………………………………95
　　一、学术论文概述……………………………………………………………95
　　二、学术论文的写作要求与写作方法………………………………………96
　　三、学术论文的选题…………………………………………………………97
　　四、学术论文写作的相关规范………………………………………………98
　　五、学术论文的诚信问题……………………………………………………98
第二节　学位论文……………………………………………………………………100
　　一、学位论文概述……………………………………………………………100
　　二、学位论文的写作要求与写作方法………………………………………100
　　三、学位论文的选题…………………………………………………………101
　　四、学位论文的格式规范……………………………………………………102
第三节　申论…………………………………………………………………………116
　　一、申论概述…………………………………………………………………116

二、申论的特点……………………………………………………………116
   三、申论写作的准备…………………………………………………117
   四、申论写作的技巧…………………………………………………119
  练习园地………………………………………………………………121

第六章　新媒体写作…………………………………………………………124
  第一节　活动策划案…………………………………………………………124
   一、活动策划案的概念………………………………………………124
   二、活动策划的基本原则……………………………………………125
   三、活动策划案的要素………………………………………………125
   四、活动策划案的结构………………………………………………129
   五、活动策划案写作的注意事项……………………………………130
  第二节　广告文案……………………………………………………………130
   一、广告文案的概念…………………………………………………130
   二、广告文案写作的原则……………………………………………131
   三、广告文案的构成与写作…………………………………………132
  第三节　公众号推文…………………………………………………………137
   一、网络推文的概念…………………………………………………137
   二、公众号推文的特点………………………………………………137
   三、公众号推文的写作步骤…………………………………………138
   四、公众号推文内容创作技巧………………………………………141
  练习园地………………………………………………………………143

第七章　日常文书写作………………………………………………………145
  第一节　日常文书与申请书…………………………………………………145
   一、日常文书概论……………………………………………………145
   二、申请书写作概论…………………………………………………148
  练习园地………………………………………………………………151
  第二节　邀请信………………………………………………………………152
   一、邀请信的特点……………………………………………………152
   二、邀请信的结构……………………………………………………153
  练习园地………………………………………………………………153
  第三节　求职信………………………………………………………………156
   一、求职信的特点……………………………………………………156
   二、求职信的结构……………………………………………………157
  练习园地………………………………………………………………160

第八章　AI 写作 ·· 164
　　一、AI 写作概述 ··· 164
　　二、AI 写作的历史与发展 ····································· 164
　　三、AI 写作的特点 ··· 165
　　四、AI 写作的缺点或局限 ····································· 165
　　五、使用 AI 写作的注意事项 ··································· 165
　　练习园地 ·· 166

下编　交流部分

第九章　语言交流概论 ·· 168
第一节　普通话 ·· 168
　　一、普通话的概念 ·· 168
　　二、普通话的语音音变及正音 ·································· 170
第二节　副语言 ·· 174
　　一、吐字归音 ·· 174
　　二、语速 ·· 175
　　三、停顿 ·· 177
　　四、重音 ·· 178
　　五、句调 ·· 179
　　练习园地 ·· 180

第十章　演讲语言艺术 ·· 182
第一节　演讲的基本理论 ·· 182
　　一、演讲概述 ·· 182
　　二、演讲的作用 ·· 183
　　三、演讲的种类 ·· 183
　　四、演讲的语言特点 ·· 185
第二节　演讲技巧 ·· 186
　　一、演讲准备 ·· 186
　　二、演讲的语言技巧 ·· 187
　　三、演讲的非语言技巧 ·· 188
　　四、演讲的应变技巧 ·· 188
　　练习园地 ·· 189

第十一章　日常社交语言艺术 ······································ 194
第一节　称呼与介绍 ·· 194
　　一、称呼 ·· 194

　　　　二、介绍……197
　　第二节　感谢与道歉……198
　　　　一、感谢……198
　　　　二、道歉……200
　　第三节　赞美和批评……202
　　　　一、赞美……202
　　　　二、批评……205
　　练习园地……207

第十二章　辩论语言艺术……208
　　第一节　辩论的基本理论……208
　　　　一、辩论概述……208
　　　　二、辩论的目的与作用……209
　　　　三、辩论的类型……209
　　　　四、辩论的语言特点……209
　　第二节　辩论技巧……210
　　　　一、辩论的准备……210
　　　　二、辩论的语言技巧……210
　　　　三、辩论的非语言技巧……211
　　　　四、辩论的应变技巧……211
　　练习园地……212

第十三章　营销口才……216
　　第一节　接近顾客……216
　　　　一、营销语言的要点……216
　　　　二、接近顾客的语言技巧……217
　　第二节　有效说服……219
　　　　一、叙述的技巧……219
　　　　二、倾听的方法……221
　　　　三、提问的技巧……221
　　第三节　营销难题……223
　　　　一、营销难题的类型……223
　　　　二、沟通的语言技巧……223
　　练习园地……225

第十四章　求职语言艺术……227
　　第一节　基本理论……227
　　　　一、求职语言艺术概述……227

二、面试考核的内容……………………………………………………228
　　三、面试的类型…………………………………………………………228
　第二节　求职语言…………………………………………………………229
　　一、求职语言的重要性…………………………………………………229
　　二、求职语言的注意事项………………………………………………229
　　三、求职语言的技巧……………………………………………………230
　第三节　求职语言的训练…………………………………………………230
　　练习园地……………………………………………………………………231
参考书目………………………………………………………………………233
后记……………………………………………………………………………234

写作部分

第一章 应用文概述

（1）应用文的分类；
（2）应用文的特点；
（3）写作能力的提升。

本章主要包括三节内容，其中第一节是应用文的含义，主要介绍应用文的概念。第二节是应用文的性质与特点，对应用文进行了一个简要的性质归类。第三节是写作能力的获取途径，通过介绍分析，希望能够消除读者在写作过程中可能会碰到的壁垒。

第一节 应用文的含义

应用文，作为一种实用文体，指的是在日常生活、工作和学习中，为了处理实际事务、解决实际问题而写成的具有特定格式和行文规范的文字材料。它的范围广泛，包括但不限于信函、报告、计划、总结、合同、广告、通知、说明书等多种类型。应用文具有明确的实用性和针对性，旨在有效地传递信息、沟通协调、指导实践、记录事实或宣传推广。

一、应用文的起源与发展

应用文的起源可以追溯到古代社会的各种文字记录。随着社会的进步和文明的发展，人们在日常交往中逐渐形成了较为固定的文字表达方式和行文规范。在中国，最早的应用文可以追溯到先秦时期的《尚书》，《尚书》中包含了许多官府文件和官方文书。应用文的发展经历了秦、汉、唐、宋、明、清等不同的历史时期，每个时期都有其独特的应用文形式和特点。在西方国家，古希腊和古罗马时期有许多应用文，如法律文件、商业契约等。随着西方社会的发展和进步，应用文的种类和形式也在不断地丰富和发展，先后经历了古希腊、古罗马、中世纪、文艺复兴、现代等不同的历史时期。

在古代，应用文主要应用于官方交流、书信往来及商业交易等。到了现代，随着信息时代的到来，应用文的种类和应用场景也变得更加丰富，不仅涵盖了人们日常生活中的方方面面，还深入到了各个行业的专业领域。

二、应用文的分类与特点

根据不同的用途和性质，应用文可以分为多个种类。

行政公文：指国家机关、社会团体、企事业单位在行政管理过程中形成的具有法律效力和规范体式的文书，是依法行政和进行公务活动的重要工具。包括命令、决定、公告、通告、通知、通报、议案、报告、请示、批复、意见、函、纪要等。2012年4月16日，中共中央办公厅、国务院办公厅印发《党政机关公文处理工作条例》（以下简称《条例》）。该《条例》分总则、公文种类、公文格式、行文规则、公文拟制、公文办理、公文管理、附则8章42条，自2012年7月1日起施行。

事务文书：指机关、团体、企事业单位在处理日常事务时使用的文书，是用来沟通信息、总结经验、研究问题、指导工作的工具。包括计划、总结、调查报告、规章制度、会议记录等。

商务文书：指在商务活动中使用的文书，是用来处理商务事务，沟通商务信息，促进商务合作的工具。包括合同、协议、备忘录、商务信函、商务报告等。

法律文书：指在法律活动中使用的文书，是用来处理法律事务、维护法律秩序、保障法律权益的工具。包括起诉书、判决书、裁定书、调解书等。

科技文书：指在科技活动中使用的文书，是用来记录科技成果、交流科技信息、推广科技应用的工具。包括论文、专利申请书、科技报告等。

礼仪文书：指在社交活动中使用的文书，是用来表达礼节、增进感情、沟通信息的工具。包括请柬、贺信、感谢信、唁电等。

应用文具有以下基本特点。

实用性：这是应用文最基本的特点，其写作目的就是处理实际事务，解决实际问题，因此应用文具有很强的实用性。

真实性：要求应用文中所写的内容必须真实可靠，不能虚构或夸张，这样才能保证应用文的可信度。

规范性：应用文有固定的格式和规范，包括标题、称呼、正文、结尾等部分，以及标点符号、用词、造句等方面的要求。这些规范是为了保证应用文的一致性。

简明性：应用文要求语言简明扼要，避免冗长烦琐，这样才能使读者快速获取信息，提高工作效率。

逻辑性：应用文要求思路清晰，条理分明，符合逻辑，这样才能使读者易于理解和接受应用文所表达的内容。

三、应用文在社会生活中的作用

传递信息：应用文是传递信息的重要载体，它可以将各种信息准确、快速地传递给相关人员，使他们了解情况、掌握动态、做出决策。

处理事务：应用文是处理事务的重要工具，它可以帮助人们处理日常事务，如请假、报销、申请、投诉等。

协调关系：应用文是协调关系的重要手段，它可以帮助人们协调各种人际关系，如协调上下级关系、同事关系、客户关系等。

记录历史：应用文是记录历史的重要文献，它可以将历史事件、主要人物、关键数据等记录下来，为后人提供参考。

规范行为：应用文是规范行为的重要准则，它可以帮助人们规范自己的行为，如遵守规章制度、履行合同协议等。

提高工作效率：应用文的使用可以使信息传递更加快速、准确，事务处理更加高效、规范，从而提高工作效率。

增强沟通效果：应用文的使用可以使人们更加清晰、明确地表达自己的想法，从而增强沟通效果。

保障权益：应用文的使用可以使人们更加规范、合理地处理各种事务，从而保障权益。

促进社会发展：应用文的使用可以使社会更加规范、有序地运转，从而促进社会发展。

四、应用文的写作技巧与注意事项

在撰写应用文时，需要注意以下几个方面的技巧。

明确目的：在写作之前，要明确写作的目的和受众，以便选择合适的文体和语言。

收集资料：在写作之前，要收集相关的资料和信息，以便更准确地表达自己的观点。

组织结构：在写作之前，要组织好文章的结构，包括开头、中间和结尾，使文章层次分明、条理清晰。

语言表达：在写作过程中，要注意语言表达的准确性、简洁性和规范性，避免使用模糊或不规范的语言。

校对修改：在写作完成后，要认真校对和修改文章，检查有无错别字、病句和排版错误等，以确保文章质量。

除了需要掌握上面的应用文写作技巧，还需要注意以下几个方面。

符合规范：应用文的写作要符合相关的规范和标准，如格式、排版、遣词造句、标点符号等，以确保文章的规范性。

实事求是：应用文的写作要实事求是，客观、真实地反映事物的本质和实际情况，避免夸大、缩小或歪曲事实。

简明扼要：应用文的写作要简明扼要，突出重点和要点，避免冗长、烦琐或空洞无物。

准确无误：应用文的写作要准确无误，避免出现数据错误、事实错误或逻辑错误等。

注意语气：应用文的写作要注意语气，根据不同的受众和场合选择适当的语气和措辞，以达到预期的效果。

应用文作为实用文体，在社会生活中具有广泛的应用和重要的作用。通过了解和掌握应用文的含义、分类、特点以及写作技巧，我们可以更好地运用它来解决实际问题，提高工作效率，进一步促进社会的和谐发展。

五、应用文的创新与发展

随着科技的飞速发展和社会的不断进步，应用文也在不断地创新和发展。传统的应用文形式，如书信、报告等，虽然仍然在日常生活中发挥着重要作用，但同时也面临着新的挑战和机遇。

（一）创新的必要性

适应社会发展：随着社会的不断发展，应用文的写作也需要不断创新，以适应新的社会需求和读者的阅读习惯。

提高工作效率：应用文创新能够提高人们的工作效率，使其更好地服务于社会和经济的发展。

提升竞争力：在激烈的市场竞争中，应用文创新能够使人们脱颖而出，吸引更多的读者和用户。

（二）创新的途径

内容创新：在应用文的写作中，可以通过引入新的观点、理念、方法等，使文章内容更加新颖，具有价值。

形式创新：在应用文的写作中，可以通过改变文章的结构、排版、遣词造句等，使文章形式更加丰富，吸引用户。

技术创新：在应用文的写作中，可以利用现代信息技术，如互联网、移动终端等，提高文章的传播效率，扩大文章的影响力。

（三）发展趋势

电子化：数字化和网络化的发展使应用文的形式更加多样。电子邮件、在线会议、电子报告等新型应用文形式逐渐兴起，它们不仅提高了信息传递的效率，也丰富了人们的交流方式。同时，社交媒体、即时通信工具等平台的普及也为应用文的传播和接收提供了更加便捷的途径。

可视化：为了更好地传达信息和表达观点，越来越多的应用文可以采用可视化的方式，如图表、图片、视频等。

个性化：随着人们对个性化服务的需求不断增加，未来的应用文也将变得更加个性化。例如，企业可能会为每个客户提供个性化的求职信、报价单等应用文，以提高客户的满意度。在社交媒体和自媒体平台上，人们可以通过更加个性化的方式来表达自己的观点和需求；在企业和政府等组织中，也需要根据不同部门和岗位的需求来定制相应的应用文类型和格式。

智能化：人工智能技术的发展也将对应用文的未来产生影响。未来，可能会出现一些智能化的应用文工具，如智能写作助手、智能合同审核工具等。这些工具可以帮助人们更快速、更准确地完成应用文的写作和审核工作。人工智能和大数据等技术的应用将为应用文的写作和处理提供更加高效的方式。例如，通过自然语言处理技术，我们可以实现应用文的自动生成和智能分析；通过大数据技术，我们可以对大量的应用文进行挖掘和分析，以发现其中的规律和趋势。

多元化：随着社会的不断发展和变化，越来越多的应用文将呈现多元化的特点，如跨文化交流、多语言写作等。

跨学科和跨领域的融合也为应用文的创新提供了广阔的空间。在应用文的写作过程中，我们可以借鉴其他学科的理论和方法，以提高应用文的针对性和实用性。例如，在撰写商业计划书时，我们可以运用市场营销学的知识来分析市场需求和竞争趋势；在撰写科技报告时，我们可以借鉴科学研究的方法论来确保报告的准确性和科学性。

此外，随着全球化的深入发展，应用文的国际化趋势也日益明显。在跨国交流和合作中，我们需要使用更加规范、准确和易于理解的应用文来表达自己的观点。因此，我们需要不断学习和掌握国际通行的应用文写作规范和技巧，以提高自己的应用文写作能力。

六、应用文面临的挑战与应对措施

尽管应用文在社会生活中发挥着重要作用，但我们也会面临一些挑战。随着信息时代的到来，人们获取信息的渠道越来越多样，对应用文的质量和写作效率也提出了更高的要求。同时，不同文化背景下的应用文写作规范和写作习惯也存在差异，这给跨国交流和合作带来了困难。

（一）挑战

信息爆炸：随着信息技术的发展，人们每天接收到的信息越来越多，如何在众多信息中脱颖而出，这成为应用文面临的一个重要挑战。

多元化需求：不同的读者有不同的需求和阅读习惯，如何满足这些多元化的需求，这是应用文面临的又一个挑战。

快速变化的环境：社会和经济环境的快速变化，要求应用文写作要不断地调整和更新，以适应新的情况和需求。

（二）应对措施

提高质量：提高应用文的质量是应对挑战的关键。想要提高质量，就要不断学习和提高自己的写作能力，同时要注重文章的逻辑性、条理性和语言表达的准确性。

创新形式：形式的创新可以使应用文更加生动、有趣，吸引读者的注意力。可以采用图表、图片、视频等多种形式，使文章更加直观、易懂。

关注读者需求：读者的需求和阅读习惯需要持续关注，进一步调整文章的内容和形式，使文章更加贴近读者的需求。

利用新技术：新技术的应用可以提高应用文的传播效率和影响力。可以利用互联网、移动终端等现代信息技术，使文章更加快速、便捷地传播。

为了应对这些挑战，我们需要不断提高自己的应用文写作能力，加强学习，了解并掌握各种应用文类型的写作规范和技巧。同时，我们需要注重实践，通过不间断的写作和修改来提高自己的写作水平。我们还需要关注时代变化和社会需求，不断更新自己的知识和技能，以适应新的应用文写作要求。最后，我们也需要加强跨文化交流能力的培养，通过了解不同文化背景下的应用文写作规范和习惯，我们可以更好地理解和尊重他人的观点和需求，从而更有效地进行跨国交流和合作。

七、应用文的社会价值与文化意义

应用文不仅仅是传递信息和解决问题的工具，它还承载着丰富的社会价值和文化意义。应用文是社会交往的桥梁和纽带。通过应用文，人们可以跨越空间的限制，实现远距离的沟通和交流。这种沟通不仅增进了人与人之间的了解和信任，也促进了社会的稳定和谐。

（一）社会价值

传递信息：应用文是传递信息的重要工具，它可以将各种信息准确、快速地传递给读者，使读者了解社会的发展变化和政策法规。

协调关系：应用文可以协调各种各样的社会关系，如政府与民众、企业与消费者、个人与个人之间的关系，促进社会的和谐发展。

规范行为：应用文可以规范人们的行为，如政府公文可以规范政府部门的行为，企业规章制度可以规范企业员工的行为，使社会更加有秩序。

解决问题：应用文可以帮助人们解决问题，如写请假条、求职信、投诉信等，使人们的生活更加便利。

（二）文化意义

传承文化：应用文是文化传承的重要载体，它可以记载历史、传承文化，使后人了解前人的思想和文化。

反映社会变迁：应用文可以反映社会的发展变化，是研究历史和文化的重要资料。

培养人才：写应用文需要人们具备一定的语言表达能力、逻辑思维能力和文化素养，通过学习和写应用文，可以提高人们的综合素质。

促进交流：应用文可以促进不同文化之间的交流和融合，促进人们相互了解，增进友谊。

应用文是社会文明的体现。在不同的历史时期和文化背景下，应用文的风格和形式都会有变化，这些变化不仅反映了当时社会的风貌和人们的审美观念，也记录了人类文明的发展历程。通过研究和欣赏应用文，我们可以更好地了解历史和文化，感受人类文明的魅力。

应用文还具有教育和传承的作用。许多应用文，如说明文、报告等，都是为了传递知识和经验而写成的。这些应用文不仅可以帮助读者了解某一领域的知识和技能，还可以激发读者的学习兴趣和热情。同时，应用文也是文化传承的重要载体。通过应用文，我们可以传承和弘扬中华民族的优秀文化，进一步推动文化的传承和发展。

八、结语

综上所述，应用文作为实用文体，在社会生活中发挥着至关重要的作用。它不仅是人们进行日常沟通和交流的重要工具，也是各个领域工作中不可或缺的一部分。随着科技的进步和社会的变化，应用文也在不断地创新和发展，以此适应时代的需求。

然而，我们也必须认识到，应用文写作并非易事，它需要我们具备扎实的语言文字功底、丰富的实践经验和敏锐的洞察力。同时，还需要我们不断地学习和探索新的写作方法和技巧，以应对复杂多变的社会环境和需求。

因此，我们应该珍视应用文这一宝贵的文化遗产和实用工具，不断挖掘其具备的潜力和价值，为推动社会的进步和发展贡献自己的力量。

第二节　应用文的性质与特点

应用文作为人们在生产、生活、工作中使用频率比较高的实用性文体和工具，其性质和特点是显而易见的。

一、性质

实用性和可操作性：应用文的目标是为读者提供一些建议、指导或信息，以便读者能够根据文中的内容进行实际行动。因此，应用文需要具备实用性和可操作性，对读者有实际的帮助和指导作用。

真实性：指的是应用文所涉及的事实必须真实可靠，不能有任何虚假成分。行政公文、事务文书、商务文书、法律文书等都是在真实可靠的事实基础上生成的。

规范性：指的是应用文的格式、结构、语言等都有一定的规范和标准，需要严格遵守。行政公文和法律文书在这一方面的要求比较严格。

时效性：指的是应用文的写作和使用都有一定的时间限制，需要及时地处理和完成。

行政公文和法律文书的处理时间不可能是无限期的。

针对性：指的是应用文的写作目的和对象都非常明确，具有很强的针对性。行政公文、事务文书、商务文书、法律文书、科技文书、礼仪文书等都有极强的背景和专业范畴。

二、特点

结构固定：大多数应用文都有固定的结构和格式要求。例如，求职信通常包括自我介绍、表达对职位的兴趣、展示自己的技能和经验等部分；商务信函通常包括称谓、开头、正文和结束等部分。这种固定的结构和格式要求有助于读者快速理解文本的内容和目的，并能让写作者有条理地组织自己的思路和信息。

语言简明：应用文通常要求言简意赅、表达清晰。由于应用文的目标是传递信息和引起他人关注，写作者需要尽可能用简练的语言和清晰的句子来表达自己的观点。避免冗长和复杂的句子，使用简明扼要的表达方式可以使读者更容易理解应用文所传达的信息。

格式规范：不同类型的应用文有不同的格式要求，书信、报告、通知都有各自的格式规范。

多样性：应用文的类型非常丰富，涵盖了各个领域和场景。多样性的特点使得应用文写作变得灵活多变，需要根据不同的情境和目标来选择合适的写作策略和技巧。

逻辑严密：要求应用文的内容逻辑严密、条理清晰，能够准确地表达作者的意图和观点，法律文书在这方面的表现尤为明显。

目标明确：应用文的目标通常是非常明确的。不同的应用文类型有着各自的目的和要求。例如，求职信的目标是展示自己的能力和优势，商务信函的目标是与他人进行商务交流，报告的目标是向受众传达特定信息。写作者需要清楚地知道通过文本想要传达什么信息，并以此为导向进行写作。应用文通常是为了引起读者的注意、传达请求或建议、表达意图或达成目标。因此，明确的目标是应用文成功的关键。

三、结语

本节介绍了应用文的性质与特点。理解应用文的性质与特点对于提高应用文写作的能力至关重要，希望读者能够通过本节的内容，进一步认识和理解应用文的重要性，并能够运用所学知识提高自己的应用文写作能力。

第三节 写作能力概述

写作是一种重要的沟通方式，具备良好的写作能力可以让我们更有效地传递信息、表达思想、分享知识。然而，对于大多数人来说，写作可能是一个令人望而生畏的任务。所以，这一节我们将论述一些提高写作能力的途径，希望能够帮助大家更好地掌握写作技巧。

一、写作能力的重要性

提高沟通能力：写作是一种重要的沟通方式，通过写作可以清晰地表达自己的想法和观点，从而更好地与他人进行沟通和交流。

提高逻辑思维能力：写作需要从不同的角度思考问题，从而可以锻炼自己的思考能力，提高自己的逻辑思维能力。

提高职业竞争力：在当今社会，具备良好的写作能力是非常重要的。无论是在工作中还是在学习中，都需要我们具备一定的写作能力。具备良好的写作能力可以提高自己的职业竞争力，为自己的职业发展打下坚实的基础。

丰富个人生活：写作可以帮助我们记录生活中的点滴，表达自己的情感和想法，从而丰富个人生活。

二、提高写作能力的途径

阅读：阅读是提高写作能力的重要途径之一，也是提高写作技巧的基石。通过广泛地阅读不同类型、不同风格的作品，我们可以学习到不同的写作技巧和表达方式。例如，我们可以阅读一些优秀的文学作品，如小说、散文、诗歌等，通过学习作品中的叙事结构、描写技巧和人物塑造等方面，来提高我们自己的写作能力。此外，我们还可以阅读专业领域的书籍、学术论文等，了解不同领域的专业写作规范和技巧，这对于科研论文的专业写作非常有帮助。

练习：只有不断地练习，才能提高自己的写作能力。可以选择一些自己感兴趣的话题进行写作练习，如日记、散文、小说等。在练习的过程中，可以逐渐掌握写作的技巧和方法，同时也可以发现自己的不足之处，及时改进。写作是一门实践性很强的技能，只有通过不断地练习，我们才能持续改进自己的写作能力。我们可以多写一些日记、随笔，记录自己的所见所想；也可以参加一些写作比赛、论文发表等活动，通过与他人交流和比较，不断提高自己的写作水平。

学习写作技巧：学习写作技巧是提高写作能力的重要途径之一。可以通过参加写作培训班、阅读相关书籍、观看相关视频等方式，学习一些写作的基本技巧，例如，如何构思文章结构、如何运用修辞手法、如何进行语言表达等。模仿是提高写作能力的有效方法之一，我们可以选择一些优秀的作品，尝试模仿其中的句子结构、用词方式、表达技巧等。通过模仿，我们可以更深刻地理解优秀作品的特点和魅力，同时锻炼自己的写作技巧。

多角度思考问题：写作需要从不同的角度思考问题，这样才能写出有深度、有广度的文章。可以通过阅读一些哲学、社会学、心理学等方面的书籍，学习如何从不同的角度思考问题。

注重语言表达：语言表达是写作的重要组成部分。可以学习修辞手法、语法知识等，进一步提高自己的语言表达能力。同时，也要注意避免使用一些粗俗、低级的语言，保持文章的规范和高雅。积累词汇和语法知识也是提高写作能力的必要条件。一个优秀的写作者需要有丰富的词汇储备和准确的语言表达,这样才能更准确、清晰地表达自己的观点。对于英文写作,我们可以通过背单词、学习词根、词缀等方法来扩充词汇量,同时也可以通过学习语法规则和语法练习来提高语法表达的准确性。

寻求反馈:寻求反馈是提高写作能力的重要途径之一。可以将自己的文章分享给朋友、家人、老师等,听取他们的意见和建议,并及时进行改进和完善。因此写作过程中的反思和修改也是提高写作能力的重要途径,在写作过程中,我们应该不断地反思自己的写作,思考如何更好地组织结构、清晰地表达观点。写完第一版后,我们可以进行多次修改和润色,从而提高文章的质量。

此外,还有一些其他的途径可以帮助我们提高写作能力。例如,可以加入写作社群、参与写作讨论,与他人分享经验、互相学习;还可以利用一些写作工具和软件,如语法检查工具、写作编辑器等,进一步提高写作的效率和质量。

综上,提高写作能力的途径有很多,我们每个人都可以依据自身的条件和兴趣选择于己有利、有用的途径和手段,充分发挥主观能动性,在提升的过程中享受成长和进步带来的乐趣。

练习园地

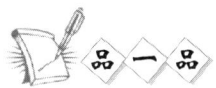

请指出下面作品的写作手法与特点。

笑

冰　心

雨声渐渐的住了,窗帘后隐隐的透进清光来。推开窗户一看,呀!凉云散了,树叶上的残滴,映着月儿,好似萤光千点,闪闪烁烁的动着。——真没想到苦雨孤灯之后,会有这么一幅清美的图画!

凭窗站了一会儿,微微的觉得凉意侵入。转过身来,忽然眼花缭乱,屋子里的别的东西,都隐在光云里;一片幽辉,只浸着墙上画中的安琪儿。——这白衣的安琪儿,抱着花儿,扬着翅儿,向着我微微的笑。

"这笑容仿佛在哪儿看见过似的,什么时候,我曾……"我不知不觉的便坐在窗口下想,——默默的想。

严闭的心幕,慢慢的拉开了,涌出五年前的一个印象。——一条很长的古道。驴脚下的泥,兀自滑滑的。田沟里的水,潺潺的流着。近村的绿树,都笼在湿烟里。弓儿似的新月,挂在树梢。一边走着,似乎道旁有一个孩子,抱着一堆灿白的东西。驴儿过去了,无意中回头一看。——他抱着花儿,赤着脚儿,向着我微微的笑。

"这笑容又仿佛是哪儿看见过似的!"我仍是想——默默的想。

又现出一重心幕来，也慢慢的拉开了，涌出十年前的一个印象。——茅檐下的雨水，一滴一滴的落到衣上来。土阶边的水泡儿，泛来泛去的乱转。门前的麦陇和葡萄架子，都灌得新黄嫩绿的非常鲜丽。——一会儿好容易雨晴了，连忙走下坡儿去。迎头看见月儿从海面上来了，猛然记得有件东西忘下了，站住了，回过头来。这茅屋里的老妇人——她倚着门儿，抱着花儿，向着我微微的笑。

这同样微妙的神情，好似游丝一般，飘飘漾漾的合了拢来，绾在一起。

这时心下光明澄净，如登仙界，如归故乡。眼前浮现的三个笑容，一时融化在爱的调和里看不分明了。

在应用文中，常见的错误包括文种使用不当、表述不规范、格式错误、语体不当等。下面是一些具体的错误示例及修改建议。

文种使用不当：例如，将"启示"误用为"启事"。在正式的应用文中，"启示"通常用于启发提示，指有所领悟的场合，而"启事"则用于公布事项或说明情况的文书。正确的做法是将"启示"改为"启事"。

表述不规范：例如，在招领启事中具体描述失物的详细信息，如"内有人民币200元，公交卡一张"，在实际应用中应避免具体描述失物的详细信息，以保护失主的隐私。正确的做法是删去具体金额和物品的描述。

格式错误：例如，在请假条中，"尊敬的王老师："应顶格书写，而不应保留空格。此外，请假条中的敬辞使用也应符合规范，如将"令尊"改为"家父"或"我的父亲"，以避免敬辞使用不当。

语体不当：例如，在招聘启事中，应避免使用过于口语化的表达，如"录取结果将在7月初宣布"，应更正式地表达为"录取结果将在近期公布"。

上述具体的错误示例及修改建议可以有效地纠正应用文中的常见错误，提高应用文写作的规范性和专业性。

1. 什么是应用文？日常生活和工作中常见的应用文属于哪一类？
2. 应用文的性质与特点有哪些？
3. 你觉得在提高写作能力的途径中最重要的是哪一方面？为什么？

通过阅读冰心的短文《笑》，你有怎样的启示或观点，请自选角度，自拟题目，联系自身及现实，撰写一篇不少于600字的短文。

行政公文写作

学习目标

(1) 理解公文基础：掌握公文的定义、分类及重要性；
(2) 掌握文种与格式：熟悉常用公文文种，掌握格式要求与撰写要求；
(3) 明确行文规则：了解公文行文关系与方向，遵循行文规则；
(4) 提升写作能力：通过实践提高公文写作的准确率和效率。

本章导语

本章将带读者了解行政公文写作的基础，包括公文的基本概念、分类、常用文种及格式要求。同时，本章将深入讲解公文行文关系、方向及必须遵循的规则。最后，本章通过实践指导提升公文写作能力，确保行政公文的专业性和规范性。

第一节 行政公文概述

一、行政公文的概念

行政公文，是公务文书的另一种说法，是人类在治理社会、管理国家的公务实践中使用的具有法定权威和规范格式的应用文。作为表述国家意志、执行法律法规、规范行政流程、传递重要信息的最主要载体，从某种程度上来说公文是国家法律法规的延续和补充。

二、行政公文的种类

国家行政机关公文的最新版本有 15 种，分别是：决议、决定、命令（令）、公报、公告、通告、意见、通知、通报、报告、请示、批复、议案、函、纪要。公文的种类和名称是由中共中央办公厅、国务院办公厅联合印发的《党政机关公文处理工作条例》所规定的。行政公文的种类较多，常见的分类方式有以下几种。

（一）按照行文方向分类

上行文：指下级机关向上级机关报送的公文，如请示、报告等。

下行文：指上级机关向所属下级机关发送的公文，如命令（令）、决定、批复等。
平行文：指同级机关或不相隶属的机关之间往来的公文，如函等。

（二）按照紧急程度分类

特急公文：指内容至关重要并十分紧急，需要立即优先传递处理的公文。
加急公文：指内容重要、紧急，需要加快传递处理的公文。
常规公文：指无特殊时间要求，按照正常速度处理的公文。

（三）按照保密程度分类

绝密公文：指涉及党和国家最重要机密的公文。
机密公文：指涉及党和国家重要机密的公文。
秘密公文：指涉及党和国家一般机密的公文。

（四）按照公文的性质和作用分类

指挥性公文：用于指挥和部署下级机关的工作，如命令（令）、决定、批复等。
报请性公文：用于向上级机关汇报工作、反映情况、请求指示和批准，如请示、报告等。
知照性公文：用于向有关方面告知情况、传递信息，如公告、通告、通知、通报等。
商洽性公文：用于机关之间商洽工作、询问和答复问题，如函等。
记录性公文：用于记录会议主要情况和议定事项，如纪要等。

三、行政公文的特点

鲜明的政治性：行政公文是发文者意志的表现，具有鲜明的政治性。在中国，行政公文承担着传达党和国家的路线、方针、政策，实施国家的行政措施的重要职能。

法定的权威性：行政公文的权威性是由公文法定作者的权威性决定的。公文的法定作者是指依法成立，并能以自己的名义行使权力和担当义务的组织。公文在法定职权范围内制发，代表制发机关的发言，具有法规和行政的强制性，受文机关必须严肃对待，认真理解，严格执行。

规范的顺序性：行政公文具有规范的格式和特定的处理程序。公文的文体和格式必须符合国家的统一规定，收文和发文均有一定的处理程序，各环节皆有顺序性和规范性。

一定的时效性：行政公文特别讲究时效性和实际效用，必须在一定时间范围内及时发挥作用。

四、行政公文的行文规则

行政公文的行文规则是指各级机关公文往来时需要共同遵守的制度和原则，它有利于公文的传递方向正确、线路短捷有效，避免公文旅行，阻止部分公文进入不必要的流通过程，抑制无价值公文的产生。主要的行文规则包括以下几种。

按机关的隶属关系行文：上级机关对下级机关可以作指示、布置工作、提出要求；下级机关可以向隶属的上级机关报告工作、提出请示，上级机关对请示事项应予以研究答复。

按机关的职责范围行文：行文的内容应是本机关职责范围内的事项，不能超出职责范围。

授权行文：当一个部门的业务需要下级政府和有关部门的支持与配合，但按隶属关系和职责范围又不具备布置工作提出要求的行文权限时，可通过授权行文解决。

联合行文：同级政府与政府之间，部门与部门之间，上级部门与下级部门之间可以联合行文。

不越级行文：一般情况下不能越级行文，以保证一级抓一级、一级对一级负责的原则。

请示公文只主送一个机关：请示内容是需要答复的事项，主送机关有责任研究并给出答复。

五、行政公文的格式

行政公文的格式要素可分为眉首、主体、版记三部分。红色反线以上的各个要素统称为眉首；红色反线（不含）以下至主题词（不含）之间的各要素统称为主体；主题词以下的各要素统称为版记。具体格式如下。

公文标题：一般用二号小标宋体，位于红色分割线下空两行的位置，按梯形或者菱形居中排列。

主送机关：位于标题下空一行的位置，左顶格，回行依旧左顶格，主送机关如果过多可以放在版记。

公文正文：首页需要显示正文，行距一般为固定值 28 磅，字距无要求，字号一般用三号（也可以用小三或者四号）。正文中的层次要求第一层用"一"，黑体；第二层用"（一）"，楷体；第三层用"1."，仿宋；第四层用"（1）"，仿宋。

附件说明：正文下一行左边空两格，附件要除去正文，另起一面写，"附件"设置为三号黑体。

发文机关署名、成文日期、印章，发文机关用发文机关的全称或者简称。成文日期的数字用阿拉伯数字。

1. 行政公文在政府机构日常运作中扮演了哪些关键角色？它们如何确保政策执行的一致性、信息传递的准确性和决策过程的高效性？
2. 不同类型的行政公文（如通知、通报、请示、报告等）在格式、内容及适用场景

上有何不同？在实际工作中，如何根据具体情况选择合适的公文类型来准确传达信息或请求指示？

3．随着信息技术的发展，电子化、无纸化办公逐渐成为趋势。这对行政公文的撰写、审批、传递及存档等流程带来了哪些影响？如何在保持公文规范性和严肃性的同时，充分利用现代技术手段提高公文的处理效率，提升管理水平？

第二节 通 知

一、通知的概念

通知是机关、团体、企事业单位或个人向有关方面传达事项、布置工作、知照情况的一种应用文体。它具有明确的目的性、广泛的适用性和一定的时效性。

二、通知的特点

明确性：内容具体，要求明确，使读者一目了然。
时效性：通常针对即将发生或正在发生的事件，要求及时传达。
广泛性：适用范围广，可以面向全体成员或特定群体。
正式性：语言规范，格式固定。

三、通知的种类

通知是当上级机关传达要求，下级机关办理或需要有关单位了解、执行时，使用的一种公文文种。根据内容和功能的不同，通知可以分为多种类型，主要包括以下几种。

发布性通知：主要用于发布行政规章制度和党内规章制度。这类通知具有正式性和权威性的特点，要求受文单位或个人遵照执行。

批转性通知：用于上级机关批转下级机关的公文（如请示、报告等）给所属有关人员，让相关人员周知或执行。这种通知体现了上级对下级工作的指导和管理。

转发性通知：用于转发上级机关和不相隶属机关的公文给所属有关人员，让相关人员周知或执行。这种通知有助于确保信息的传递和政策的落实。

指示性通知：用于上级机关指示下级机关如何开展工作。它明确了工作的目标、要求、方法和步骤，对下级机关具有指导性和约束性。

任免性通知：用于任免和聘用干部。这类通知具有正式性的特点，具备法律效力，是组织人事变动的重要依据。

事务性通知：用于处理日常工作中包含的事务性的内容，常把有关信息或要求用通知的形式传达给有关机构或群众。它涵盖了广泛的日常工作内容，具有灵活性和时效性的特点。

知照性通知：这种通知主要用于告知受文对象某些事项或情况，使相关人员了解或知晓，而不一定要求立即执行或办理。

四、通知的结构

通知一般由标题、主送机关（或称谓）、正文、落款四部分组成。

（一）标题：通常包括发文机关、事由和文种，如《××公司关于××活动的通知》。

（二）主送机关（或称谓）：指明通知的接收对象，如"全体单位""各部门"等。

（三）正文：包括通知缘由、通知事项和执行要求三部分。通知缘由部分简述发文的原因；通知事项部分具体说明通知内容；执行要求部分提出执行的具体要求或希望。

（四）落款：包括发文机关名称和成文日期，位于正文右下方。

五、通知的写作要求

内容准确：确保通知内容准确无误，避免产生歧义。

条理清晰：结构严谨，逻辑性强，便于读者理解和执行。

语言简洁：用词准确，表达清晰，避免冗长。

格式规范：遵循通知的固定格式，保持正式性。

练习园地

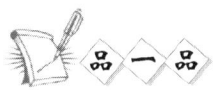

请指出下面作品的写作手法与特点。

××公司关于举办年度员工表彰大会的通知

各部门：

为表彰过去一年中在公司发展道路上做出杰出贡献的优秀员工，激励全体员工继续努力、追求卓越，公司决定举办"××年度员工表彰大会"。现将有关事项通知如下。

一、大会时间

1. 日期：××年××月××日（星期×）

2. 时间：下午××:××开始，请全体参会人员提前15分钟入场就座。

二、大会地点：公司的多功能厅

三、参会人员

1. 公司高层领导

2. 各部门负责人

3. 全体员工（包括试用期员工）

四、大会内容

1. 公司高层领导在开幕式上致辞，回顾过去一年中公司的发展成就，展望未来发展。

2. 颁发"年度优秀员工"奖项，表彰在各自岗位上表现卓越、业绩突出的员工。

3. 颁发"团队协作奖"，表彰在团队合作中展现了高度默契与精诚协作精神的团队。
4. 其他特别贡献奖项根据具体情况来设定并颁发。
5. 优秀员工代表发言，分享工作经验与心得。
6. 设置互动环节，可进一步增强员工之间的交流与合作。
7. 公司高层领导在闭幕式上致辞，总结大会精神，鼓励全体员工继续为公司的发展贡献力量。

五、注意事项

1. 请各部门负责人确保将本通知传达到每位员工，并统计参会人数，于××月××日前反馈至人力资源部。
2. 参会人员请着正装出席，保持良好的会场秩序。
3. 如有特殊情况不能参加，请提前向部门负责人请假，并说明原因。
4. 公司将准备茶歇，供参会人员享用。

年度员工表彰大会是展示公司风采、弘扬企业文化、激励员工士气的重要活动。我们期待每一位员工积极参与，共同见证这一荣耀时刻。让我们携手并进，为公司的更加辉煌灿烂的明天努力奋斗！

××公司

××年××月××日

写作手法与特点如下：

采用直接明了的方式，开篇即点明主题，随后详细列出大会的时间、地点、参会人员、表彰内容等，最后提出参会要求；

内容全面，条理清晰，语言简洁，便于员工快速了解并准备参会。

请指出下面作品中的错误并加以改正。

开展××培训的通知

亲爱的员工们：

你们好！

为了提升大家的专业技能，公司决定开展××培训。培训时间：××月××日。培训地点：公司的会议室。请大家务必参加。

此致

敬礼！

××公司

××年××月××日

根据下面材料,写一篇通知。

材料:某学校计划于下周五(××月××日)下午两点,在学校礼堂举行"青春梦想"主题演讲比赛决赛。参赛选手为各班级选拔出的优秀学生代表,全校师生均可观看。请各班班主任通知本班学生,并组织学生有序入场。

第三节 函

一、函的概念

函,作为一种平行文种,主要用于机关之间(特别是不存在隶属关系的机关)相互商洽工作、询问和答复问题、请求批准和答复审批事项等。它是公务活动中一种重要的书面沟通方式,体现了平等、协商、礼貌的交往原则。

二、函的特点

平等性:发函与收函双方地位平等,没有上下级隶属关系。

灵活性:函的适用范围广泛,内容多样,可用于多种公务交往场合。

正式性:函的格式、用语均需符合公文写作规范,以确保正式性。

针对性:针对具体的事项或问题,内容明确,目的性强。

三、函的种类

函的种类繁多,根据不同的分类标准,可以分为多种类型。下面是一些常见的分类标准及对应的函的种类。

(一)按内容性质划分

商洽函:主要用于机关之间商洽工作、讨论问题,如业务培训、人员调动、信息交流、物质供应等。

问复函(询问答复函):用于机关之间提出询问和答复询问,如疑难询问、调查询问、统计询问等。

请准函(求批审批函):用于向没有隶属关系的有关主管部门请求批准相关事务或事项。

知照函:用于把自己管辖范围的事项告诉有关的机构,使其知晓或了解相关情况。

(二)按往来关系划分

致函:由行文机关主动制发,用以询问或商洽工作的函。

复函:由发文机关被动制发,用于答复来函的函。

（三）按性质划分

公函：是机关、团体、企事业单位之间使用的书面沟通函件，用于正式的公务活动或事务性工作，通常包括邀请函、感谢函、道歉函、询问函、答复函等多种类型。

便函：用于日常事务性工作的处理，不属于正式公文，没有严格的公文格式要求，甚至可以不用标题和发文字号，只需注明机关单位名称和成文日期并加盖公章即可。

（四）其他常见类型

申请函：个人或组织向有关部门或机构提交的请求批准或认可的函件，如申请证明、申请许可证、申请资格认证等。

告知函：向对方告知事情的进展或结果的函件，如通知函、确认函、汇报函等。

邀请函：用于邀请对方参加活动或会议的函件，如会议邀请函、活动邀请函等。

慰问函：向对方表示慰问和关怀的函件，如感谢对方在困难时期的支持，询问对方身体状况等。

批评建议函：针对对方的不足之处提出批评意见和建议的函件，如对工作失误提出批评建议，对产品质量提出改进意见等。

此外，还有备忘录、调解函、索赔函等特定场景下使用的函件。这些函件类型各有其特定的用途和格式要求，在实际应用中需要根据具体情况选择合适的类型。

四、函的结构

（一）标题：由发文机关、事由和文种组成，如"××公司关于××事项的函"。有时也可省略发文机关，直接写明事由和文种。

（二）主送机关：即受文单位，应顶格书写，并加冒号。

（三）正文

开头：简要说明发函的缘由、目的或背景。

主体：详细阐述发函的具体事项、要求或建议，要求内容条理清晰，逻辑严密。

结尾：可提出希望、请求或说明有关事项，常用"特此函达""敬请函复""盼复"等结束语。

（四）落款：包括发文机关的名称和成文日期，需加盖公章以表正式。

五、函的写作要求

目的明确：函的撰写需要有明确的目的，确保内容围绕目的展开。

语言得体：使用正式、礼貌的语言，体现平等协商的态度，避免呈现命令或强制性的语气。

内容准确：事实清晰，数据准确，表述明确，避免模糊表达或内容歧义。

格式规范：严格按照公文格式的要求进行书写，标题、主送机关、正文、落款等部分的格式要统一规范。

练习园地

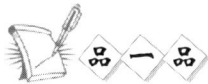

请指出下面作品的写作手法与特点。

关于开展"数字化校园建设经验交流会"的邀请函

尊敬的××市教育局及各学校领导:

数字化时代,教育信息化已成为推动教育现代化不可或缺的力量。为了深入探讨数字化校园建设的有效途径,分享成功经验,促进相互学习与相互借鉴,我们特此举办"数字化校园建设经验交流会"。在此,我们诚挚地邀请贵单位领导及相关人员拨冗出席,共襄盛举。

一、时间:××年××月××日

二、地点:××市××会议中心

三、主题:数字化校园建设的新理念、新实践、新挑战

四、内容:邀请业内专家及成功案例代表,就数字化教学环境的构建、智能管理系统的应用、数据安全与隐私保护等议题进行深入交流与探讨。我们坚信,贵单位的参与将为本次交流会增添精彩与活力。期待在会上与您共谋数字化校园建设的美好未来!

请您在收到本函后,于××月××日前回复确认是否出席,以便我们做好相应的接待与安排工作。

衷心期待您的光临!

此致

敬礼!

××教育科技协会

××年××月××日

写作手法与特点如下。

目标明确,直入主题:函的开篇就明确指出活动目的——推动数字化校园建设,使读者一目了然,迅速抓住重点。

语言简练,信息明确:整篇函稿采用简洁明了的语言风格,信息表达清晰准确,无冗余词汇,确保读者能够快速获取关键信息。

结构清晰,层次分明:函稿按照一定的逻辑顺序展开,条理清晰,便于读者理解和接受。

正式得体,礼貌邀请:在表达邀请时,使用"诚邀""拨冗出席"等词汇,体现了对受文单位的尊重,符合公文写作的正式要求。

强调互动,聚焦价值:函稿中多次提及"交流""分享""探讨"等词汇,强调了活动的互动性和实用性,旨在通过本次交流会,为参会者提供宝贵的学习机会和合作平台。

请指出下面作品中的错误并加以改正。

邀请参加教育论坛

尊敬的××市教育局、各学校领导:

您们好!

我们计划于近期举行一场教育论坛,目的是探讨当前教育领域的热点问题,分享成功经验。在此,特向贵单位发出邀请,希望能得到您们的支持并拨冗参加。

具体会议时间、地点及议程安排等细节,我们会在后续通知中详细告知。请贵单位在收到本函后,尽快回复确认是否参加,以便我们做好相应的接待工作。

最后,我们衷心希望贵单位能积极参与此次论坛,共同为推动我国教育事业的发展贡献智慧和力量。

此致

敬礼!

××教育局
××年××月××日

1. 标题格式书写不规范

错误:标题"邀请参加教育论坛"未使用正式的公文标题格式,且未包含发文机关。

改正:应改为"××市教育局办公室关于邀请参加'××教育论坛'的函"。

2. 正文内容表述不清楚

错误:正文未明确说明论坛的具体时间、地点等重要信息,仅表示"后续通知中详细告知",不够具体。

改正:在正文中简要提及论坛的大致时间(如"定于××年××月××日")和地点(如"在××市××会议中心"),并强调后续会发送详细通知。

3. 主送机关书写不规范

错误:主送机关写的是"尊敬的××市教育局、各学校领导",虽然表达了尊重,但格式上不够正式,且"您们好"在公文中较少见。

改正：应改为"尊敬的领导",并在正文开头使用"您好"或"您们好"(如果确实需要针对多个单位),但更常见的做法是直接进入正文,不特别标注"您们好"。

4. 落款与日期未保持一致

虽然此例中落款与日期基本正确,但为了保持一致性,建议将"××教育局"改为与标题中相符的正式发文机关名称,如"××市教育局办公室"或具体负责部门。

××市教育局办公室关于邀请参加"××教育论坛"的函

尊敬的领导：

  为深入探讨当前教育领域的热点问题,分享成功经验,我们××市教育局办公室计划于××年××月××日在××市××会议中心举办"××教育论坛"。在此,我们特向贵单位发出诚挚邀请,希望能得到您的支持和参与。

  论坛将围绕××主题展开,邀请知名教育专家、学者及一线教育工作者共聚一堂,就教育创新、教学质量提升等议题进行深入交流与探讨。具体议程安排及参会须知等详细信息,我们将通过后续通知的形式发送给您。

  请您在收到本函后,于××月××日前回复确认是否参加,以便我们做好接待与准备工作。

  我们衷心期待贵单位的积极参与,共同为推动我国教育事业的发展贡献智慧和力量。

  此致

敬礼！

××市教育局办公室
××年××月××日

根据下面材料,写一篇函。

材料：某市文化局计划于下月举办"城市文化周"活动,需邀请市旅游局共同参与,并希望其提供旅游线路推广支持,以吸引更多游客参与活动。

××市文化局关于邀请市旅游局共同参与"城市文化周"活动的函

市旅游局：

  为进一步弘扬我市优秀文化,丰富市民及游客的文化生活,我局定于下月举办"城市文化周"活动。此次活动旨在通过一系列精彩纷呈的文化展示和交流活动,展现我市独特的文化底蕴和魅力。

鉴于贵局在旅游推广方面的专业经验和资源优势，我们诚挚邀请贵局共同参与此次活动，并希望贵局能够协助我们设计并推广具有吸引力的旅游线路，以吸引更多游客前来参观体验。我们相信，在贵局的鼎力支持下，"城市文化周"活动定能取得圆满成功，为我市文化旅游事业的发展注入新的活力。

敬请贵局于收到本函后一周内回复，以便我们做好后续的工作安排。如有任何疑问或需要进一步沟通，请随时与我局联系。

特此函达，盼复。

××市文化局

××年××月××日

第四节　请示

一、请示的概念

请示是下级机关在工作中遇到超出自身职权范围的事项时，向上级机关请求指示、批准或帮助的一种正式公文，是上下级机关之间沟通、协调工作的重要手段。

二、请示的特点

单一性：请示坚持一文一事的原则，不得在一篇请示中有多个事项。
呈批性：请示的目的在于请求上级机关的指示或批准，具有鲜明的呈批性特征。
时效性：请示所处理的事项往往具有紧迫性，需要上级机关及时给予回复。
针对性：请示的内容应针对具体问题或事项，明确提出请示的理由和具体内容。

三、请示的种类

请求指示的请示：下级机关对政策、方针、规定等有不明确的地方或有疑问，需要上级机关给予明确的指示和解释。

请求批准的请示：下级机关在工作中遇到人力、物力、财力等方面的困难，或者在职责范围内拟采取重大措施、行动等，需要上级机关批准。

请求批转的请示：下级机关就某一涉及面广的事项提出处理意见和办法，需各有关方面协同办理，但按规定又不能指令平级机关或不相隶属的部门办理，需要上级机关审定后批转执行。

四、请示的结构

（一）标题：由发文机关名称、事由和文种组成，如《××公司关于申请购置办公设备的请示》。

（二）主送机关：明确指出请示的受理机关，一般写在标题的下一行，顶格书写。

（三）正文

请示缘由：简要说明请示的背景、原因、依据等。

请示事项：具体阐述请求的内容、目的、要求等。

结尾：常用"妥否，请批示""请予批准"等语句结束。

（四）落款：包括发文机关署名和成文日期，位于正文右下方。

五、请示的写作要求

理由充分：请示的理由要客观、充分，能够充分说明请求的必要性和合理性。

内容明确：请示的事项要具体、明确，避免模糊不清或含糊其辞。

语气恰当：请示的语气应诚恳、谦恭，符合下级机关向上级机关请示的语境。

格式规范：严格按照公文的格式要求撰写，确保结构清晰、排版整齐。

练习园地

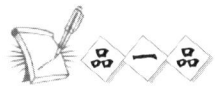

请指出下面作品的写作手法与特点。

××市环保局关于申请增设环境监测站的请示

尊敬的××省环境保护厅：

随着我市经济社会的快速发展和城市化进程的加快，环境保护工作面临着前所未有的挑战。近年来，我市空气质量、水环境质量及土壤环境质量的监测需求日益增长，现有环境监测站点的布局和监测能力已难以满足当前及未来环境保护工作的需要。为进一步提升我市环境监测能力，确保环境数据的准确性和时效性，为环境管理和决策提供有力支撑，我局拟申请增设环境监测站。

一、增设环境监测站的必要性

1. 满足环境保护新要求：随着国家及我省不断提高环境保护工作的要求，增设环境监测站有助于更全面地掌握我市环境质量，及时发现和解决环境问题。

2. 增加环境监测覆盖面：目前，我市部分区域存在环境监测盲区，增设监测站能够填补这些空白，实现环境监测的全覆盖。

3. 增强应急响应能力：在突发环境事件发生时，增设的监测站能够迅速响应，提供及时、准确的监测数据，为应急处置提供科学依据。

二、增设环境监测站的具体方案

1. 站点选址：经过科学论证和实地考察，拟在我市东部的工业区、南部的水源地保护区及西部的生态敏感区等关键区域增设监测站。

2. 监测项目：新增站点将重点监测空气质量（包括 PM2.5、PM10、二氧化硫、氮氧化物等）、水环境质量（包括地表水、地下水、饮用水等）及土壤环境质量等关键指标。

3. 设备配置：将采购先进的监测仪器和设备，确保监测数据的准确性和可靠性。

4. 人员配备：将招聘具有专业背景和丰富经验的监测技术人员，并进行系统培训，确保监测工作的顺利开展。

三、经费预算及资金来源

本次增设环境监测站预计总投资为××万元，其中设备购置费××万元，人员培训费××万元，其他费用××万元。资金来源主要为市级财政拨款和环保专项资金。

鉴于上述情况，我局特向贵厅申请批准增设环境监测站，并恳请贵厅在资金、技术等方面给予大力支持。我们相信，在贵厅的关心和支持下，我市环境监测能力将会得到显著提升，为环境保护事业做出更大贡献。

妥否，请批示。

××市环境保护局
××年××月××日

写作手法与特点如下。

结构清晰：本文采用了规范的公文写作结构，包括发文机关、文号、主送机关、正文、结尾和落款等部分，条理清晰，便于阅读和理解。

理由充分：在正文部分，作者从满足环境保护新要求、增加环境监测覆盖面、增强应急响应能力等三个方面阐述了增设环境监测站的必要性，理由充分，阐述具体。

内容具体：在增设环境监测站的具体方案部分，作者详细说明了站点选址、监测项目、设备配置和人员配备等内容，使请示内容更加具体和可操作。

语言得体：正文语言平实、准确，符合公文写作的语言要求。同时，作者使用了恰当的敬语和措辞，体现了对上级机关的尊重。

逻辑严密：本文从必要性阐述到具体方案提出，再到经费预算及资金来源说明，层层递进，环环相扣，具有较强的说服力。

请指出下面作品中的错误并加以改正。

关于申请经费的请示

致：公司领导

大家好！

我们部门最近因为业务扩展，需要购买一些新的设备和器材，这些设备和器材对我们的工作非常重要，没有它们我们就无法完成一些关键的任务。所以我们现在急需申请一笔经费来购买这些必需品。

具体来说，我们需要购买以下几样东西：

高端电脑 10 台，每台的价格预计在 1 万元。

专业摄影设备一套，包括相机、镜头等，总价预计为 5 万元。

还有一些小配件和耗材，加起来大概需要 1 万元。

以上总计大概需要 16 万元。希望公司能够尽快批准我们的申请，这样我们才能及时购买所需的设备和器材，保证工作的顺利进行。

谢谢大家的支持和理解！

此致

敬礼！

××部门
××年××月××日

1．标题不规范

错误：没有使用正式的请示公文标题。

改正：应使用"××部门关于申请购置设备及器材经费的请示"作为标题。

2．主送机关表述不正式

错误：使用"公司领导"作为主送机关，不够具体。

改正：应明确主送机关，如"公司财务部"或"公司总经理办公室"。

3．正文格式与用语不规范

错误：正文开头未直接说明请示事项，且使用了口语化的表达。

改正：正文开头应直接说明请示事项，如"因业务扩展需要，我部门拟申请购置一批新设备及器材，并申请相应经费"，使用正式、规范的公文用语。

4．经费预算不够详细

错误：虽然列出了设备和器材的预计价格，但未给出详细的经费预算表格或清单。

改正：应提供详细的经费预算表格或清单，包括设备名称、数量、单价、总价等信息。

5．结尾用语不当

错误：使用了"谢谢大家的支持和理解！"这样较为随意的结尾。

改正：应使用规范的公文结尾用语，如"以上请示，请予审批。"

6．落款格式不规范

错误：虽然落款包含了部门名称和日期，但缺少发文机关标识（如文号、签发人等）。

改正：根据实际需要，落款可包含发文机关标识、部门名称、成文日期等信息。若公司有统一规定，则需按照规定格式落款。

××部门关于申请购置设备及器材经费的请示

公司财务部：

　　因业务扩展需要，我部门拟申请购置一批新设备及器材，并申请相应经费。具体设备及器材清单如下：

　　1. 高端电脑10台，单价约1万元，总价10万元。
　　2. 专业摄影设备一套（含相机、镜头等），总价5万元。
　　3. 其他小配件及耗材，总价1万元。

　　以上设备及器材购置总计需要经费16万元。为确保工作顺利进行，我们急需这笔经费以完成采购。特此向公司财务部申请，请予审批。

　　以上请示，请予审批。

××公司××部门
××年××月××日

　　根据下面材料，写一篇请示。

　　材料：某乡政府计划对辖区内老旧桥梁进行改造升级，以提升交通安全水平和居民生活质量，但资金不足，特向上级县政府申请专项改造资金。

××乡政府关于申请老旧桥梁改造升级专项资金的请示

尊敬的××县人民政府：

　　为进一步提升我乡交通安全水平，改善居民生活质量，我乡计划对辖区内几座老旧桥梁进行改造升级。这些桥梁因年久失修，存在严重的安全隐患，已对过往车辆和行人的安全构成威胁。

　　鉴于此，我乡决定启动桥梁改造升级工程，并初步制定了改造方案。然而，由于我乡财政经费有限，难以承担全部改造费用。为确保工程顺利进行，特向贵府申请专项改造资金××万元，用于桥梁的设计、施工、材料采购及后期维护。

　　我们相信，在贵府的大力支持下，本次桥梁改造升级工程将得以顺利实施，为我乡经济社会发展注入新的活力。

　　妥否，请批示。

××乡政府
××年××月××日

第五节 报 告

一、报告的概念

报告,作为一种正式的书面沟通工具,旨在向上级、同级、下级机构或个人全面、系统地汇报工作进展、研究成果、问题发现、建议方案等,它是信息传递、决策支持、工作评估的重要手段。

二、报告的特点

正式性:报告要求格式规范,语言正式。
客观性:内容是基于事实和数据的,需要客观陈述,避免主观臆断。
针对性:针对特定对象、目的和主题进行撰写。
时效性:及时反映情况,为决策者提供最新信息。

三、报告的种类

工作报告:定期或不定期地向上级汇报工作进展、成绩、问题及改进措施。
调研报告:基于调查研究撰写的报告,包括现状分析、问题诊断、对策建议等。
评估报告:对项目、活动、政策的执行效果进行评价和分析。
专题报告:针对特定问题或主题进行深入研究和探讨。

四、报告的结构

(一)封面:包括报告标题、作者、日期等基本信息。
(二)目录:列出报告的主要章节和页码。
(三)引言:简述报告背景、目的、意义或范围。
(四)正文

　　概述:简要介绍报告内容或研究成果。
　　详细分析:深入阐述问题、数据、论据等。
　　结论与建议:总结主要观点,提出具体建议或行动方案。
　　附录:提供相关图表、数据、参考文献等补充材料。
　　结束语:可表达对阅读者的感谢或期望。

五、报告的写作要求

明确目的:在写作开始前明确报告的目的和目标读者,确保内容有的放矢。
深入调研:确保数据的准确性和可靠性,基于充分的事实依据进行分析。
逻辑清晰:合理安排结构,确保条理清晰,逻辑严密。

语言简洁：使用准确、简洁的语言表达观点，避免冗长和晦涩。

注重细节：注意格式规范、排版整齐、标点符号正确等。

练习园地

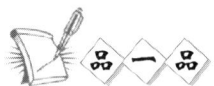

请指出下面作品的写作手法与特点。

××大学关于育人管理的工作报告

尊敬的各位领导、老师、同学们：

在过去的一段时间里，我校在育人管理方面积极探索、不断创新，取得了一定的成绩。现将相关工作情况报告如下。

一、育人理念与目标

（一）明确育人理念

1. 以学生为中心

    始终将学生的需求和发展放在首位。

    关注学生的个性化差异，因材施教。

2. 全面发展

    注重培养学生的思想道德、学术知识、实践能力等多方面素质。

    关注学生的身心健康，培养学生的社会责任感。

（二）确立育人目标

1. 知识与技能的培养

    使学生掌握扎实的专业知识和实用的技能知识。

    鼓励学生跨学科学习，拓宽知识视野。

2. 人格与品德的塑造

    培养学生诚实守信、尊重他人、关爱社会的良好品德。

    引导学生树立正确的人生观、价值观和世界观。

二、育人管理措施

（一）教学管理

1. 课程设置优化

    增加了选修课程的种类和数量，满足学生多元化的需求。

    加强了课程之间的衔接与整合。

2. 教学方法改进

    推广案例教学、小组讨论等互动式教学方法。

利用现代教育技术，进一步丰富教学资源。

（二）学生管理

1. 规章制度完善

   修订了学生行为规范和违纪处理规定。

   建立了学生诚信档案。

2. 辅导与关怀

   加强辅导员队伍建设，提高辅导水平。

   开展心理咨询和帮扶活动，关注学生心理健康。

（三）师资队伍建设

1. 教师培训与提升

   组织教师参加各类培训和学术交流活动。

   建立教师教学质量评估机制。

2. 师德、师风建设

   开展师德、师风教育活动，弘扬敬业精神。

   设立师德标兵奖项，激励教师以身作则。

三、育人管理成果

（一）学生综合素质提升

1. 学业成绩进步

   学生的平均绩点有所提高。

   获奖学金和荣誉称号的学生的数量增加。

2. 实践能力增强

   在各类学科竞赛和实践活动中取得优异成绩。

   学生的创新创业项目获得多项资助。

（二）校园文化建设

1. 文化活动丰富多样

   举办了各类文艺、体育、学术活动。

   形成了具有本校特色的校园文化品牌。

2. 学风、校风优良

   学生的学习积极性和主动性明显提高。

   校园内形成了尊师重教、勤奋好学的良好氛围。

四、存在的问题与改进方向

（一）存在的问题

1. 部分管理环节仍需优化

   教学管理中的信息反馈机制不够及时。

学生管理中的个别工作流程较为烦琐。

2. 育人资源有待进一步整合

跨部门协作的效率有待提高。

校内外育人资源的整合利用不够充分。

（二）改进方向

1. 持续优化管理流程

建立高效的教学管理信息平台。

简化学生管理中的不必要环节。

2. 加强资源整合与协同

完善跨部门沟通协调机制。

拓展与社会各界的合作，丰富育人资源。

感谢大家对学校育人管理工作的关心和支持，我们将继续努力，不断提升育人管理水平，为培养更多优秀人才贡献力量！

报告人：××
××年××月××日

写作手法与特点如下。

开门见山：报告开头直接阐述目的，简洁明了。

逻辑严谨：从育人理念与目标、措施、成果、问题与改进方向等方面依次展开，层次清晰，逻辑严谨。

问题导向：客观分析存在的问题，并提出针对性的改进方向，具有较强的实用性。

语言规范：使用正式、规范的语言，表达准确、流畅，符合工作报告的要求。

请指出下面作品中的错误并加以改正。

××公司廉政建设落实情况报告

在过去一段时间，我们公司在廉政建设方面做了不少工作。

首先，我们开展了一些廉政教育活动，给员工们讲讲廉政的重要性。然后，也制订了一些廉政制度，比如不准收红包、不准拿回扣啥的。

但是，还是存在一些问题。有的员工觉得廉政教育太枯燥，不爱听。还有些制度执行得不太好，有人偷偷违反。

未来，我们打算多搞点有意思的廉政教育，让大家爱学。也加强对制度执行的监督，抓到违反的就狠狠罚。

总的来说，廉政建设有成绩也有问题，还得继续努力。

 分 析

1. 格式不规范：报告没有称呼，落款也不完整，应补充具体的报告部门和报告日期。
2. 语言过于口语化：整体表述较为随意，不够正式和严谨。
3. 内容空洞：对于已开展的工作、存在的问题及未来的计划，描述得过于简单笼统，缺乏具体的数据、案例和详细措施。

 修改后的文稿

××公司关于廉政建设落实情况的报告

尊敬的各位领导：

现将本公司廉政建设落实情况报告如下。

一、廉政建设工作开展情况

（一）廉政教育活动

1. 组织专题讲座

邀请廉政专家举办了[××]场专题讲座，参与员工达[××]人次。

讲座内容涵盖法律法规、案例分析等，增强员工的法律意识，提高风险防范能力。

2. 开展线上学习课程

利用公司内部学习平台，上线了[××]门廉政教育课程。课程学习完成率达到[×]%，员工反馈良好。

（二）廉政制度建设

1. 完善规章制度

修订并发布了《员工廉政行为准则》，明确了禁止收受礼品、贿赂等具体行为规范。制定了《廉政举报与处理办法》，建立了畅通的举报渠道和严格的处理流程。

2. 签订廉政承诺书

组织全体员工签订了廉政承诺书，覆盖率达到100%。

二、存在的问题

（一）廉政教育效果有待提升

1. 教育形式单一

目前的教育活动主要以讲座和课程为主，缺乏互动性和趣味性。导致部分员工的参与积极性不高，学习效果不佳。

2. 针对性不足

未能根据不同岗位和职级的特点，制定个性化的教育内容。

（二）制度执行存在漏洞

1. 监督机制不完善

对制度执行情况的监督检查不够频繁和深入。

难以及时发现和纠正违规行为。

2. 处罚力度不够

对于违反廉政制度的行为,处罚措施不够严厉。

未能形成有效的威慑力。

三、未来工作计划

(一)优化廉政教育

1. 丰富教育形式

增加案例研讨、角色扮演等互动性强的教育活动。

定期举办廉政知识竞赛,提高员工参与度。

2. 增强教育针对性

根据岗位风险等级,为员工量身定制廉政教育内容。

(二)强化制度执行

1. 完善监督机制

成立廉政监督小组,定期开展专项检查。

建立廉政档案,记录员工的廉政表现。

2. 加大处罚力度

对违反廉政制度的行为,严格按照规定进行严肃处理。

曝光典型案例,起到警示作用。

通过以上努力,我们相信公司的廉政建设工作将取得更好的成效。

××公司××部门

××年××月××日

根据下面材料,写一篇报告。

某企业研发部门经过一年的努力,成功开发出一款新型电子产品。该产品具有多项创新功能,市场潜力巨大,但目前面临着市场推广策略不明确的问题。请根据上述材料,撰写一篇关于"新型电子产品市场推广策略"的报告。

第三章 事务文书写作

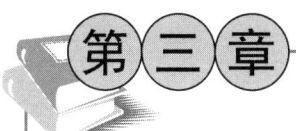

(1) 计划的写作方法;
(2) 总结的写作方法;
(3) 调查报告的写作方法。

事务文书是党政机关、企事业单位、社会团体等在处理日常事务时用来沟通信息、安排工作、总结得失的实用文体,是应用写作的重要组成部分。随着社会的发展,日常工作民主化、科学化、流程规范化的要求越来越严格,事务文书的作用进一步凸显,在现代社会中事务文书发挥着提高工作效率、增加工作效益等作用。事务文书包括计划、总结、调查报告、述职报告、简报、大事记等。不同的文种适用于不同的工作情景,有不同的写作方法。

第一节 计 划

刚进入大学的林轩失去了家长和学校的"严格管控",有点忘乎所以。一个学期之后,当他看见自己的成绩单时,终于有些后悔了。于是,大一的第二学期伊始,他决定给自己拟定一个计划,好好把握剩下的大学时光,做一些有用的事情。计划初稿如下。

我的计划

"志不定,天下无可成之事。"制定计划对于每个人,尤其是在校学生是非常重要的。只有制定了明确的计划,我们才会有奋斗的目标和方向,才能时刻检验自己的所作所为是否正确,才能为自己谋得精彩人生!

一、学习方面

1. 坚决不能挂科。

2. 多了解跟本专业相关的知识，丰富自己的专业认知。

3. 多去学校图书馆看书，更好地进行自我提升，填补自身的知识空缺，扩大知识面，做到全面发展。

二、生活方面

1. 保持规律的作息时间，不熬夜，不赖床，早睡早起。

2. 坚持锻炼，保持健康的体魄。每周进行跑步、游泳等活动。

3. 保证心理健康，定期进行自我反思和心理调整，保持积极乐观的心态。

三、社交方面

1. 加入青年志愿者协会，参与志愿服务活动。

2. 加入感兴趣的学生组织，并积极参与各种活动。

3. 积极参加社交活动，如聚餐、旅行或看电影等，扩大社交圈，广交朋友。

以上就是我本学期的计划。作为一名大学生，我必须言出必行，不可反悔。相信我一定能够严格执行，认真实现我的所有目标，加油！

你认为林轩拟定的计划有效吗？

一、计划的概念

计划是党政机关、企事业单位、社会团体对未来一段时间内的工作、生产等，以书面形式事先做出具体安排的一种事务性文书。

二、计划的种类

（一）广义

广义的计划是一个总称，规划、方案、纲要、重点、要点等都属于计划的范畴。

规划是从宏观角度进行整体上的计划，涉及范围较广、内容较为概括、时间跨度较长，通常只能提出一个总体的设想，具有全局视野，如《长江经济带—长江流域国土空间规划（2021—2035年）》。

方案是内容涉及面广、专业性较强的单项工作计划，是计划中较为复杂的一类。一般情况下，对尚未定局的新问题、新工作制定方案，需要详细确定目的要求、方式方法、具体进度等方面，如《辽宁省2022年乡村产业振兴带头人培育"头雁"项目实施方案》。

要点是针对重要工作的提纲式、概括式的计划。要点的指导性强，往往针对工作中最重要的部分，可以根据实际需求对内容进行取舍，不用面面俱到，如《广西推进铁水联运高质量发展 2023 年工作要点》。

纲要是提纲挈领式的计划，具有概括性和指导性，主要是针对工作中的实质性问题作出的计划类型，如《国家标准化发展纲要》。

安排是针对内容单一的工作所制定的时间较短的计划。安排的时间跨度往往不超过一年，有时候也可以是临时性的。安排不局限于某一项工作，但在语言表达方面要求具体详尽，注意细节，以保证工作的顺利进行，如《2024 年视频安全重点工作安排》。

（二）狭义

狭义的计划主要针对近期目标，在内容形式上较为完整和稳定，是通常意义上的计划。可以从不同的角度进行分类，如表 3-1 所示。

表 3-1　狭义计划的分类标准及具体类型

分 类 标 准	具 体 类 型
按时间长短划分	年度计划、季度计划、月份计划、周计划等
	长期计划、中期计划、短期计划
按内容划分	工作计划、学习计划、生产计划、教学计划、科研计划等
按范围划分	国家计划、地区计划、单位计划、部门计划、个人计划等
按形式划分	条文计划、表格计划、条文表格结合式计划
按性质划分	综合计划、专项计划

三、计划的特点

（一）预见性

预见性是指对未来各种可能的推断，这种推断不应该是盲目空想，而应该是从科学角度出发，尊重客观规律，结合经验、现实而做出的预测。预见性要求在拟定计划前做出实际的自我评估，进而对计划的目标、措施、步骤等做出科学的设想。

（二）可行性

可行性是指整个计划必须切实可行。计划一经确定，就是具体活动的主要行动准则和执行指南，一个不可行的计划等同于一纸空文。目标、措施、步骤与计划主体的现实能力相匹配，是计划可行性的具体表现。

（三）约束性

约束性是指计划的强制效力，主要体现在两个方面，其一是时间的约束性，无限期的计划不是计划，计划是在一定时间内取得成效的指导型文书。其二是形式的约束性，计划指导工作，具有一定的权威，因此在拟定过程中应该遵循行文要求和格式要求。

四、计划的写作方法

计划的种类烦多，在具体的写作过程中需要依据不同的情况来确定。总体来说，计划的完整结构基本上都是由标题、正文、落款三个部分组成的。

（一）标题

计划的标题以明确简洁为要，不用讲究文采和辞藻。句式不宜过长，不宜用复杂句子。一般情况下，计划多采用单行式标题的形式。

1．单行式标题

单行式标题由四个要素组成：发文主体、计划时限、主要内容和计划类型。一般情况下，标题拟定要求四要素齐全，这样才能保证计划清晰明确；但如果计划仅适用于本单位内部且适用范围较窄或者计划年限不是强调重点，那就可以考虑省略发文主体或者计划期限。另外，计划标题也可参考党政机关公文标题的拟制方法，在标题中加入介词结构"关于……的……"，这样可使结构更加清晰。

（1）四要素完整式
《国务院 2022 年度立法工作计划》
《自然资源部 2023 年立法工作计划》
《云南省体育和旅游高质量融合发展三年行动计划（2023—2025 年）》

（2）省略要素式
省略发文主体：
《2024 年兽药质量监督抽检和风险监测计划》
《自然资源标准化工作三年行动计划（2023—2025 年）》
《全面加强和改进新时代学生心理健康工作专项行动计划（2023—2025 年）》
省略计划期限：
《中非人才培养合作计划》
《中国助力非洲农业现代化计划》
《新时代基础教育强师计划》

（3）介词结构
《中国共产党和老挝人民革命党关于构建中老命运共同体行动计划（2024－2028 年）》
《××局关于 2024 年空气质量持续改善的计划》
《关于提高省内交通联合调动效率的专项计划》

2．双行式标题

双行式标题的组成要素包括正标题和副标题，也称之为新闻式标题。一般情况下，双行式标题的正标题的作用在于概括内容主旨、点明主题，副标题的作用则是解释说明计划的具体情况。

《用好红色资源，培育时代新人——红色旅游助推铸魂育人行动计划（2023—2025 年）》
《新世纪，新征程——××市建设高新技术产业区的计划》

《迎风破浪，勇登高峰——2024年工作计划》

3. 草案、预案、讨论稿等

需要注意的是，如果计划还未正式通过，则需要在标题之后用括号加以标注，写明"草案""预案""讨论稿""试行"等字样，与正式计划进行区分。

《农村义务教育学生营养改善计划和营养健康状况监测评估工作方案（试行）》

《××省人民政府2024年工作要点（草案）》

《2022年公务员科学素质活动计划（讨论稿）》

（二）正文

计划的正文部分一般由"开头""主体""结尾"三部分组成。

1. 开头

计划的开头部分要说明计划制订的依据、原则、指导思想等内容。在写作过程中，不宜对依据等内容进行简单罗列，而是要结合计划的具体内容进行综合分析。可以从宏观角度和微观角度出发，也可以从有利因素和不利因素出发，进一步引出制订计划的必要性，进入正题。

2. 主体

主体部分是计划的核心，必须回答"做什么""怎么做"的问题。主体部分需要写明计划的目标、步骤或者措施。目标是指计划所要达到的结果，步骤或者措施是指达到目标的途径和过程。

目标必须清晰明确。写作时需要注意语言简洁明了，不宜用长篇幅分析目标的设定。根据具体工作的情况来确定，可以设定一个目标，也可以建立"总目标—分目标"的叙述体系。

步骤或者措施必须具有可操作性。两者之间的区别在于：步骤具有阶段特征，涉及内容较广，语言概括，是方向上的操作；措施是具体的安排，一般适用于内容简单的计划。根据不同的情况采取不同的写作方法，如果计划涉及内容复杂、时间跨度大，可以选择先写阶段性的步骤，再写具体的措施；如果计划涉及内容简单、时间跨度小，则可以选择直接写措施，不用出现阶段性的步骤。总之，步骤和措施是计划中不可缺少的环节，是计划写作中解决"怎么做"的关键。

3. 结尾

计划的结尾部分应是对如何收束文章的思考，根据行文的具体情况来选择结尾的方式。结尾的方式包括"总结前文式""展望前景式""明确执行式""提出希望式"等。有时候为了精简计划的内容，或是计划本身内容就比较精简，也可以自然结束文章，无须在文章结构中添加结尾。

（三）落款

落款包括发文单位名称和成文日期，在正文右下方标注。使用发文单位的全称或规范化简称，位置居上；成文日期采用"年月日"的完整形式，使用阿拉伯数字，位置居下。

国家银龄教师行动计划

为深入贯彻落实习近平新时代中国特色社会主义思想和党的二十大精神，积极应对人口老龄化，深入挖掘老龄社会潜能，调动优秀退休教师继续投身教育事业的积极性，推动建设全民终身学习的学习型社会、学习型大国，加快建设教育强国，制定本计划。

一、实施背景

教育、科技、人才是全面建设社会主义现代化国家的基础性、战略性支撑。教师是教育发展的第一资源，是科技自立自强的重要支撑，是人才队伍建设的重要保障。积极应对人口老龄化，在保障劳动适龄人口充分就业基础上，挖潜广大退休教师政治优势、专业优势、经验优势，发挥其辐射带动作用，有利于促进教育公平，营造终身学习的文化氛围，加快建设高质量教育体系。目前实施的"中小学银龄讲学计划""高校银龄教师支援西部计划"等在探索发挥退休教师人力资源优势，提升中西部教育发展水平方面取得了一定成绩，积累了宝贵经验，有基础、有条件在新形势下实现优化升级，发挥综合效益。

二、总体要求

以习近平新时代中国特色社会主义思想为指导，贯彻落实党的二十大精神，深入落实《中共中央 国务院关于全面深化新时代教师队伍建设改革的意见》《中共中央 国务院关于加强新时代老龄工作的意见》等文件要求，将建设全民终身学习的学习型社会、学习型大国与积极应对人口老龄化相结合，教育均衡发展与区域协调发展相结合，挖潜退休教师资源优势与助力教育高质量发展相结合，充分发挥退休教师的有益补充、示范引领作用，服务教育强国建设。

（一）瞄准急需，系统推进。将退休教师作为重要的人力资源，聚焦国家产业急需和重点发展领域，引导海内外退休教师合理流动，强化智力支持。搭建国家层面老有所为的广阔平台，全方位推动退休教师参与各级各类教育工作。

（二）开放融合，分类实施。鼓励乐于从教、有一技之长的退休人员开展支教支研，引导全社会共同参与支持。根据高等教育、职业教育、基础教育、终身教育和公办学校、民办学校等类型特点，分类实施国家银龄教师行动计划。充分发挥数字化优势，助力校地融合发展。

（三）立足需求，注重实效。根据受援地区、学校实际需求，以提升质量为主线，完善银龄教师遴选和评价机制。支持跨地区开展线下支教的银龄教师在工作一定年限后以线上方式持续支教，通过"长短结合、灵活多样"的支持方式，发挥银龄教师"传帮带"作用。

（四）传承文化，共育新人。发挥银龄教师在教育引导和关爱保护青少年方面的优势作用，开展银龄教师与青少年学生共同读书等系列共育活动，促进各族师生交往交流交融，讲好中华民族故事，打造银龄教师特色品牌，为广大青少年树立精神标杆，涵养青少年家国情怀，铸牢中华民族共同体意识。

（五）强化保障，营造氛围。坚持公平招募、自愿参与、双向选择。鼓励各地依托已有机构建立银龄教师培训基地和银龄教师中心，加强岗前指导和研修支持，健全服务保障，关心关爱银龄教师身心健康。完善银龄教师荣誉体系，积极鼓励民办学校、社会力量和资金等各方参与，为银龄教师安心从教营造良好环境。

三、目标任务

经过三年左右时间，银龄教师服务各级各类教育的工作体系基本健全，服务能力不断提升，政府主导、社会参与的银龄教师发展格局基本形成，数字化赋能银龄教师工作水平不断增强，开放灵活的线上线下支教方式不断完善，全国银龄教师队伍总量达 12 万人左右，在推动建设教育强国、积极应对人口老龄化、建设全民终身学习的学习型社会、学习型大国中发挥明显作用。

（一）银龄教师支持普通高等教育行动。聚焦服务国家战略需求，重点支持有发展潜力、有优势特色学科的普通高等学校和民族地区新建或急需提升发展水平的普通高等学校。通过推动高校间优势学科协同发展、吸引海内外优秀人才、促进优质师资合理流动等，发挥高校人才高地的优势，提升人才自主培养质量。申请教师应具有副高级及以上职称。银龄教师应通过课程教学、教学指导、课题研究、团队建设指导等方式，推动受援学校提升学科建设、教育教学和科研工作水平等。

（二）银龄教师支持职业教育行动。聚焦深化产教融合，利用职业教育东西协作等机制和学校间现有对口帮扶、战略合作等关系，重点支持具有地方产业重大需求、需进一步提升办学条件的职业院校。鼓励高水平行业特色型高校退休教师参与。申请教师应具有副高级及以上职称。支持企业符合条件的"内退内养"或退休一线工作人员，根据从业经验、职业技能证书等级等，经审核培训后参与，开展职业教育专业教学、实训教学。银龄教师面向职业院校的支援工作应注重遵循职业教育规律和技术技能人才成长规律，通过开展课程教学、教学与实训指导、专业和团队建设指导等，推动受援学校提升专业建设、教育教学水平等。

（三）银龄教师支持基础教育行动。聚焦基础教育提质扩优，以现有中小学银龄讲学计划为基础，重点支持中西部脱贫地区，欠发达的民族县、革命老区县、边境县以及新疆生产建设兵团团场等义务教育阶段学校。申请教师以中小学退休校长、教研员、特级教师、高级教师等为主。申请的校长可以担任受援学校副校长，指导参与学校的管理工作；申请教师可以开展课堂教学、听课评课、开设公开课、组织研讨课、举办专题讲座等，推动提升受援学校教育教学和管理水平。原单位返聘退休教师工作不列入计划。推动各省份特别是东部省份结合中小学银龄讲学计划，自主实施省内银龄讲学计划，鼓励各地结合实

际将普通高中纳入实施范围。

（四）银龄教师支持终身教育行动。聚焦建强师资队伍，支持各级老年教育、社区教育机构，开放教育机构提升发展水平，可重点支持发展不足、需求紧缺、新建的老年教育、社区教育机构以及脱贫地区、欠发达的民族县、革命老区县、边境县和新疆生产建设兵团团场等开放教育机构。招募各级各类学校和多层级开放教育办学网络中的退休校长、管理者、教研员、骨干教师等通过线上线下相结合的方式开展支教支研。充分吸纳各类退休的行业专家、能工巧匠，老年大学、社区学校等具有专技特长的退休学员，经审核培训后参与。

（五）银龄教师支持民办教育行动。支持各级各类民办学校，特别是急需高素质教师的民办普通本科高校和高等职业院校，通过柔性聘用等形式聘用银龄教师。鼓励民办高校加大对银龄教师的资金投入。在民办学校中探索推行"导师制"，由高素质银龄教师担任青年教师导师，发挥师承效应，打造"银龄智库"。充分发挥行业协会等社会组织力量，精准对接供需，引导民办学校科学合理聘用银龄教师，建设具有民办教育特色的高质量师资队伍。

四、组织保障

（一）强化统筹协调。各级教育、科技、工业和信息化、民政、人力资源和社会保障、卫生健康、科学院、科协等部门发挥各自优势，积极动员支持本领域符合条件的优秀退休人员参与国家银龄教师行动计划。

（二）加强经费保障。坚持多渠道筹措资金，充分调动地方、学校、社会力量投入积极性。银龄教师支持高等教育行动、职业教育行动、基础教育行动经费由地方投入为主，中央财政给予引导支持。银龄教师支持终身教育行动经费由地方统筹各类资金给予支持。银龄教师支持民办教育行动经费由相应民办学校自行筹措。

（三）完善政策支持。银龄教师支持高等教育、职业教育、民办教育行动实施中，银龄教师可参照高等学校基本情况报表、中国教育监测与评价等统计规定，作为校外教师折算计入专任教师总数，纳入高校设置、中国教育监测与评价、学位授权审核、办学条件监测、评审评估评比竞赛等指标内容。其中，对于办学历史较短的新建民办院校，对承担课程教学和实践教学的银龄教师在折算系数上予以倾斜支持。

（四）注重数字赋能。建设银龄教师数据库、支教服务平台，与全国教师管理信息系统、国家老年大学（全国老年教育公共服务平台）师资库数据互联互通、共享共用。依托国家智慧教育公共服务平台以及其他成熟的资源共享和学习服务平台，为银龄教师线上线下开展支教支研提供基础支撑。

（五）健全服务保障。受援省份为银龄教师提供必要的商业保险，落实异地就医结算，保障周转宿舍。受援学校应合理保障银龄教师福利待遇，按有关规定为银龄教师提供每学期一次的往返交通费、良好的住宿和通勤条件。有条件的省份、学校可为银龄教师家属、子女探望提供便利。支援学校等派出单位应关心关爱银龄教师及其家属，协助受援学校做好后勤保障等工作。

（六）加强宣传引导。对在银龄教师工作方面作出突出贡献的集体和个人，按国家相关规定予以表彰。深入发现、宣传银龄教师的先进典型、感人事迹，全面总结、推广银龄教师的工作经验和研究成果，大力弘扬银龄教师奉献精神以及在引导青少年健康成长中的重要作用，营造全社会关心关爱银龄教师的浓厚氛围。

文章来源：中国政府网，《教育部等十部门关于印发<国家银龄教师行动计划>的通知》（教师〔2023〕6号），2023年7月14日

本文是一篇条文式计划。全文结构完整、条理清晰，内容丰富具体，语言简洁明了。标题由计划内容和文种名称两个要素组成，简洁明确。正文第一段通过"为……"的句式结构，连用动词，如"贯彻落实""应对""挖掘""调动""推动""加快"等，清晰地介绍了制订计划的目的，引出下文。文章主体部分包括"实施背景""总体要求""目标任务""组织保障"四个部分，从现实条件出发，针对问题提出要求，根据需要设定目标，提出措施组织保障。逻辑清晰，内容完整，叙述了计划执行的前进方向，解决了"要做什么"和"怎么做"等问题。计划结尾自然收束，简洁明了，让人一目了然。

林轩听从学长的建议，重新制订了一份学习计划。具体如下。

2023—2024学年第一学期学习计划

新学期初始，一切充满了活力与生机。新生活意味着新开始，新开始象征着新挑战。本学期我将发扬优点，改正不足，争取更上一层楼，为此制订学习计划。

一、主要任务和目标

本学期，务必争取获得优良成绩，增加文化素养，提升自身能力，学到丰富的专业知识和基础常识。要求达到以下具体目标：其一，本学期平均绩点达到3.5；其二，通过下半年CET6考试；其三，获得本学年学业奖学金。

二、具体安排

首先，在课程学习方面，保证自习时间，每天（周六因有社团会议除外）19:30—22:00到自习室自习，完成课程作业，并针对课堂学习进行反思总结，查缺补漏。坚持预习，提前了解课程内容，找到知识盲点。同时，要积极利用图书馆、网络的学习资源，扩展阅读，学习不停留在书本和试题上，注重开阔视野，广泛学习。

其次，在英语学习方面，保证学习体量，周一至周六（升旗日除外），每天6:00—7:00背诵CET6单词，每天30个。完成CET6英语练习册，一个月做完一本练习册。每天睡觉

前收听 BBC 新闻，保证时长达到 30 分钟。每周一次英文写作，题目选自历年 CET6 考试真题。

最后进行学习统计。每个月最后一天进行一次学习总结，统计本月学习数据，下个月拾遗补缺，赶上进度。

以上是我本学年的学习计划。我将坚决地执行此计划，不会半途而废。

你认为林轩的第二版计划与第一版计划，哪一版更有效？为什么？

第二节 总　　结

经过一学期的努力，林轩的学习成绩、综合测评分都有所提高，他对自己十分满意。学期结束后，许多同学都很好奇林轩的经历，向他请教经验，于是他计划写一篇学期总结，一方面给同学们提供经验，另一方面也是对自己的一次审视，他的总结初稿如下。

我的总结

在过去的一个学期里，我获得了许多宝贵的经验和知识。从学习、日常交际到参与社团活动，我都有所收获，以下是我的总结：

首先，在学习方面，本学期我认真完成作业，从无拖欠。在课堂上，我积极参加课堂讨论和课堂活动，获得了老师的认可。同时，我也充分地利用图书馆的学习资源，几乎每天晚上都去图书馆自习，遇到不会的题目及时地向其他同学请教。正是这些努力让我避免了期末挂科。

其次，在日常交际中，本学期我积极参加班级组织的各项活动，拓宽了我的人际关系网络。通过与班级同学们的交往，我进一步认识了我的同学，交到了舍友以外的新的朋友。同时，我也学会了尊重他人的不同观点，这对我有着积极的影响。

再次，在社团活动方面，我积极参与了围棋社的活动，这让我有机会展示个人才能，并结识志同道合的朋友。同时，这学期我还加入了一支志愿者团队，参与各类社区服务活动。通过社团活动，我不仅提高了沟通能力，还帮助他人，回报社会。

最后，对我来说宿舍生活也是难忘的一部分。和室友们的相处让我学会了如何与人合作和照顾他人。我们一起度过了无数个夜晚，互相支持和鼓励，在忙碌的学习之余，也创造了我们快乐的时光。

总的来说，这一学期我通过学习、社交和参与社团活动，取得了令人满意的成绩。我也明白了自律和思考对于大学生的重要性。我相信这对于我未来的发展至关重要,我将继续努力,不断成长和进步。

你如何评价林轩的学期总结?

一、总结的概念

总结是对一定时期内的工作予以回顾、分析、归纳,最后得出理论经验,用于评价当下、指导未来的一种事务性文书。按内容划分,有工作总结、学习总结、生产总结、思想总结等;按性质划分,有全面总结、专题总结;按时间划分,有年度总结、季度总结、月总结、周总结等;按范围划分,有单位总结、行业总结、地区总结等。

二、总结的特点

(一)回顾性

总结是事后写作的文章类型,是对过去工作的回溯。回顾性要求总结必须基于客观事实,对整个工作进程进行全面的、多层次的反映。但需要注意的是总结并不是事无巨细的直观呈现,而是经过选择的事实整理。

(二)概括性

概括性是指对过去工作经验的提炼。总结的写作目的不是简单地复述过去的工作历程,而是要将具体的感性认知上升到理性认知的高度,从工作历程中引出经验教训,将事实提炼、升华为理论经验。

(三)理论性

理论性有两层含义。一是在总结写作回顾过程中,需要按照一定的理论对写作材料进行分析、归纳、综合和表达,即需使用理论指导写作过程;二是总结类文章需要得出结论,这一结论不是简单的事实反馈,而是理论性的概括,是提炼精华后的规律性认知。

三、总结的写作方法

总结的结构一般是由标题、正文、落款三个部分组成的。根据不同的内容,不同的要求,结合实际来进行写作。

(一)标题

总结是事务文书的一种类型,标题的拟制也类似于其他事务性文书,以简明清晰为要,不宜字数过多,不讲究文采。写作有规律可循,但依然以写作要求和具体内容为中心。常用的方法有两种,即单行式标题和双行式标题。

1. 单行式标题

根据不同的写作要求，单行式标题也可以分为两种情况。

（1）要素组合式标题。这种类型的标题由发文单位、总结时限、总结内容、文种名称等组合而成，如《××大学2023年教学工作总结》《××公司2023年管理工作总结》。要素组合的形式还可以根据实际需要进行要素省略，如省略总结时限的标题《××局税务工作总结》，如省略发文单位的标题《2023年税务工作总结》。

（2）文章式标题。这种类型的标题未在标题内体现文种名称，即省略了"总结"二字，但其本身就体现了总结的文章性质，仍然适用于总结标题，如《辉煌而苦难的历程，深刻而伟大的启示》《把德才兼备的年轻人推上领导岗位》等。

2. 双行式标题

双行式标题由正标题和副标题组成，又称为新闻式标题。正标题揭示文章主题，概括内涵，形式如同文章式标题；副标题补充说明文章的基本情况，形式如同要素组合式标题，如《努力奋斗结硕果——××公司2022年工作总结》《焕发青春风采——第三届文化艺术节工作总结》。

（二）正文

总结的正文部分一般由开头、主体、结尾三部分组成。

1. 开头

总结的开头部分需紧扣主题中心，引出下文。语言表达应简洁明了，文章结构应条理清晰，可以适当运用数据、实例来证明结论，揭示规律。具体的写作方式多种多样，可以在开头交代总结写作的背景，可以通过指导思想、工作精神等引出下文，可以概述结论或提前交代，也可以通过前后对比突出工作成绩等。总而言之，开头部分需要根据不同要求有所侧重，不可千篇一律。

2. 主体

主体是总结的中心部分，需要通过归纳、分析、综合，将感性认识上升为理性认识，从而肯定工作成绩，吸取工作教训，得出经验并概括出抽象的、规律性的理论。这一部分的内容较为丰富烦杂，因此可以根据实际内容和表达要求，采用不同的结构形式，以实现完整呈现。

（1）纵式文章结构

纵式文章结构适用于内容较为单一的综合性总结或者专题性总结。纵式文章结构一般是根据工作开展的逻辑顺序，按照工作情况、成绩或者不足、经验或者教训、未来计划等逐层展开。常用"三层结构"和"阶段结构"。

三层结构：是指将主体分为三个层次。第一个层次叙述一定时期内工作的基本情况。需要从客观现实的角度出发，真实反映工作的情况，可以结合数据和实例，尽量不做主观评价。第二个层次在第一段的基础上进行分析、综合，从工作中总结经验、教训，将感性认识上升为理性认识。这一段是主体的核心部分，可以采用分条列项的形式，保证语言简洁明了、内容条理清晰。第三个层次主要叙述今后工作的方向，是对未来的展望。这一个段落不必写出详细的计划，也无须过长的篇幅，简单明晰即可。

阶段结构：是按照时间的顺序将工作过程分为若干个阶段，对每一阶段进行逐一总结。这种结构适用于内容单一但时间跨度较长的工作，能够更加清晰地梳理时间脉络，总结工作的不同进程和阶段性特点。在写作方面，可以采用小标题形式，也可以通过排比组织出较为整齐的文章结构，有助于读者阅读和思考。

（2）横式文章结构

横式文章结构是按照逻辑关系或者事物性质等将工作进程分成若干部分，从不同的侧面起笔，逐一写出。这种结构适用于内容复杂、层次丰富的工作经验类总结。常见以小标题的形式进行文章组织，与纵式文章结构中的阶段结构的不同之处在于，横式文章结构不以时间顺序为划分标准，更强调多层面、多角度叙述，建立起更为立体、全面的叙述体系。从写作角度来看，横式文章结构能够更好地梳理文章逻辑，化繁为简，降低写作难度。

3. 结尾

总结的结尾部分应根据行文逻辑进行处理，可以对上文进行适当的补充，对未来进行展望；也可以概括全文、强调结论；还可以启发思考的方式提出未来工作的新方向等。需要注意的是，结尾部分应成为文章的有机组成部分，不能游离于文章结构之外。因此，如果全文逻辑完整，主题明确，也可以自然收束全文，不需要添加结尾部分。

（三）落款

落款位置为正文右下方，分两行。发文单位名称在上，成文日期在下。发文单位名称采用全称或者规范化简称，成文日期采用"年月日"完整形式，以阿拉伯数字标记。另一种落款方式为标题中标明发文机关名称，同时在标题下方以括号括注形式标明完整的成文日期。

2017年公共机构节约能源资源工作总结

2017年，全国公共机构深入贯彻党的十九大精神，以习近平新时代中国特色社会主义思想为指导，以生态文明建设为统领，以节约型公共机构建设为主线，以改革创新为动力，牢固树立新发展理念，认真组织实施《公共机构节约能源资源"十三五"规划》，全面推进资源节约和循环利用，提升能源资源利用效率，发挥公共机构的示范引领作用，各项工作取得积极进展。

一、绿色行动深入开展,绿色发展成效明显

(一)开展绿色建筑行动。各地区、各部门稳步推动建筑围护结构、供暖、空调、配电、水泵等重点用能设施设备节能改造。据不完全统计,截至2017年底,各地区公共机构共投入财政资金20余亿元,实施既有建筑围护结构改造2200余万平方米、北方采暖地区公共机构供热系统计量节能改造947万平方米、空调通风系统节能改造1000余万平方米,3000余栋建筑达到绿色建筑标准。河北、辽宁、江西、湖南等地区不断强化节能改造资金投入和管理,大力推进绿色建筑建设,取得了显著成效。

(二)开展绿色办公行动。公共机构优先采购节能、节水、环保产品,推进电子化、无纸化办公,采用电视、电话会议方式部署总结工作,推广使用再生办公用品,严格执行空调设定温度规定。江西、四川、贵州等地区在推动"互联网+"办公系统等绿色办公措施方面做出了积极尝试。国务院办公厅、科技部严格规范日常办公行为,促进了节约。

(三)开展绿色出行行动。按照《关于加快单位内部电动汽车基础设施建设的通知》要求,北京、天津、浙江、安徽、山东、广西、陕西等地区和中央国家机关各部门不断加大新能源汽车推广应用力度,据不完全统计,全国公共机构累计推广应用新能源汽车9万余辆,建设充电设施5万余套。中央国家机关落实单位内部充电基础设施建设补助资金490余万元,累计建成新能源汽车自助共享租赁网点268个,充电设施1800套。

(四)开展绿色食堂行动。各地区、各部门积极推广应用节能节水餐饮设施设备,实施油烟净化设施改造,推进餐厨废弃物资源化利用。设有食堂的省(区、市)直单位全部设置了专门的密闭容器单独存放餐厨垃圾,91%的单位实现了餐厨垃圾规范化处理,中央国家机关安装运行53台餐厨垃圾就地资源化处理设备。重庆结合"明厨亮灶"工程,推进公共机构油烟净化设备改造。四川出台了《党政机关食堂厉行节约反对食品浪费工作成效评估暂行办法》。

(五)开展绿色信息行动。各地区、各部门积极参与第一批国家绿色数据中心试点工作,经工业和信息化部等部门评审,8家公共机构被评为国家绿色数据中心。各地区积极实施数据中心节能改造,累计完成项目388个,改造面积22.5万平方米。浙江、山东制定了公共机构绿色数据中心建设标准,广西将数据中心机房节能改造纳入年度绩效考评,河北完成省公共机构节能网建设,江苏等地区建立了公共机构节能管理数据库,不断强化动态管理。

(六)开展绿色文化行动。"砥砺奋进的五年"大型成就展部分展台展示了公共机构节约能源资源工作成效。在联合国气候变化大会中国角边会上,国管局以"中国公共机构引领社会绿色低碳发展"为主题开展了对话交流活动。组织开展以"节能有我 绿色共享"为主题的节能宣传周系列活动,新华社、人民日报、中央电视台等中央级媒体进行了集中宣传报道。各地区、各部门组织开展形式多样的节能宣传周系列活动,河南组织开展了以"一次签名活动、一封节能倡议书、一次志愿者宣传活动"为主要内容的"三个一"宣传活动;海南通过省市县联动,将节能宣传深入到基层;四川制作了节能宣传歌曲《让地球美丽》；云南协调各级媒体，对示范单位进行宣传报道，都取得了良好的宣传效果。

二、节能工程稳步实施，节能增效不断提升

（一）实施锅炉节能环保工程。加大公共机构燃煤、燃气锅炉节能改造力度，推动公共机构纳入城市集中供热，实施燃煤锅炉"煤改电""煤改气"工程。京津冀、山东、四川等地区积极推进燃煤锅炉改造，取得良好成效。据不完全统计，2017年，各地区淘汰燃煤锅炉3万余台，改造燃煤锅炉4万余蒸吨，实施燃气锅炉低氮燃烧改造1万余台；中央国家机关淘汰燃煤锅炉101台，改造燃煤锅炉5944.5蒸吨，实施燃气锅炉低氮燃烧改造305台，超额完成"清煤降氮"综合节能改造任务。

（二）实施可再生能源应用工程。各地区、各部门结合实际积极推广应用太阳能光伏、光热等可再生能源，取得积极进展。2017年，各地区实施太阳能热水项目3358个，累计集热面积300万平方米；实施太阳能光伏项目5256个，累计装机容量77.47万千瓦；实施地源、水源、空气源热泵项目累计1000余个。

（三）实施节水工程。推动公共机构落实最严格水资源管理制度，开展节水型单位创建活动，实施用水设施设备节水改造。实行中央国家机关节水型单位实地复核与动态管理。江苏开展了本地区公共机构水效领跑者遴选工作，辽宁、湖北、海南、重庆、甘肃等地区积极开展节水型单位建设，推广应用节水新技术、新产品。据不完全统计，截至2017年底，全国省（区、市）直机关建成节水型单位1546家，省（区、市）属事业单位建成节水型单位2486家。

（四）实施节能计量统计基础工程。按照可计量、可监测、可考核原则，各地区、各部门持续提高能源资源计量器具配备率，地方近万家公共机构建设了节能监管系统，中央国家机关52个部门完成节能监管系统建设，计量工作基础得到夯实，用能管理智能化水平进一步提升。各地区和部委直属高校组织开展能耗统计数据会审和专项质量抽查，分析和通报2016年度能源资源消费情况。江苏、江西、山东等地区开展了能耗统计数据会审，加强了统计数据质量管理，有力推动了统计工作开展。

（五）实施试点示范工程。根据《关于2017—2018年节约型公共机构示范单位创建和能效领跑者遴选有关工作的通知》要求，各地区、各部门组织开展节约型公共机构示范单位创建和能效领跑者遴选工作，经严格评审，确定1796家示范单位创建名单，初步审核通过197家能效领跑者推荐名单。各地区深入推进省、市两级示范单位创建工作，全国共创建省、市两级节约型公共机构示范单位近3000家。辽宁、江西、湖北、广东、重庆、四川等地区运用多种载体和形式宣传推广示范单位的经验做法，取得了良好成效。

（六）实施管理能力提升工程。按照远程为主、面授为辅的原则，各地区积极组织参加第四期公共机构节能远程培训，参训9577人；参加能耗统计、监管系统建设、节约型公共机构示范单位节能管理等多个专题的面授培训，参训近1000人。各地区和教科文卫体等系统组织开展节能管理培训班，培训约45万人次。天津、内蒙古、广东、甘肃等地区积极协调研究机构资源、促进地区间经验交流，扎实开展了形式多样的培训活动。教育部、卫生计生委、人民银行、税务总局、质检总局等部门积极推进全系统节能培训，提升了受训人员工作能力。教育部、安监总局、中国文联等完成能源管理体系建设。

三、业务指导更加精准，监督考核持续发力

各地区、各部门认真落实《关于推进党政机关等公共机构生活垃圾分类工作的通知》，充分发挥党政机关等公共机构示范引领作用。中央国家机关积极带头，率先实施，2017年底前实现了本级办公区生活垃圾强制分类目标。各地区均制定了公共机构生活垃圾分类实施方案，广泛开展宣传教育，强化督促考核，完善设施设备，构建回收体系，2017年底前基本实现了省（区、市）直机关本级率先实施生活垃圾分类目标。

根据公共机构节约能源资源"十三五"规划目标，各地区、各部门逐级分解下达了"十三五"期间公共机构节约能源资源总量目标。采用定额管理方式分解下达中央国家机关2017年度用能用水指标。各地区、各部门通过印发工作安排、召开节能工作会议等方式，加强工作部署和指导。江西以优化部门联席会议运行机制为抓手，进一步完善节能管理体制机制。

结合对省级人民政府2016年度能源消耗总量和强度"双控"及控制温室气体排放目标责任评价考核，考核各地区2016年度公共机构节能工作，完成中央国家机关2016年度节约能源资源考核工作。新疆等地区将公共机构能耗指标纳入本地区绿色发展指标考核体系，山东、重庆、四川等地区提高公共机构节能在全省节能目标责任评价考核中所占权重。工业和信息化部、海关总署、税务总局等部门加大了对所属公共机构节能工作的检查指导力度。

四、重点单位管理加强，制度标准不断完善

各地区、各部门根据国管局印发的《公共机构重点用能单位确定标准》和《关于加强公共机构重点用能单位节能管理有关事项的通知》，强化重点用能单位管理，突出抓好重点用能单位节能降耗工作；开展了公共机构重点用能单位名录库建设，据不完全统计，目前已有8041家单位纳入重点用能单位管理范围。

各地区、各部门不断加强制度标准建设，在能源审计、能耗统计、考核评价、节能改造、合同能源管理等方面出台了具体政策，为节能工作提供了政策制度保障。国管局编印了《公共机构能源审计实务（指导手册）》，修订了《公共机构能源资源消费统计制度》。相关部门和单位配合完成两个"十二五"国家科技支撑计划项目，形成一批技术研究成果。发布四期《公共机构绿色节能节水技术产品参考目录》，推广13类103项节能技术产品。组织开展《国家机关能源消耗限额》国家标准编制工作。会同质检总局、发展改革委印发《国家节能标准化示范项目创建工作方案》，推动教育部、国家博物馆等5家公共机构参与节能标准化示范项目创建。

文章来源：中国政府网，《关于印发公共机构节约能源资源2017年工作总结和2018年工作要点的通知》（国管节能〔2018〕89号），2018年4月11日

分析

本文是一篇年度工作总结，文章严谨翔实，条理清晰。标题由总结时限、总结内容、

文种名称三个要素组成，简洁明了。正文部分是横式文章结构，分为四个部分，"绿色行动""节能工程""业务指导""管理制度"。其中也有纵式文章结构交错，以取得的成绩为先，再进行工作总结，提炼经验。结尾部分是自然收束的零结尾，简洁清晰。在写作过程中，结合翔实的数据和典型的实例进行讨论，论据支持论点，做到了观点与材料的有机统一。

同学们一致认为林轩的总结有些粗糙，于是林轩修改了一版。

2023—2024 学年第一学期总结

在过去的一个学期里，我获得了许多宝贵的经验和知识。从学习、日常交际、社团活动到宿舍生活，我在各个方面都有所收获。以下是我的总结：

学习方面：本学期，期末考试一共有 8 科，我的平均绩点为 3.3，平均分为 85，在本专业 60 人中排名第 22，相比上学期，排名上升了 10 名。本学期共有 16 个学期周，我准时上课，从未请假、旷课。我积极参与课堂讨论，认真完成作业，努力备考。每天晚上坚持自习 3 小时，周末自习 5 小时。理论性强的课程以扩展阅读为主要学习方向；计算性强的课程以多做练习、整理错题为主要学习方向。

日常交际：本学期，我积极参加了班级组织的所有活动，如 9 月读书会、10 月篮球赛、11 月团日活动、12 月冬至活动，进一步拓宽了我的人际关系网络。在 11 月的团日活动中，我担任活动主持人，赢得了全班同学的好评，这次经历是我的第一次自我突破。在各项活动中，我发现了自身的许多不足，同时也把自己的才智发挥到班级团体活动中，认识了许多志同道合的朋友。

社团活动：本学期，我积极参加围棋社活动，共参加了 6 次比赛，其中个人赛 4 次，团体赛 2 次，获得奖牌 2 枚。同时，我新加入了志愿者团队，参与各类社区服务活动 4 次，志愿时长共 16 小时。通过社团活动，我不仅提高了沟通能力，还帮助了他人，回报了社会。

宿舍生活：本学期，宿舍组织外出徒步 5 次，聚餐 6 次，组队参加校院各类比赛 3 次。我们坚持每周召开宿舍会议，进行批评与自我批评，效果显著。与室友们的相处让我学会了如何与人合作，如何照顾他人。我们互相支持和鼓励，在忙碌的学习之余，共享了快乐的时光。

总而言之，这一学期我通过学习、社交和参与社团活动，取得了令人满意的成绩。我也明白了自律和思考对于大学生的重要性。我相信这对我未来的发展至关重要，我将继续努力，不断成长。

林轩的第二版总结与第一版的差别在哪里？

第三节 调查报告

一、调查报告的概念

调查报告是根据特定的目的，对情况、问题等进行调查和研究后写出的反映客观事物、揭示客观规律的事务性文书。在实际工作中，人们通过调查报告了解社会问题、探索客观规律、总结工作经验。

调查报告涉及范围广，内容丰富，表现形式多种多样。按照学科特点划分，可以分为新闻调查报告、经济调查报告、科技调查报告等；按照涉及范围划分，可以分为专题性调查报告、综合性调查报告。

二、调查报告的特点

（一）客观性

客观性是指写作要以事实为基础，从真实角度出发。其一，材料来源要真实。调查报告材料包括现实数据、典型事例等，这些都必须经过广泛的实际调查得出，即材料来源于现实以及现实研究等。其二，结论要基于现实。调查报告的论述要有现实做依托，不能通篇空泛议论，不能是数据的简单堆砌，也不能是事实的随便罗列，而要提炼材料，结合现实，观点和事实要有机统一。

（二）典型性

典型性是指调查报告应该具有体现现实普遍意义的特性，是调查报告成败的关键。其一，材料的典型性。调查报告的材料必须基于现实，但并不是所有来源于真实的材料都能够作用于调查报告。材料必须具有现实存在的普遍性，能够反映主流情况。尽量避免使用个别的、极端的材料。其二，调查结论的典型性。调查报告的目的是作用于现实，解决现实问题，因此，经过分析总结得出的结论也应该具有一定的典型性。需要注意的是，个别突发事件的原因可能是极端的，但写作主体仍然要在个别中看见普遍性。

（三）理论性

调查报告不是对事物、现象的具体描述，而是在一定的理论指导之下，通过对具体情况的分析，将感性认识上升为理性认识，从而得出结论，揭示事物、现象的本质，总结客观规律。理论性体现在调查报告写作的各个阶段。首先，调查报告的写作离不开理论的指导；其次，理论材料可以作为论据，支持和证明调查的结论；最后，调查的结论是抽象的理论概念，具有普遍性，可以用来解决现实的社会问题。

三、调查方法

（一）普遍调查法

普遍调查法是指在一定范围之内，对所有对象进行全面调查的方法。这一调查方法可以一次性面向众多被调查者，涉及面广，信息误差小，但是工作量较大。常见的普遍调查法是问卷调查，即向被调查者发放统一设计的调查问卷进行社会调查的方法。问卷调查需要事前设计调查问卷，题目数量不宜过多，一般可以考虑使用选择题、判断题、简单题、量表题等组卷。

（二）典型调查法

典型调查法是指在一定范围之内，选择较为典型的案例进行深入调查的方法。这一调查方法能够直接面对调查对象，深入实际，调查结果更加具体详尽；但调查的范围较窄，难以对事物进行系统、全面的定量分析，难以反映事物的全貌。典型调查法的形式有很多种，包括个别访谈、座谈会、调查会议等。一般情况下，典型调查法会与普遍调查法结合使用，保证调查数据来源的多样性。

（三）抽样调查法

抽样调查法是指在一定范围之内，按照特定的要求抽取一部分调查对象进行调查的方法，从部分推断全貌。这一调查方法兼具了普遍调查法和典型调查法的优势，也排除了两者的劣势，更大程度上避免了典型调查法中因个别主观选择影响结论的风险，也减轻了普遍调查法因涉及样本面广泛而产生的调查工作量大、调查难度高、调查效率低的困难。抽样的标准多种多样，有单一标准，如年龄、职业、性别、学历等，复合标准是各种条件的叠加，应该根据实际需要进行具体选择。

四、调查报告的写作方法

调查报告的写作方法较为灵活，没有十分固定的写作格式，调查报告通常由标题、正文、落款三个部分组成。

（一）标题

调查报告的标题比较灵活，从结构形式看，大致可以分为单行式标题和双行式标题。

1. 单行式标题

单行式标题同样有两种形式，包括公文式标题和文章式标题。

（1）公文式标题。调查报告虽然不属于法定公文的范畴，但仍然可以参考法定公文标题拟制的方法，即由发文单位、事由、文种三要素组成，通过"关于……的"的结构联结，如《××学院关于 2023—2024 学年线上课程教学情况的调查报告》《××局关于高新产业园区周边环境的调查报告》。

（2）文章式标题。这种标题较为灵活，形式多样。可以简洁为要，通过组合"事由"和"文种"来组织标题。这种形式较为简单，不容易出错，最为基础的是要保证语言的明确清晰，如《"五一"假期公众旅游调查报告》《××市大学生消费情况调查报告》

《××特大安全事故调查报告》等。同时，也可以从标题的生动性要求出发，不组织调查报告的要素，而是对调查报告的主题、结论等做出论述。这一层面，作者可以尽量发挥写作技巧，在语言概括、清晰的基础上，以整句、问句等切入，尽量形象生动、朗朗上口，如《公共安全，冷淡不得》《现在的年轻人为什么不想结婚？》《这个寒冬，把温暖送到家》。

2．双行式标题

双行式标题包括正标题和副标题。一般情况下，正标题是对调查主题或者调查结论的形象描述，副标题则是对基本调查情况的补充说明。双行式标题可以最大限度地传递调查的相关信息，同时语言表达兼顾生动和简洁，是调查报告标题拟制的常用方法，如《蔬菜产地供应充足，菜价在合理区间——来自蔬菜生产大省山东的一线调查报告》《让农民工不再"忧薪"——农民工工资清欠调查报告》《改革·高端·创新——来自辽宁三家国企逆势增长的调查报告》。

（二）正文

调查报告的正文可以简单地划分为开头、主体、结尾三个部分。

1．开头

开头即前言部分，主要介绍调查报告的基本情况，包括调查对象、调查时间、地点范围、调查方法、调查背景、调查目的等。需要注意的是，调查的基本情况内容较多，写作过程中不必面面俱到，而是应该根据调查的目的来确定如何选择。例如，有的调查报告以问句开头，引出调查目的；有的调查报告以概述调查过程开头；有的调查报告以介绍调查人员开头等。开头的形式多种多样，不用拘泥于特定方式。

2．主体

调查报告的主体是文章的核心所在。主体部分不是要反映调查的过程，而是需要陈述调查的基本情况、分析调查获取的材料，从而得出调查的结论。在写作过程中，不以文章篇幅为结构组成要素，不以"套路""模板"为写作标准，而是强调文章的内在逻辑。主体部分可参考的写作思路是"调查什么——为什么——怎么办"。根据不同的客观情况，参考思路的变体多种多样，举例如下：

（1）调查对象的基本情况——通过调查发现的问题——针对问题提出建议

（2）调查对象取得的成绩——分析具体做法——总结成功经验

（3）调查对象的突出问题——分析产生原因——提出意见或建议

在调查报告的主体部分需要注意使用的材料，调查报告的有效材料包括数据和实例。第一，适量使用数据。调查得到的数据烦多，在写作过程中，要注意筛选与主题密切相关的、最能反映本质、最具有说服力的数据，不必将所有得到的数据全部展现在调查报告中。写作要避免数据过分集中，罗列和堆砌数据不仅会使文章冗长烦杂，主题不清，还会使读者应接不暇、难以消化。适量使用数据，可以采用图表的形式，用图表补充说明调查结论。

第二,适量使用典型实例。在选择实例的时候需要注意控制实例的数量及类别,实例不宜太少,同类别的实例也不宜重复出现。不同的实例可以实现多角度分析,从不同侧面看待问题,扩展文章的容量,拓宽文章视野。在写作过程中,可以将材料按照性质进行分类,从不同的问题角度切入,以小标题或者小问题的形式呈现。例如,《大学生人际交往情况调查报告》的主体部分,分为"宿舍人际""异性交往""师生关系"等三个方面,分别选择一个学生案例进行分析和讨论,然后进一步分析不同案例的相似之处,最后得出大学生人际交往的普遍情况。

3. 结尾

调查报告的结尾部分需要与主体部分紧密结合,不可游离在文章结构之外。在写作过程中,应该根据文章的整体情况进行处理,不要生搬硬套。结尾可以是自然收束的"零结尾",可以是概括内容、强调结论的"概述式",可以是展望未来、表达决心的"号召式";也可以是指出问题、进一步思考的"启发式";还可以是照应开头的"呼应式"等。结尾部分的语言要简明扼要,意尽即止,不可长篇大论、拖泥带水。

(三)落款

调查报告的落款是由调查单位的名称和成文日期组合而成的。落款的位置在正文右下方,调查单位名称居上,成文日期居下。如果标题中已经有单位名称,也可以将日期以括号括注的形式标在标题之下。

新就业形态劳动者职业发展状况调查报告

当前,伴随着移动互联网、大数据、云计算等信息技术的广泛运用和平台经济、数字经济的不断发展,以平台化、去雇主化为基本特征的新型灵活就业模式不断涌现,带动新就业形态劳动者群体不断发展壮大。第九次全国职工队伍状况调查显示,当前我国新就业形态劳动者达 8400 万人,已发展成为我国劳动群体的重要力量。

为全面了解当前新就业形态劳动者的就业情况及职业发展状况,2023 年 4 月 28 日~5 月 6 日,人民智库通过互联网和微信公众号,面向新就业形态劳动者开展问卷调查,共回收问卷 4420 份,其中男性占 75.4%,女性占 24.6%;20 岁以下的占 1.6%,21~25 岁的占 21.0%,26~30 岁的占 37.3%,31~35 岁的占 28.7%,36~40 岁的占 8.3%,41~50 岁的占 2.4%,51~60 岁的占 0.5%,60 岁以上的占 0.2%。

一、新就业形态劳动者的群体画像与职业样态

在群体画像方面,青年群体和流动人口占比高,劳动者受教育程度普遍较高。从年龄来看,新就业形态就业方式的灵活性、工作内容的多样性、工作安排的自主性与青年群体的就业偏好相契合,青年是新业态从业人员的主力群体,年龄在 35 岁及以下的受访者人

数占比 88.6%。从日常居住地来看，新就业形态劳动者主要集中在城市地区，近九成受访者日常居住在城市，37.9%的受访者在地级市，34.4%在县级市和县，14.0%在直辖市。但从户籍分布情况来看，多数为本地农村进城务工人员和外来流动人口，受访者中具有本地城镇户籍的仅为 38.5%，有本地农村户籍的占 41.9%，外地城镇和外地农村户籍的分别为 15.4%和 4.2%。此外，新就业形态劳动者群体总体受教育水平较高，受访者中大专学历人数占比为 40.9%，本科学历人数占比为 29.2%，高中、职高、中专、技校毕业人数占比为 24.2%，硕博研究生为 3.3%，初中及以下仅为 2.4%。

在劳动关系方面，新就业形态的去雇主化特征明显，多数劳动者与用工平台签订的是劳务合同和合作协议。新就业形态劳动者中的部分职业群体工作自主性较高，如从事技术、咨询等工作的自由职业者和部分网络文学写手、职业博主等。同时，还有很大一部分劳动者受平台制约较强，如快递员、网约配送员、网约车司机群体。对于这类群体来说，稳定的劳动关系对其劳动权益保障和职业稳定发展至关重要。从现实情况看，当前大部分新就业形态劳动者与平台签订的是劳务合同或合作协议。调查结果表明，不到三成的受访者与平台或工作单位签订了正式劳动合同（29.2%），34.9%的受访者通过劳务合同或劳务派遣协议的方式与平台企业建立用工关系，26.2%的受访者签订了合作协议，还有一部分受访者没有签约单位或平台，属于自由职业者（9.7%）。

在劳动样态方面，新就业形态具有工作时间灵活、工作场所不固定、劳动强度大等特征。新就业形态的用工模式不同于传统就业的"以岗位为导向"，而多是"以任务为导向"。用工单位通过平台随机向劳动者派发任务，劳动者没有相对固定的工作时间、工作场所以及稳定的业缘关系，劳动样态呈现出较大的流动性和不确定性。调查结果显示，74.7%的受访者认为自身职业"工作时间灵活"，67.1%的受访者认为自身职业"工作场所不固定"。

二、新就业形态劳动者的职业待遇与发展前景

近年来，新就业形态在保就业、稳就业中发挥了积极作用，但在劳动者权益保障等方面也暴露出许多问题和短板。在劳动收入方面，新就业形态劳动者收入较高，但职业内部的收入差距和波动性较大。调查结果显示，38.6%的受访者的税后月收入为 5001～8000 元人数占比最多；24.4%的受访者税后月收入为 8001～10000 元；月收入在 10001～15000 元、15001～20000 元、20000 元以上的受访者人数占比分别为 10.7%、2.3%和 2.1%。总体来看，新就业形态劳动者在同年龄群体中收入水平相对较高，月收入在 5000 元以上的达到 78.1%在 8000 元以上的达到 39.5%。与此同时，其收入也存在两极分化、波动性较大等问题。当被问及自身职业发展存在哪些突出问题和困境时，70.3%的受访者认为职业收入分化严重，53.9%的受访者认为存在"收入不稳定"的问题。分职业看，快递员、网约配送员、网约车司机的职业内部收入差距较小，网络主播、技术咨询方面的自由职业者职业的内部收入差距较大，其中尤以网络主播群体收入的离散度最高。

在社会保障方面，除城乡居民养老保险和工伤保险外，享有其他社会保障的人数占比均未超过五成。2021 年 7 月，人力资源社会保障部等八部门出台《关于维护新就业形态劳

动者劳动保障权益的指导意见》，将新就业群体纳入劳动保障基本公共服务范围。当前，针对新就业形态劳动者群体的劳动保障仍存在不少短板。当被问及享有哪些社会保障时，37.7%的受访者表示自己享有城镇职工养老保险，56.1%的受访者享有城乡居民养老保险，51.2%的受访者享有工伤保险，40.9%的享有失业保险，22.0%的享有生育保险。由此可见，社会保险特别是城镇职工养老保险并未全面覆盖新就业形态劳动者群体，针对新就业形态劳动者的社会保障制度仍有很大提升空间。

在职业发展前景方面，新就业形态劳动者对职业发展前景的信心有待提振。相较于传统就业形态，部分新就业形态在现阶段难以纳入既有职业体系之中，劳动者缺乏清晰的职业规划和稳定的职业晋升途径。调查显示，就业形态劳动者对自身职业发展前景的总体评分为6.19分（满分10分）。对职业发展前景赋分为1~3分的人数占比11.5%，4~6分的占比41.9%，7~9分的占比40.9%，10分的占比5.7%。当被问及职业发展存在哪些突出问题和困境时69.3%的受访者认为职业晋升空间小，65.7%的受访者认为职业失业风险高。同时，高达85.1%的受访者认为向传统就业形态的转型较为困难。从实践层面来看，快递员、网约车司机、网约配送员等群体难以在工作中培养和积累技能，缺少提升自身素质的时间和有效途径；网络主播、职业博主、网络文学写手职业竞争激烈，"过气"的风险高，转向传统形态就业的难度较大，容易陷入"灵活就业锁定陷阱"。

三、推动新就业形态劳动者实现更高质量就业

第一，完善新就业形态劳动者权益保障制度。调查表明，新就业形态劳动者对"完善职业群体社会保障制度"的需求最迫切（需求度得分4.10分，满分5分），其次是"健全新就业形态相关劳动法律法规"和"为新就业形态群体提供法律援助服务"（需求度得分均为4.08分）。建议有关部门进一步明确平台用工管理责任边界和保障义务，建立常态化监测机制，强化对大型互联网平台劳动者劳动安全、劳动报酬、社会保障等情况的监管，对平台企业未依法缴纳社保以及算法控制等问题进行有效治理；进一步扩大社会保障覆盖率，积极发挥工会组织法律援助机构的作用，为新就业形态劳动者提供法律援助。

第二，建立新就业形态职业技能认定和职称评定制度。调查显示，新就业形态劳动者对"强化就业指导和职业培训"以及"完善职业技能认定和职称评定制度"的需求度较高（得分4.03分、3.94分）。建议引导平台用工企业定期为新就业形态劳动者提供职业技能培训，鼓励行业协会、志愿服务组织等主体提供职业培训和职业生涯规划服务，切实提高新就业形态劳动者职业技能水平。

第三，健全就业优先政策体系，引导新就业形态劳动者充分就业。新就业形态岗位普遍具有市场需求量大、准入门槛较低的特征，但其就业承载力需与平台经济、数字经济的发展相适应，大量劳动者涌入外卖配送、网络直播等行业，势必会造成新就业形态劳动者的不充分就业。一方面，建议积极出台推动平台经济规范健康持续发展的政策，鼓励平台企业通过科技创新和业态模式革新等方式开拓新市场，加大对平台中小微企业的支持力度，创造更多就业岗位。另一方面，建议在稳定市场主体、扩大内需等方面持续发力，稳住传统就业形态

劳动者基本盘，使新就业形态劳动供给保持在合理区间，避免出现"灵活就业挤兑"，推动新就业形态劳动者群体伴随数字经济和平台经济发展而有序、平稳地发展壮大。

（有删减）

文章来源：刘哲，新就业形态劳动者职业发展状况调查报告.

本文内容严谨、结构清晰、语言简洁，全面反映了"新就业形态劳动者职业发展"的基本情况。标题是单行式标题，由"事由"和"文种"两部分组成，简洁清晰。正文开头部分由两个自然段组成，主要叙述了调查的背景、调查的目的、调查的方式及基本情况。主体部分有三个层次，层层深入地叙述了"新就业形态劳动者的群体画像与职业样态""新就业形态劳动者的职业待遇与发展前景""推动新就业形态劳动者实现更高质量就业"等情况。每个层次分为若干自然段，每个自然段的第一句为中心句，围绕中心叙述，数据翔实，逻辑清晰，内容完整。结尾自然收束，简洁明了。

练习园地

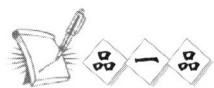

下面是几个调查报告的开头部分，请问它们分别叙述了什么内容？

1. 教育在社会发展中处于什么样的地位？教育与科技发展、经济增加的关系如何？2022年5月，××省教育委员会组织17个地市、34个县教育部门的同志对121个行政村进行了全面调查。

2. 城市里共享单车的出现，为人们提供了便捷的出行选择，在一定程度上缓解了短距离交通运行的压力。但我们不得不承认，共享单车的普及也出现了一系列问题，例如，共享单车的过度投放占用了大量公共空间，共享单车肆意穿行增加路面行驶难度等。

3. 为了解今年以来大学生就业情况，××局开展了一次全面调查。调查结果显示：随着大学毕业生的逐年增多，就业形势愈发严峻。具体体现为四个方面：其一，人才招聘市场存在不规范行为；其二，高校体制不完善；其三，用人单位用人存在不合理；其四，学生心态有待调整。这些情况限制了毕业大学生的充分就业，亟待有关部门采取措施，加以解决。

请判断下面的标题是否正确，如有误，请修改。

1. ××公司 2024 年工作规划方案
2. 扬帆破浪的新征程——2022 年学生活动工作总结
3. ××省高新技术产业发展十年计划
4. 关于××学校的新学年新计划
5. 我们应该如何与年轻人沟通？
6. ××学校关于调查学生课余生活情况的总结汇报
7. 大学生心理健康情况调查报告
8. 文化建设工作总结——培育时代新人
9. 关于调查"创新争优"活动的情况
10. 关于提高省内交通联合调动效率的专项计划

根据下面材料，写一篇总结。

2023 年春天，公司为了在员工中提倡健康生活理念，同时为了丰富员工业余生活，进行了一系列工作。具体如下：鼓励员工参加市马拉松活动，参与者可凭奖牌到公司领取奖金；在员工中开展"步数换奖品"的活动；周末组织了羽毛球比赛、乒乓球比赛、篮球比赛、桌球比赛等多种体育竞赛；组织"健康作息活动"，每月为坚持"早睡早起"的员工颁发奖品等。这一系列工作获得了员工们的欢迎，但同时在组织工作中也存在着一些不足。例如，各项比赛的宣传力度不大、报名渠道不通畅，导致有的员工一直未报名成功，甚至有的员工在比赛结束之后才知晓比赛信息。奖品设置不恰当，有员工反映兑换来的奖品都是"鸡肋"，无法吸引大家参与。

总而言之，系列活动有利有弊，但整体而言还是利大于弊。公司决定 2024 年要在前一年的基础上完善系列活动。于是让办公室的小张写一篇总结。

礼仪文书写作

(1) 礼仪文书的概念;
(2) 演讲稿的种类、特点与写作方法;
(3) 开幕词的写作方法。

当我们踏入广阔的社会舞台时,无论是商务洽谈、公务往来,还是日常生活中的点滴交流,礼仪文书都是我们无声的名片,展现着我们的专业素养与文明风貌。从一封简短的信函到一份庄重的报告,字里行间蕴含着对传统的尊重和对现代的适应。在这一章,我们将携手探索礼仪文书的奥秘。

首先我们将剖析礼仪文书的基本要素,从格式规范到语言风格,在掌握技巧的同时,也深刻理解其背后的文化意义。其次,我们将通过实例分析,在实战中感受礼仪文书的魅力,学会根据不同的场合与对象,灵活地运用所学知识,创作出既得体又富有感染力的文书作品。同时,我们还将分享一些实用的写作技巧与注意事项,可以避免常见的错误,提升写作效率,提高写作质量。相信通过本章的学习,我们可以轻松驾驭两种常用礼仪文书——演讲稿和开幕词的写作,让每一次书写都成为一次优雅而有力的表达。

现在,就让我们一同踏上这段充满挑战与收获的旅程,共同揭开礼仪文书写作的神秘面纱吧!

第一节 礼仪文书概述

一、礼仪文书的概念

当代社会中人际交往越来越频繁,交际方式也日益增多。根据不同场合、不同需求、不同交际对象,运用语言文字处理人际关系成为社会生活的必然要求。迎来送往、节日庆典、婚丧嫁娶,致谢慰问等场合都需要礼仪文书。

礼仪文书是指以礼仪为目的或在礼仪场合使用的文书，作为一种特定的书面表达形式，主要用于公共场合或特定社交活动中，表达尊重、礼貌、友好及合作等情感，体现了交际双方（有时可能是多方）的愿望、喜好，反映的是一种"双边"关系。这类文书不仅体现了个人或组织的文化素养和道德水准，也是维护社会和谐、促进人际交往的重要工具。它在国家机关、企事业单位、社会团体或个人之间的社会交往、礼仪活动和商务活动中发挥着重要作用。

例如，邀请函是用于邀请他人参加活动或仪式的书面通知，它不仅要明确告知活动的时间、地点、内容等基本信息，还要呈现邀请者的诚挚态度和热情期待。感谢信则是为了表达对他人的帮助、支持或馈赠的感激之情，它要真诚地表达谢意，并可能包含对未来与被感谢方合作的期望。

二、礼仪文书的种类

礼仪文书的种类丰富多样，涵盖了多种用途和形式。以下是礼仪文书的主要种类。

专用信函类：如推荐信、表扬信、慰问信、感谢信、贺信（电）、喜报、请柬、邀请函等。这些信函通常用于向有关单位或个人介绍情况、证明事实、推荐人才、表彰先进、表达关怀和感谢、邀请他人或相关单位参加特定活动等。

专用文书（非信函）类：如聘书、倡议书等。这些文书用于聘请他人担任职务或从事工作，以及发起号召呼吁人们共同响应主张或行动。

致辞类：如演讲词、开幕词、题词、欢迎词、欢送词、祝词（辞）或祝酒词等。这些致辞通常在重大节日、庆典仪式或庄重场合发表，用于表达理念或感想、题写文字、欢迎宾客、送别友人或表达祝愿等。

其他类：名片、贺卡、对联、悼词、碑文等多种形式，这些文书在不同场合下各自发挥着独特的作用，共同构成了丰富多彩的礼仪文化。

总之，礼仪文书是一种重要的社会交往和礼仪活动工具，每种文书都有其特定的使用场合和格式要求，但共同之处在于它们都遵循着礼仪的原则，通过恰当的语言和得体的措辞，传递出真诚、尊重、友好的信息。

撰写礼仪文书时，需要认真对待并遵循相关规范和格式要求。

三、礼仪文书的特点

礼仪文书是在社会交往、礼仪活动和商务活动中常用的重要书面材料，它们不仅体现了礼仪的规范性和严谨性，还承载着人与人之间的情感交流和尊重。礼仪文书作为正式沟通的载体，具有以下几个显著的特征。

正式性：礼仪文书的语言风格须保持正式、庄重，避免使用口语、俚语或过于随意的表达，以体现书写者的专业性和对读者的尊重。

规范性：礼仪文书的格式和结构需遵循一定的规范，包括明确的标题、正文、结尾以及必要的落款等部分。同时，措辞要准确、得体、精炼，符合公文写作的标准。

礼貌性：在礼仪文书中，应始终秉持礼貌、谦逊的态度，无论是邀请、感谢还是致歉，都应采用得体、恰当的语言表达，以维护良好的企业形象和人际关系。

明确性：礼仪文书须清晰、明确地传达信息，包括活动的目的、时间、地点、参与人员等关键信息，以便读者能够迅速理解并做出相应安排。

针对性：根据不同的场合、受众和目的，礼仪文书的内容、写作风格和语气应有所侧重，以更好地满足读者的需求、期望和习惯。例如，邀请函应针对受邀者的身份和兴趣进行个性化设计，以增强吸引力和感染力。

时效性：礼仪文书往往与时间紧密相关，因此需要注重时效性，确保信息能够及时传达给读者，避免因延误而导致的不便或误解。

综上所述，礼仪文书以其正式性、规范性、礼貌性、明确性、针对性和时效性等特点，在企业和个人之间的沟通交流中发挥着重要作用。

礼仪文书的撰写需要坚持严谨、得体和礼貌的态度，充分展现企业的专业形象和良好风度。下面是一个礼仪文书书写得不太专业的例子，请结合所学知识，分析这则文书里写得不妥当的地方，并进行修改。

感谢信一则

尊敬的领导：

　　您好！

　　我写这封信是要表达我对您上次的帮助，感到非常感谢。虽然那件事情已经过去了一段时间，但我还是想借此机会说一声谢谢。

　　其实吧，我觉得那次的事情也没什么大不了的，不过您还是主动伸出援手，这让我挺感动的。您真是个好人，我以后会更加努力工作，不辜负您的期望。

　　还有啊，我最近在学习新技能，感觉还挺有意思的。等我学成了，有机会再跟您汇报一下。

　　最后，再次感谢您的帮助，祝您工作顺利，身体健康！

　　此致

敬礼！

××
××月××日

这篇感谢信存在以下问题。

1. 语言不够正式：感谢信作为一种正式文书，应使用更为正式和严谨的语言。上述信件中，"其实吧""还有啊"等表述显得过于随意，不符合感谢信的正式风格。

2. 内容偏离主题：感谢信应主要围绕对方的帮助或支持进行感谢，但上述信件中却提到了自己学习新技能的情况，这与感谢的主题无关，有些跑题。

3. 表达不够具体：在感谢信中，应尽可能具体地描述对方的帮助如何重要或如何影响了自己。上述信件中只是简单地表示了感谢，没有具体说明对方的帮助如何帮助到了自己。

修改后的文稿

尊敬的领导：

　　您好！

　　我谨以此信，向您表达我最深切的感激之情。对于您上次给予我的无私帮助，我至今难以忘怀。尽管时间已悄然流逝，但您的援手如同灯塔一般，照亮了我前行的道路，让我深感温暖与鼓舞。

　　上周周三正值台风天，我来公司的途中因路段严重积水，导致延迟了数小时才到岗。您不仅理性看待我的迟到，认为事出有因，没有苛责于我，而且还把我必须承担的工作及时分配给了其他同事。这件事或许对您来说微不足道，但您却以高度的责任感和敏锐的洞察力，主动伸出援手，为我排忧后再来解难。您的这种精神，让我深受感动，您个人更成为我今后工作和生活的榜样。我深知，没有您的帮助，我可能无法如此顺利地克服难关。

　　同时，我也想借此机会向您汇报我的近况。近期，我正在努力学习××新技能，以期能够不断提升自己的专业素养和工作能力。虽然这一过程充满了挑战，但我相信，在您的关怀和指导下，我一定能够取得更大的进步。未来，我期待有机会能够向您展示我的学习成果，并继续得到您的宝贵意见和支持。

　　最后，请允许我再次向您表示最诚挚的感谢。您的帮助不仅解决了我的燃眉之急，更给予了我前行的力量和信心。我衷心祝愿您工作顺利、身体健康、家庭幸福！

××
××月××日

第二节　演　讲　稿

一、演讲稿的特点

演讲稿是演讲者在公众场合进行口头表达时所使用的文稿，是演讲者为了阐明事理、表达情感、传播信息或说服听众而撰写的书面材料。

演讲稿具有以下特点。

针对性：演讲稿必须针对特定的听众、场合进行撰写，主题集中，以确保内容的针对性和实用性。

逻辑性：演讲稿需要结构清晰、逻辑严密，这样听众才能顺畅地理解和接受演讲者的观点和信息。

号召性：为了吸引听众的注意力和引起听众的共鸣，演讲稿往往需要运用多种修辞手法，以增强语言的感染力和说服力。

口语化：虽然演讲稿是书面材料，但它最终是用于口头表达的，因此必须注重口语化，避免使用过于晦涩难懂或复杂的词汇和句式。

准备性：演讲稿是演讲者提前准备好的，这有助于演讲者更好地组织思路、掌握时间，并在演讲过程中保持自信和语言流畅。

综上所述，演讲稿是演讲者进行口头表达时的重要辅助工具，它要求演讲者具备扎实的文字功底、敏锐的洞察力和良好的表达能力。

阅读下面的两则演讲稿，根据演讲稿应具备的特点，请分析一下它们在写作中存在的问题。

第一则

尊敬的各位领导、同仁们：

今日，吾辈汇聚一堂，共商发展大计，实为难得之机遇。在此，我谨代表××部门，就当前工作之现状、存在问题及未来规划，向诸位做一简要汇报。

首先，关于当前工作之现状，我部门在过去一段时间内，秉承公司之宗旨，勤勉尽责，锐意进取，取得了一系列显著成效。具体而言，我们成功完成了××项目，实现了××目标，为公司发展贡献了重要力量。然而，在成绩的背后，我们也应清醒地认识到，当前工作中仍存在诸多不足与挑战。

其次，针对存在问题，我部门已进行了深入剖析与反思。我们认为，主要原因在于以下几个方面：一是制度建设尚不完善，导致工作流程不够顺畅；二是人员培训力度不足，部分员工的业务能力有待提升；三是沟通协调机制不健全，部门间协作效率有待提高。

针对上述问题，我部门已制定了详细的整改措施与未来规划。具体而言，我们将从以下几个方面入手：一是加强制度建设，完善工作流程，确保各项工作有章可循、有据可查；二是加大人员培训力度，提升员工业务能力与综合素质；三是建立健全的沟通协调机制，加强部门间协作与配合，形成工作合力。

最后，我衷心希望各位领导、同仁能够给予我部门更多的关心与支持。让我们携手并进、共同努力，为公司的发展贡献更多力量。

以上汇报如有不妥之处，敬请批评指正。

谢谢大家！

 分析

这则演讲稿虽然体现了书面化语言的特征,如使用文言文词汇、长句等,但也存在以下问题:

1. 语言过于正式:可能让听众产生距离感,不能与演讲者产生共鸣;
2. 内容较为空洞:虽然列举了问题和措施,但缺乏具体实例和支撑细节,不够生动有力;
3. 缺乏情感表达:整篇演讲稿缺乏情感色彩,难以打动人心。

因此,在撰写演讲稿时,我们需要在保持书面化语言风格的同时,注重内容的充实性、生动性和情感表达,从而更好地吸引听众的注意力和兴趣。

 修改后的文稿

尊敬的各位领导、亲爱的同仁们:

今天,我们欢聚一堂,共同探讨公司的发展蓝图,这确实是一个难得的交流与学习机会。在此,我代表××部门,就我们部门当前的工作状况、面临的挑战以及未来的发展方向,向大家做一个简要的汇报。

首先,回顾过去,我们部门在公司领导的英明指导和同仁们的共同努力下,秉承公司的核心理念,勤勉工作,锐意进取,取得了一系列令人瞩目的成绩。特别是××项目的成功实施,不仅实现了既定的目标,更为公司的长远发展奠定了坚实的基础。然而,在肯定成绩的同时,我们也清醒地认识到,工作中仍存在一些不足和需要改进的地方。

接下来,针对这些问题,我们部门已经进行了深入的分析和反思。我们认为,主要原因可以归结为以下三点:一是制度建设尚需完善,以进一步优化工作流程,提高工作效率;二是员工培训力度还需加强,以提升团队的整体业务水平和综合素质;三是部门间的沟通协调机制有待健全,以促进更加紧密的合作与协同。

针对上述问题,我们已经制定了相应的整改措施和未来发展规划。具体来说,我们将重点从以下几个方面着手:一是加强制度建设,完善各项规章制度,减少不必要的审批,标准化××流程的关键操作,减少因操作差异导致的错误与延误。确保工作有章可循、有据可查;二是加大员工培训投入,一年内安排至少六次全部门参与的专业培训和学习交流活动,不断提升员工的专业技能和综合素质;三是建立健全沟通协调机制,利用企业微信、Slack 等即时通信工具,并建立内部论坛或社区,鼓励成员在线自由交流,分享经验和知识。加强部门间的沟通与协作,形成合力,共同推动公司的发展。

最后,我衷心希望各位领导和同仁能够继续给予我们部门更多的关注和支持。让我们携手并肩、共同努力,为公司的繁荣发展贡献我们的智慧和力量。

以上汇报如有不足之处,还请各位领导和同仁批评指正。

谢谢大家!

第二则

尊敬的各位听众:

大家好!

首先,我想说,我站在这里,感觉非常荣幸,也非常激动。嗯,我们今天聚集在这里,是为了什么呢?对,就是为了交流、学习和分享。但是,具体要交流什么、学习什么、分享什么呢?这个问题,我其实也思考了很久。

你看,现在社会发展这么快,信息这么多,我们每天都能接触到各种各样的新事物、新观点。那么,我们到底应该关注什么?应该深入思考什么呢?我觉得,这是一个很重要的问题,也是一个很值得探讨的话题。

说到这里,我就想起了一个词,那就是"多元化"。没错,现在社会越来越多元化了,我们每个人的兴趣爱好、职业方向、生活方式都各不相同。这种多元化,给我们带来了很多机遇和挑战。但是,我们如何在这种多元化中找到自己的定位?如何保持自己的独特性和竞争力呢?这也是一个需要我们深入思考的问题。

再来说说科技吧。现在科技发展这么快,人工智能、大数据、云计算等等,这些新技术、新概念层出不穷。它们对我们的生活、工作、学习都产生了深远的影响。那么,我们如何适应这种变化?如何充分利用这些新技术来提高自己的能力和效率呢?这也是一个很重要的问题。

当然,除了这些,还有很多其他的话题可以聊。比如教育、环境、文化等等。但是,由于时间关系,我不能一一展开来说了。我只是希望,通过今天的演讲,能够引发大家的一些思考,能够让大家在忙碌的生活中,抽出一点时间来关注一些更深层次、更有意义的问题。

最后,我想说,无论我们身处何种环境,无论我们面临何种挑战,都要保持一颗积极向上的心。要勇于探索未知领域,敢于挑战自我极限。只有这样,我们才能在不断变化的世界中立于不败之地!

这则演讲稿虽然涵盖了一些广泛的话题,如多元化、科技、教育等,但整体上缺乏一个明确而集中的主题和目的。它更像是一次随意的聊天或感想分享,并没有考虑到听众的需求与感受,所以不是一个具有明确针对性和说服力的演讲。这样的演讲稿容易让听众感到迷茫和无所适从,让人难以留下深刻的印象。

尊敬的各位听众:

大家好!

首先,请允许我表达站在这里的荣幸与激动之情。我们来自不同的行业,今日齐聚一堂，参加这次"数字新时代"论坛，旨在共襄盛举，促进彼此间的交流、学习与分享。然而，面对这浩瀚的信息海洋与日新月异的时代变迁，我们不禁要问：究竟应当聚焦哪些议题进行深入探讨？

在当今社会，多元化已成为不可逆转的趋势。每个人的兴趣、职业与生活方式都如同万花筒中的碎片，各自独特而又交相辉映。这种多元性不仅赋予了我们广阔的视野与无限的可能，也带来了前所未有的挑战。如何在纷繁复杂的世界中找到自己的定位，如何在保持个性的同时提升自我竞争力，是我们每个人都需深思的课题。

再者，科技的飞速发展正以前所未有的方式改变着我们的生活。人工智能、大数据、云计算等前沿技术如雨后春笋般涌现，它们深刻地影响着我们的工作、学习与生活方式。面对这些变化，我们不仅要学会适应，更要主动拥抱，积极探索如何利用这些新技术来提升自我、优化生活。

当然，除了多元化与科技，数字时代的教育环境、文化等领域同样值得我们关注与探讨。它们构成了社会的多元面貌，也是我们共同进步的基石。遗憾的是，由于时间有限，我无法在此一一展开论述。但我希望，通过今天的演讲，能够激发大家对于更深层次问题的思考，鼓励大家在忙碌之余，也能关注那些关乎人类命运与未来的重大议题。

最后，我想强调的是，无论我们身处何种环境，面临何种挑战，都应保持一颗积极向上的心。勇于探索未知领域，敢于挑战自我极限，是我们在不断变化的世界中保持竞争力的关键。让我们携手并进，共同开创更加美好的未来！

二、演讲稿的种类

演讲稿的种类繁多，根据不同的分类标准可以划分为多种类型。我们可以从多个角度对演讲稿进行归纳分类，最终可以有不同的结果。

（一）按演讲内容分类

1. 政治演讲稿：针对国内外的政治问题，阐明政治观点，如政治家的竞选演说、政策阐述等。

2. 生活演讲稿：围绕日常生活、社会现象等话题展开，分享个人经验、感悟或提出生活建议。

3. 法律演讲稿：在法律领域，对法律条文、案例进行分析解读，阐述法律观点。

4. 学术演讲稿：传播、交流科学知识、学术见解及研究成果，具有较高的专业性和学术性。

5. 教育演讲稿：针对教育领域的问题，提出教育理念、方法，分享教育经验。

6. 军事演讲稿：在军事场合，对军事战略、战术、纪律等进行阐述，激励士气。

7. 商业演讲稿：在商业活动中，对产品、服务进行推广，分享商业经验、理念。

8. 公共关系演讲稿：在公关活动中，用于塑造组织形象、处理危机公关等。

9. 外交演讲稿：在国际交往中，代表国家阐述立场、政策，进行外交谈判。

（二）按演讲形式分类

1. 命题演讲：根据给定的题目或范围进行演讲。
2. 即兴演讲：没有事先准备，根据现场情况即兴发挥的演讲。
3. 论辩演讲：在辩论赛中，针对特定议题进行正反方辩论的演讲。

（三）按演讲目的分类

1. 说服性演讲：旨在通过逻辑和事实说服听众接受观点或采取行动。
2. 鼓动性演讲：通过充满激情的语言激发听众的情感和动力，促使他们积极参与或支持活动。
3. 传授性演讲：向听众传授知识、技能或经验，提高听众的素养。
4. 娱乐性演讲：以娱乐为主要目的，通过幽默、诙谐的语言为听众带来欢乐。

（四）按照演讲场合分类

1. 集合演讲：在大型集会、庆典等场合进行的演讲。
2. 课堂演讲：在教学课堂上，学生或教师进行的演讲。
3. 法庭演讲：在法庭上，律师或法官进行的法律陈述或辩论。
4. 战地演讲：在战争环境中，为鼓舞士气而进行的演讲。
5. 广播演讲和电视演讲：通过广播、电视等媒体向广大听众或观众进行的演讲。

综上所述，演讲稿的种类烦多，每种类型都有其独特的特点和适用范围。在准备演讲稿时，应根据具体场合、目的和听众特点选择合适的类型和风格。

三、演讲稿与礼仪文书

演讲稿在广义上可以被视为礼仪文书，因为它在呈现上往往遵循着一定的礼仪规范，旨在通过得体、恰当的语言表达来传达信息、表达观点或情感。

演讲稿之所以被视为礼仪文书，主要基于以下几个原因。

（一）礼仪目的与场合的适用性

1. 礼仪性：演讲稿经常在较为隆重的仪式、庆典、会议等公共场合发表，这些场合往往要求表达得体、庄重，符合礼仪规范。
2. 目的性：演讲稿的撰写和发表，不仅是为了传达信息、阐述观点，还承载着增强礼仪氛围、增进人际关系、促进文化交流等多重目的。

（二）内容的规范性与正式性

1. 规范性：演讲稿的内容通常经过精心准备和反复修改，确保语言准确、条理清晰、逻辑严密，符合礼仪文书的规范性要求。

2．**正式性**：与即兴发言相比，演讲稿更加正式和严谨，能够更好地体现演讲者的专业素养和礼仪修养。

（三）礼仪元素的融入

1．**礼貌用语**：演讲稿中包含感谢、致敬、祝愿等礼貌用语，这些元素是礼仪文书不可或缺的组成部分。

2．**尊重与理解**：演讲稿在表达观点和主张的同时，也注重对听众的尊重和理解，体现了礼仪文书中的"敬人"原则。

（四）社会功能的相似性

1．**沟通与传播**：演讲稿作为一种交际方式，具有沟通信息、传播思想的功能，与礼仪文书在社会交往中的作用相契合。

2．**形象塑造**：通过演讲稿的发表，演讲者可以塑造自己的形象，提升个人或组织的声誉，这与礼仪文书在塑造社会形象方面的作用是一致的。

综上所述，演讲稿因其礼仪目的与场合的适用性、内容的规范性与正式性、礼仪元素的融入以及社会功能的相似性，可以将其视为礼仪文书。在撰写和发表演讲稿时，应注重礼仪规范的遵循和礼仪元素的融入，以更好地实现其交际和传播功能。

在撰写演讲稿过程中，作者需要考虑听众的感受和期望，以及演讲场合的庄重性和正式性，从而选择适当的语言、结构和表达方式。这种对礼仪的关注和尊重，使得演讲稿在传递信息的同时，也展现出了一种礼仪之美。演讲稿在演讲活动中所展现的尊重、礼貌，与礼仪文书的精神也是契合的。

因此，从广义上讲，演讲稿可以被视为礼仪文书的一种表现形式，它在演讲活动中发挥着传递信息、表达情感和尊重礼仪的重要作用。

四、演讲稿的写作方法

（一）演讲稿的写作过程

撰写演讲稿时，需要遵循一定的结构和语言风格，以确保内容清晰、有条理，并能够有效传达演讲者的观点和信息。撰写演讲稿的基本步骤如下。

1．**明确演讲目的和主题**

（1）**确定目的**：首先明确自己希望通过这次演讲达到什么目的，是传达信息、激励听众、解决问题还是提出倡议。

（2）**选定主题**：根据目的确定一个具体、明确且吸引听众的主题。

2．**分析听众**

（1）了解自己的听众是谁，弄明白他们的背景、兴趣、需求以及可能的疑虑。

（2）根据听众的特点调整演讲稿的语言风格、内容深度和表达方式。

3. 构思结构

（1）**开头**：引人入胜，可以是一个故事、一个问题、一个引用或一些统计数据，以激发听众的兴趣。

（2）**主体**：围绕主题展开，分段阐述观点、论据和实例。确保逻辑清晰，条理分明。

（3）**结尾**：总结要点，强调重点，可以提出呼吁、展望未来或得出结论。

4. 编写内容

（1）使用简洁明了的语言，避免过于复杂的词汇和句子结构。

（2）适当运用修辞手法，如比喻、排比、反问等，以增强表达效果。

（3）引用权威数据、事实或案例来支持自己的观点。

（4）保持内容的真实性和客观性，避免夸大其词或误导听众。

5. 反复修改和完善

（1）完成初稿后，仔细审阅并修改内容，确保无误。

（2）可以请同学、同事、朋友或导师审阅并提出意见。

（3）根据反馈进行必要的修改和完善。

6. 练习和准备

（1）熟悉演讲稿内容，进行多次练习，以提高演讲的流畅度，提升自己的自信心。

（2）注意语速、语调、停顿和肢体语言等演讲技巧的运用。

（3）准备应对可能出现的问题或质疑的策略。

如何分析听众的特点与需求

分析演讲听众的特点和需求是演讲准备过程中至关重要的一步，它有助于演讲者更好地针对听众进行内容设计和表达方式的调整。以下是一些需要注意的关键步骤和每个步骤中需要考虑的因素。

一、了解听众的基本信息

1. 基本特征：包括听众的年龄、性别、职业、教育背景、收入水平等。这些信息可以通过问卷调查、前期沟通或利用现有数据资料获得。了解这些信息有助于演讲者把握听众的整体构成，从而更精准地定位演讲内容和风格。

2. 兴趣与偏好：了解听众对演讲主题及相关领域的感兴趣程度和关注点。这可以通过分析听众的社交媒体活动、历史参与记录或进行小规模访谈来实现。知道听众的兴趣所在，演讲者可以更有针对性地选择案例、故事和表达方式，以吸引听众的注意力。

例如，对儿童和中学生两个不同群体的听众演讲，应该根据他们的理解能力调整演讲的语言风格和内容。对儿童演讲，语言应更加生动、活泼、形象，使用简单易懂的词汇和句子结构，避免复杂的语法和抽象概念，演讲内容应贴近他们的日常生活，通过具体事例、故事或游戏等来传达信息，帮助他们更好地理解和接受，演讲目的侧重于培养儿童的基本素养，如行为习惯、道德观念、自然知识等。而对中学生演讲，语言可以更加成熟、深入，使用较为复杂的词汇和句式，但也要保持一定的逻辑性，演讲内容可以涉及更广泛的主题，包括社会、科技、文化等，同时鼓励他们进行批判性思考和独立自主分析，旨在培养中学生的自主分析能力和批判性思维。

二、分析听众的期望与需求

1. 期望：听众对演讲的期望可能包括获取新知识、了解行业趋势、获取实用建议或寻求情感共鸣等。通过了解听众的期望，演讲者可以调整演讲内容的结构和重点，以满足听众的期待。

2. 需求：听众在演讲中可能希望解决特定问题、获得专业指导或改善能力，演讲者需要识别这些需求，并在演讲中提供解决方案或建议，以满足听众的实际需求。

三、考虑听众的心理特征

1. 注意力持续时间：人的注意力是有限的，演讲者需要关注听众的注意力持续时间，并适时调整演讲的节奏和内容，以吸引听众的关注。

2. 接受度与偏好：不同的听众对信息的接受度和偏好可能存在差异。例如，一些听众可能更喜欢具体的数据和案例，而另一些听众则更关注理念和观点的阐述。演讲者需要根据听众的特点，选择合适的表达方式和语言风格。

演讲过程中使听众保持注意力的策略

在演讲过程中使听众注意力时间延长的策略是多种多样的，以下是一些有效的策略，旨在帮助演讲者吸引并维持听众的关注。

1. 明确目标与主题

在演讲开始前，明确演讲的目标和主题，这有助于演讲者聚焦内容，避免偏题，从而让听众持续关注。

我们可以通过简短的开场白明确告知听众演讲的主题和目的，让他们对即将听到的内容有所期待。

2. 精简内容，突出重点

人们更容易处理少量且重点突出的信息。因此，演讲内容应精简，避免冗长和无关紧要的细节。

在准备演讲时，演讲者需要列出关键点并围绕这些关键点展开，每个关键点都应清晰、简洁，并有助于实现演讲目标。

3. 多样化的表达方式

演讲者可以通过故事讲述、案例分析、数据展示等多样化的表达方式，来让听众持续关注。

我们可以选择与主题相关的有趣或感人的故事，让听众在情感上产生共鸣；也可以提供具体的案例，帮助听众理解并应用演讲中的概念或理论；还可以用数据展示，使用图表、图片等视觉辅助工具来展示关键数据，增强说服力。这些都是增加演讲内容信息量、吸引听众的方法。

4. 互动与反馈

演讲者通过下面的互动方式，让听众参与到演讲中，从而保证听众的持续关注：

提问：在演讲过程中适时提问，鼓励听众思考并回答问题。

小组讨论：组织小组讨论，让听众就相关话题进行深入交流。但这种方法只适用于演讲时间较宽裕且听众人数不多的场合。

投票：利用在线工具进行投票，了解听众对相关问题的看法或偏好。

5. 调整语速与语调

演讲者需要注意，语速过快或过慢都可能影响听众注意力持续的时间。因此，演讲者应根据内容的重要性调整语速与语调。

重要内容：在讲述重要内容时，适当放慢语速，提高音量并加重语气。

过渡内容：在讲述过渡性内容时，可适当加快语速，保证听众的注意力不中断。

6. 适当休息

长时间的演讲容易使听众感到疲劳。适当休息或变化演讲方式可以重新激发听众的兴趣。所以，演讲者可以在演讲过程中设置短暂的休息时间，让听众放松一下；也可以通过改变演讲的站位、姿势或使用不同的视觉辅助工具等方式来保持听众的新鲜感。

7. 自信与热情

演讲者永远不要低估自己的自信与热情对听众的感染力，情感可以改善听众们的注意力持续时间。所以，演讲者首先要对自己想讲述的内容充满信心，以自信的姿态和语气进行演讲，还应该对演讲主题充满热情，用真挚的情感去感染听众。

综上所述，保持听众注意力时间的策略需要演讲者从多个方面入手。通过综合运用这些策略，演讲者可以更有效地吸引并维持听众的注意。

（二）演讲稿的基本结构

在撰写演讲稿时，一个清晰、有条理的结构是至关重要的。一个典型的演讲稿结构可以由以下几个部分构成。

1. 开场白

开场白的写作目的是吸引听众的注意，营造氛围，引出主题。开场白可以是一个引人入胜的故事、一个与主题相关的趣闻、一个引人深思的问题或一些震撼人心的数据。写演讲稿时，作者应确保开场白与主题紧密相连，避免离题万里。

开场白对于一个演讲活动的成败意义重大。一般来说，在演讲者开始的前半分钟内，听众已经根据演讲者的演讲内容、语言风格、嗓音特点以及体貌特征综合评估出自己是否需要花费时间和精力来听这一场演讲。演讲如果进行到将近一半时才让听众们意识到值得一听,能挽回之前流失的听众的概率很低。所以开场白是否精彩,完全能决定演讲能否获得众多听众的注意。

大家好,今天我想和大家分享一个关于"时间管理"的话题。想象一下,你是一位忙碌的职场人士,每天面对堆积如山的工作和无穷无尽的会议,感觉时间总是不够用。那么,在这样一个紧张而忙碌的情境中,我们该如何有效地管理时间,提高工作效率呢?接下来,我将通过一个真实的职场案例,来探讨时间管理的策略和技巧。

通过这样的情境式引入,可以迅速吸引听众的注意,为后续的理论讲授和实践应用奠定良好的基础。

下面是一些吸引人的演讲稿开场示例,这些示例旨在迅速吸引听众的注意,并激发他们的兴趣,思考一下,它们分别使用了怎样的策略?

1. 尊敬的各位来宾,朋友们,今天我想和大家分享一个关于梦想与坚持的故事。几年前,有一个年轻人,他站在我们现在站的这个舞台上,虽然面对着无数的挑战和质疑,但他的心中只有一个信念——"我要让世界看到我的光芒"。经过无数个日夜的奋斗,他终于实现了自己的梦想。那么,是什么让他如此坚定?又是什么让我们每个人都能在逆境中找到力量?接下来,请允许我为您揭晓答案。

2. 正如伟大的科学家爱因斯坦所说:"我没有什么特别的才能,我只是热情和好奇。"这句话深深地触动了我,也让我思考,是什么让我们的生活充满了色彩和可能?是好奇心,是探索未知的勇气。今天,我站在这里,带着对未来的无限憧憬,想要和大家一起探讨如何保持这份好奇心,如何在变化莫测的世界中找到属于自己的方向。请跟随我,一起踏上这场探索之旅。

3. 在座的各位,你们有没有想过,如果我们的人生是一部电影,那么此刻,我们处于哪个场景?是激动人心的高潮部分,还是平淡无奇的日常片段?我相信,每个人心中都有自己的答案。但无论我们的生活如何展开,都有一个共同点——我们都在追求更好的自己。那么,如何才能在生活的舞台上,演绎出最精彩的自己呢?接下来,我将与大家一起探讨这个问题,希望能为大家的生活增添一抹亮色。

4. 回望过去，我们都曾有过迷茫和挣扎的时刻，那些深夜里的孤独感、挫败感仿佛要将我们吞噬。但正是这些经历，让我们学会了坚韧和成长。今天，我站在这里，想对大家说："无论你现在正经历着什么，都请相信，这一切都会过去。因为在这个世界上，没有人是孤岛，我们都在彼此的生命中扮演着重要的角色。让我们携手并进，共同面对未来的挑战和机遇。接下来，请允许我分享一些我的思考和感悟。"

补充资料

开场白的种类

优化演讲稿的开头以吸引听众的注意是非常重要的。下面是一些常见的开场白种类，旨在帮助演讲者打造一个可以吸引听众的开场白。

1. 设问式开场白

通过提出一个引人深思的问题，制造悬念，激发听众的好奇心，引发听众的思考，进而引出演讲的主题和内容。这种方式能够迅速抓住听众的注意力，使他们更加专注于演讲内容。

如：想象一下，如果您拥有改变现状的力量，您会首先改变什么？是环境的污染，还是社会的不公？今天，我想和您一起探讨一个能够激发这种改变力量的关键……

2. 引用式开场白

引用富有哲理、耐人寻味的名言警句、成语、诗词等作为开头，为演讲的主旨作铺垫和烘托，这种方式能够借助名人名言的权威性和普遍性，增强演讲的说服力和感染力。

如：正如马克·吐温所说，"二十年后，你们将更遗憾那些没有做过的事，而不是那些做过的事。"这句话深深触动了我，也引出了我们今天讨论的核心——勇于尝试，不畏失败……

3. 故事式开场白

讲述一个简短而有趣的故事，通过生动的故事情节和人物形象，引起听众的兴趣和共鸣，进一步引出演讲的主题和内容。这种方式能够营造轻松愉快的氛围，使听众更容易接受和理解演讲内容。

如：在开始之前，我想与大家分享一个真实的故事。这个故事发生在几年前的一个小镇上，它关于勇气、坚持与梦想的实现。正是这个故事，让我深刻理解了今天我们要探讨的主题的重要性……

4. 幽默式开场白

使用活泼、幽默、风趣的语言或小段子作为开头，以轻松幽默的方式打破僵局，缓解听众的紧张情绪，同时吸引听众的注意。这种方式能够拉近演讲者与听众之间的距离，使演讲更加生动有趣。

如：听说今天聚集在这里的各位，都是行业的精英、智慧的化身。我呢，就是来凑数的，不过请放心，我的存在就是为了证明，不是每个人都能成为天才，但至少我们可以成为快乐的普通人!

5. 开门见山式开场白

直接揭示演讲的主题和内容,用简洁明了的语言概括演讲的主旨,使听众迅速了解演讲的核心。这种方式适合那些主题明确、内容紧凑的演讲,能够节省时间,直奔主题。

6. 背景式开场白

通过介绍演讲的背景和相关情况,让听众了解演讲的来龙去脉和重要意义,进一步引出演讲的主题和内容。这种方式能够为听众提供一个全面的视角,帮助他们更好地理解讲的意义和目的。

如:尊敬的各位来宾,在这个科技日新月异的时代,我们有幸站在了人工智能(AI)浪潮的最前沿。AI,这个曾经只存在于科幻小说中的概念,如今已悄然融入我们生活中的方方面面,从智能家居到自动驾驶,从精准医疗到智慧教育,它无处不在,正深刻地改变着人类社会的每一个角落。

今天,我们聚集在这里,不仅是为了庆祝 AI 技术取得的辉煌成就,更是为了探讨它如何继续引领我们走向更加美好的未来。在这个充满无限可能的时代,AI 不仅是技术的革新,更是思想的碰撞、文化的交融与社会的进步。

在接下来的时间里,我们将一同回顾 AI 的发展历程,展望它的未来趋势,分享那些关于 AI 的感人故事,探讨它对我们的生活、工作乃至思维方式产生的深远影响。让我们携手并进,在 AI 的广阔天地中,共同探索未知,创造更加辉煌的明天。

7. 悬念式开场白

通过设置悬念或提出一个令人惊讶的事实,激发听众的好奇心,使他们对演讲内容产生浓厚的兴趣。这种方式需要演讲者具备一定的想象力和创造力,能够巧妙地构建悬念并引导听众进入演讲的情境。

如:在座的各位,我想问大家一个问题:你是否曾有过这样的经历,当你深入研究某个问题时,突然发现一个细节,它看似微不足道,却如同一块拼图,悄然间改变了整个画面的轮廓?今天,我就有这样一块"拼图"要与大家分享。它隐藏在看似平静的表象之下,却可能引发一场思想的风暴。让我们一起,揭开它的神秘面纱吧。

8. 道具式开场白

借助实物或道具作为开场白的引子,通过展示或解释这些实物来引起听众的兴趣和注意。这种方式能给听众带来直观的感受和体验,使演讲更加生动具体。

如:各位亲爱的听众,大家好!在我开始今天的演讲之前,我想先给大家展示一下我手中的这本书。(轻轻地翻开书页,但书里面却并没有文字,而是一些奇怪的图案或者涂鸦)看到这本书,你可能会想,这不过是一本普通的涂鸦本,有什么特别的?但你知道吗?这本书其实是我的秘密武器,它记录了我所有的奇思妙想的瞬间,包括那些看似荒诞不经,却能激发无限创意的点子。而今天,我就打算从这些点子中挑选一些,与大家分享我的故事和思

考。所以，请允许我，用这本书作为开场，带领大家走进一个充满想象与可能的世界。

9. 即席式开场白

根据演讲现场的环境、气氛或听众的反应，即兴发挥，用巧妙的语言和灵活的应变能力来开场。这种方式需要演讲者具备较高的应变能力和语言表达能力，能够迅速捕捉现场的信息并给出恰当的回应。

如：大家好，我今天的任务是演讲，但请允许我先做个小小的调查：有多少人早上起床第一件事是找手机而不是找眼镜或牙刷？如果是的话，请举手让我看看，我们是不是同一个星球的。

10. 介绍惊人的事实或数据

如：您知道吗？根据最新的研究报告，全球每年有数百万个新想法诞生，但真正付诸实践的却寥寥无几。然而，正是这些少数敢于迈出第一步的人，改变了世界。今天，我将与您一起探讨如何将这些想法转化为现实……

11. 未来愿景描绘式开场白

如：想象一下，未来的世界充满了无限可能。科技与自然和谐共生，人与人之间的距离因理解而缩短。而这一切，都始于我们今天所做出的每一个选择和努力。接下来，我将带您一起探索如何携手共创这个美好未来……

综上所述，演讲稿的开场白种类繁多，演讲者可以根据演讲的主题、目的和听众的特点来选择合适的开场白，以达到先声夺人、引人入胜的效果；同时，可以保持语言的精炼和表达的生动性，让听众从一开始就沉浸在自己的演讲之中。

2. 背景介绍

根据演讲主题，在演讲稿中安排必要的背景介绍，是为了给听众提供背景信息，帮助他们更好地理解演讲内容。例如，演讲的主题涉及复杂或专业性强的知识领域，听众对相关主题相对陌生或缺乏相关背景知识，如最新的科技进展、深奥的历史事件、复杂的经济理论等，那么背景介绍尤为重要，这有助于听众在理解演讲核心内容之前，先建立一定的知识基础，从而更好地跟上演讲的节奏。

演讲者可以简要介绍与主题相关的历史背景、现状、发展趋势等，不过背景介绍应简明扼要，避免冗长乏味。

此外，有些演讲主题旨在激发听众的情感共鸣，如讲述个人经历、分享感人故事或探讨社会热点问题等。在这些情况下，通过背景介绍来铺垫情境、营造氛围，能够更有效地触动听众的心灵，加深他们对演讲内容的理解和感受。

3. 主体部分

主体部分是演讲稿的核心，需要充分准备和精心组织，演讲者应该详细阐述自己的观点、论据和实例，支持自己的主题。

（1）分段阐述：将主体内容分为几个部分，每个部分围绕一个中心论点展开。
（2）逻辑清晰：确保各部分之间逻辑连贯，条理分明。
（3）论据充分：运用事实、数据、案例等论据来支持观点。

演讲稿主体部分的逻辑关系

在演讲稿的主体部分，逻辑关系的运用至关重要，它能够帮助演讲者组织演讲思路，使演讲内容条理分明，听众易于理解和接受。以下是一些常见的逻辑关系，适用于演讲稿主体部分的构建。

1. 总分关系

又称纲目关系，即先总体概述，再分别详细阐述，这种关系有助于听众先对整体内容有一个大致的了解，再逐步深入各个细节。

2. 并列关系

指出两个或多个观点、事实或事件，它们在地位、价值或作用上相等或相仿，它们之间没有明显的先后次序。例如，在论述一个问题的多个方面时，可以采用并列关系。

3. 递进关系

指两个或多个观点、事实或事件之间按照一定的递进顺序逐步展开或发展，这种关系强调内容的层次性和深度，有助于听众跟随演讲者的思路逐步深入。

（1）时间递进：按照时间先后的顺序逐步发展的关系，如历史事件的叙述。

（2）程度递进：按照程度轻重逐步递增或递减的关系，如由浅入深地阐述问题。

4. 因果关系

揭示两个事件或现象之间的因果关系，这种关系有助于听众理解事物发展的前因后果，从而更深刻地认识问题。

（1）单一因果：一个事件或现象由单一原因导致。

（2）多因果：一个事件或现象由多个因素共同作用，或一个因素具有导致多样后果的可能。

5. 转折关系

指在论述过程中，前后内容在意义或方向上出现明显的变化或对比，这种关系有助于突出演讲内容的转折点和重点，引起听众的注意和思考。

（1）观点转折：前后观点或态度的转变。

（2）结果转折：事件或现象的结果与预期或常态截然相反。

6. 对比关系

强调两个或多个事物之间的相似性或差异性。通过对比，可以更清晰地展示事物的特点和特征，从而帮助听众做出更准确的评估和判断。

7. 前提关系

指在思考或论证中，需要依赖或根据基础性的事实、假设或条件来展开思考的关系。这种关系有助于建立合理的逻辑链条和推理框架，增强论证的严谨性和说服力。

8. 归纳与演绎关系

（1）归纳关系：通过观察、总结和归纳多个个体或事例的共性，推导出普遍性结论。

（2）演绎关系：从一般性的前提出发，通过逻辑推理，得出个别或特殊情况的结论。

在演讲稿的主体部分，演讲者可以根据实际需要，灵活运用上述的逻辑关系，使演讲内容条理更加清晰、逻辑更加严密，从而更好地传达信息和观点，吸引听众。

4. 过渡与衔接

过渡与衔接并不是演讲稿主体中的一个独立组成部分，而是穿插在全文之中，使演讲稿的各部分之间流畅过渡，避免突兀。从听感上来讲，过渡与衔接能够让听众比较容易地预判演讲者未讲出的下文与已讲出的上文有什么关系，避免因理不清演讲内容的逻辑关系而感到无所适从，其目的是使观众跟上演讲者的进度。

过渡与衔接，可以使用过渡句或过渡段来连接前后内容，确保逻辑顺畅。但需要注意过渡要自然，不要生硬地插入无关的内容。

演讲稿中的过渡衔接策略

在演讲稿中，过渡衔接的策略是至关重要的，它们如同桥梁，将各个部分紧密地连接在一起，使整篇演讲流畅自然，逻辑清晰。以下是一些有效的过渡衔接策略：

一、明确指示性过渡

使用明确的指示性词语或短语来引导听众进入下一个话题。例如，"接下来，我想谈谈……""在探讨了……之后，我们再来看看……""为了更深入地理解这一点，我们转向……"等。这些用语为听众提供了清晰的方向，帮助他们跟上演讲的节奏。

二、总结性过渡

在从一个话题转向另一个话题之前，先对前一个话题进行简短的总结。这样做不仅能够帮助听众巩固记忆，还能使演讲的结构更加紧凑。例如，"综上所述，我们可以看到……现在，让我们将目光转向……"

三、问题引导过渡

通过提出问题来引导听众思考，并自然地过渡到下一个话题。这种方式能够激发听众的兴趣和好奇心，促使他们更加主动地参与到演讲中。例如，"那么，你可能会问，这背后的原因是什么呢？接下来，我将为大家揭晓……"

四、对比与类比过渡

利用对比或类比的手法来建立两个话题之间的联系。这种过渡方式能够突出两者之间的相似之处或差异，使听众更容易理解和接受新的话题。例如，"与……相似的是，……但也有其独特之处，那就是……"

五、场景描绘过渡

通过描绘一个场景或情境来引入下一个话题。这种方式能够营造出身临其境的感觉，使听众更加投入地聆听演讲。例如，"想象一下，如果你置身于……的情景中，你会如何应对呢？这正是我们今天要探讨的……"

六、引用过渡

引用名人名言、统计数据或研究成果来支持观点，并顺势过渡到下一个话题。这种方式能够增加演讲的权威性和可信度，同时也为听众提供了新的思考角度。例如，"正如××所说，'……'这句话深刻地揭示了……的本质。接下来，我们将进一步探讨……"

七、情感共鸣过渡

通过分享个人经历、感受或情感来与听众建立联系，并以此为契机过渡到下一个话题。这种方式能够触动听众的心灵，使他们更加关注演讲内容。例如，"回想起那次……的经历，我深感……这也让我更加坚信……接下来，我想和大家分享……"

综上所述，过渡衔接的策略在演讲稿中扮演着重要的角色。通过灵活运用这些策略，我们可以使演讲更加连贯、流畅且引人入胜。

5. 总结与呼吁

总结与呼吁一般放在文末即将结束的地方，有时本身就是演讲稿的结尾。总结回顾演讲的主要内容，强调重点，加深听众印象。而呼吁则是根据演讲目的提出具体的行动倡议或呼吁听众采取行动。总结要简明扼要，呼吁要具体有力。从而达到言已尽而意无穷的作用，好的总结与呼吁，可以使听众在演讲者离开之后依然对演讲内容念念不忘，反复琢磨品味。

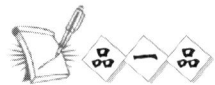

下面是两则总结与呼吁部分的示例。

（一）

亲爱的朋友们，经过我们共同的探索与思考，今天的演讲即将接近尾声。在此，我想对之前所探讨的内容做一个简要的总结，并发出我内心深处的呼吁。

我们共同见证了知识的力量，它如同璀璨星辰，照亮了我们前行的道路。我们探讨了挑战与机遇并存的时代背景，认识到只有不断学习、勇于创新，才能在时代的洪流中乘风破浪。

美好愿景并非唾手可得。它需要我们每一个人都付出实际行动，去践行那些看似平凡却意义重大的事情。我们需要用知识的钥匙打开未知的大门，用创新的思维破解难题的枷锁，用团结的力量筑起梦想的桥梁。

在此，我呼吁大家：

保持学习的热情：让学习成为一种习惯，一种生活方式。无论身处何种环境，都要保持对知识的渴望，不断提升自己的能力和素养。

勇于创新实践：不要害怕失败，因为每一次尝试都是向成功迈进一步。勇于走出舒适区，敢于挑战未知，用创新的思维去解决问题，去创造更加美好的未来。

加强团队合作：记住，一个人的力量是有限的，但团队的力量是无穷的。学会与他人合作，共同面对挑战，共同分享成功的喜悦。让我们携手并肩，共创辉煌。

亲爱的朋友们，让我们以这次演讲为契机，将所学所思转化为实际行动。在未来的日子里，无论遇到多少困难和挑战，都请保持初心和信念，勇往直前。因为只有这样，我们才能不负韶华，不负时代赋予我们的使命和责任。

谢谢大家！

（二）

亲爱的朋友们，

随着我们共同走过的这段思想之旅接近尾声，我深知，言语虽已尽，但其中蕴含的深意与情感却如同浩瀚宇宙，无边无际。在这场智慧的盛宴中，我们共同探讨了梦想、挑战、成长与希望，每一个话题都如同星辰般璀璨，照亮了我们彼此的心田。

此刻，我愿将这份感悟化作一缕轻风，轻轻拂过你们的耳畔，留下一丝回响。请记住，真正的力量不在于言语的华丽，而在于那份能够触动人心、激发潜能的深刻洞察。我们所追求的，不仅仅是知识的积累，更是心灵的觉醒与升华。

因此，我呼吁大家，在未来的日子里，不论身处何方，面对何种境遇，都要保持一颗敏锐而温柔的心，去感受生活的点滴美好，去拥抱每一个挑战与机遇。让我们将今日所学所感，化作前行的动力，不断探索未知，勇攀高峰。

最后，我想说，虽然我的演讲即将结束，但我们的故事才刚刚开始。愿我们都能成为那个言已尽而意无穷的人，用我们的行动与坚持，去书写属于自己的精彩篇章！

下面是一则老师支持自己的学生竞选"自律之星"活动的演讲稿。

大家好，我是××同学的班主任老师××。今天来到这里，给我亲爱的学生加油打气，我想告诉各位的是，××同学的确非常优秀，值得大家投她一票！

初识××，是在第一次班会上，我安排了一个节目，看看谁在班上认识的同学最多，那时，距离大一新生刚踏入大学的校门，只有两三天，她认出了9名同学，拔得头筹，给我留下了深刻印象，这说明了她具备怎样的品质呢？她是怀着一颗热切的心，开始了她的大学生活，她有着对同学发自内心的友好热情，所以才在短暂时间内接触认识了这么多人。后来没过多久，她就被同学们一致推选为班级的团支书。

她自从担任了这个班委职务以后，一直严于律己，以身作则。我认为，自律意味着能够自主地掌控自己的学习和生活习惯，不用外部监督也能完成任务。坚持可贵，养成一个好习惯尚且不容易，更何况是养成一系列的好习惯，包括学习生活、课内课外、特长爱好，把这一切贯穿在大学始终实在很不简单。不需要外部监督就能做好，还是源于自己坚定的决心、清晰的目标和自强不息的行动力。

从刚才的介绍里，××同学历数了自己认真学习、平均分在 85 分左右，大学一年级就拿下普通话一级、计算机二级、英语四级证书，参加公务员模考大赛获得第三名，成为理论宣讲轻骑兵和入党积极分子，持之以恒撰写思政新闻稿，带动宿舍同学获得"五星宿舍"荣誉，坚持每两天制作一个视频并服务于校电视台剪辑部，坚持乐跑和其他多项体育运动，我作为她的老师，心里只有一种感受，短短一年的时间，××就能把自己的大学生活安排得如此丰富多彩，在这么多领域做出这么好的成绩，即便是我当年读大一，也没有做到像她这么优秀。

如果没有走出舒适区不断寻觅下一个目标的勇气，如果没有全心全意服务学校、服务学院、服务同学的热忱，如果没有持之以恒、自律自强的毅力，如果没有果断化理想为实践的行动力，如果没有统筹安排提高时间利用效能的计算能力，我们看到的她将不会是现在这样的。我在想，我们这次大赛的活动，并不仅仅是向各位在座的同学展示我们学校自律的同学可爱、可钦佩的样子，更是向我们在座的各位同学传达一个信息，你们也可以改变自己，为了自己更好的明天，从今天开始自律自强！最后我还想说，只有用汗水和心血过好了我们的今天，我们才能拥有无怨无悔的昨天，和值得期待的明天！如果大家认可我的看法，认可××的做法，请各位给我的学生投下宝贵的一票，谢谢大家！

6. 结束语

结束语的目的是礼貌地结束演讲，感谢听众的聆听。它可以是一句简洁的感谢语，也可以是对未来的展望或祝福。结束语要温馨、诚恳，给听众留下良好印象。

遵循以上结构，我们就可以撰写出结构清晰、内容丰富的演讲稿。

补充资料

演讲稿例文的框架

尊敬的各位领导、来宾、同事们：

大家好！

今天，我非常荣幸能够站在这里，就"[演讲主题]"这一主题，与大家分享我的一些思考和感悟。

一、开篇引入

首先，我想从……（简述一个与主题相关的小故事、现象或数据）说起。……总而言之，这个案例不仅生动展现了……的现状，也深刻揭示了……的重要性。它让我深刻意识

到，在快速变化的今天，我们更需要……

二、主体阐述

（一）背景分析

当前，……（分析当前的社会、行业或组织背景，说明为何需要关注该主题）。面对这样的形势，我们既面临着前所未有的挑战，也拥有着前所未有的机遇。

（二）重要性阐述

[演讲主题]之所以重要，是因为……（从多个角度阐述该主题的重要性，如对个人成长、组织发展、社会进步等方面的意义）。它不仅关乎……，更关乎……

（三）具体措施

为了更好地推进[演讲主题]，我认为我们可以从以下几个方面着手：

1. 加强宣传引导：通过……（具体方式）加强宣传，提高大家的认识和重视程度。

2. 完善制度机制：建立健全……（相关制度或机制），为[演讲主题]的顺利推进提供有力保障。

3. 强化实践探索：鼓励……（具体群体或个人）积极开展实践探索，总结经验教训，形成可复制、可推广的模式。

三、结尾总结

最后，我想用一句话来总结我的演讲：梦想不会自动成真，但努力可以让我们离梦想更近一步。让我们携手并进，共筑梦想，共创未来！

谢谢大家！

请注意，这只是一个通用的演讲稿框架示例，具体内容需要根据自己的实际需求和主题进行调整和完善。希望这个框架能够为大家的演讲稿写作提供一些有益的参考。

四、演讲稿写作需要注意的问题

在评估一篇演讲稿写得是否精彩时，我们可以从多个维度来考量，但请注意，每篇演讲稿都有其独特的背景和目的，因此以下只是一些具有普遍性的观察点。一篇写得不够理想的演讲稿可能包含以下几个方面的问题：

1. 缺乏明确的主题和目的：如果演讲稿在开头没有清晰地阐述主题和目的，或者整篇稿子的主题飘忽不定，听众容易感到困惑，无法抓住重点。

2. 结构混乱：演讲稿应该有清晰的开头、主体和结尾。如果结构混乱，段落之间缺乏逻辑联系，或者重点不突出，都会让听众难以理解和接受。

3. 事实论据不充分：在演讲中如果没有充足的事例，一则讲道理不容易为听众所信服，二则没有感性地认知材料，会给听众带来无聊、无趣的听讲体验，不利于演讲收获理想的效果。

4. 语言表达不准确：使用模糊、晦涩或过于专业的词汇，以及出现语法错误和拼写错误，都会降低演讲稿的可读性和可听性。此外，如果语言风格与演讲场合不符，如过于随意或过于正式，也会影响效果。

5. 缺乏互动和吸引力：演讲稿应该能够吸引听众的注意，演讲者与听众们建立联系。如果内容单调乏味，缺乏与听众的互动，就很难激发听众的兴趣和共鸣。

6. 逻辑不严谨：在说服性演讲中，如果逻辑不严谨，就难以说服听众接受自己的观点。此外，如果引用数据或事实不准确，也会降低演讲稿的可信度。

7. 时间控制不当：无论演讲稿过长或过短，都会影响演讲的效果。过长会让听众感到疲惫和厌倦，过短则可能无法充分阐述自己的观点。

8. 缺乏个性化和针对性：演讲稿应该根据听众的特点和需求进行个性化定制。如果内容过于空泛，缺乏针对性和实用性，就很难引起听众的共鸣。

比较一下

学生会竞选演讲稿示例（一）

尊敬的老师、亲爱的同学们：

大家好！

站在这里，我满怀激动与期待，向大家宣布一个决定——我，××，正式竞选本届学生会主席一职。首先，请允许我向一直以来支持我、鼓励我的老师和同学们表示最诚挚的感谢。

在过去的一年里，我作为班级的一员，积极参与学校组织的各项活动，努力提升自己的综合素质。我深知，学生会是一个服务同学、锻炼能力的平台，而主席一职更是承载着全校师生的期望与重托。因此，我怀揣着满腔的热情与坚定的信念，勇敢地站上了这个舞台。

如果我有幸当选为学生会主席，我将从以下几个方面入手，努力推动学生会工作的发展。

加强沟通，增进了解。我会定期组织召开学生会成员及班级代表会议，听取大家的意见和建议，及时解决同学们在学习和生活中遇到的问题。同时，我也将积极与老师沟通，反馈同学们的心声，搭建起师生之间的桥梁。

创新活动，丰富校园文化。结合同学们的兴趣爱好和实际需求，我会与团队成员一起策划和组织一系列新颖、有趣、富有教育意义的活动，如学术讲座、文体比赛、志愿服务等，让校园文化更加丰富多彩。

强化责任，提升服务质量。作为学生会主席，我将以身作则，严于律己，确保每一项工作都能高效、有序地完成。同时，我也会加强对学生会成员的培训和管理，提升大家的服务意识和能力，共同为全校师生提供更加优质的服务。

最后，无论竞选结果如何，我都将一如既往地关心和支持学生会的工作，为学校的繁荣发展贡献自己的力量。我相信，在大家的共同努力下，我们的学生会一定会越办越好！

谢谢大家！

学生会竞选演讲稿示例（二）

尊敬的老师、亲爱的同学们：

大家好！

我是来自××学院的××，今天非常荣幸能够站在这里，竞选学生会学习部部长一职。在此，我想通过分享一个具体的事例，来阐述我为何适合这个岗位，以及我对未来工作的展望。

记得去年，作为班级学习委员的我，面对同学们在期末复习时的焦虑和困惑，我主动发起了一场"学霸带学渣"的互助活动。我联合了班级里的几位学习优秀的同学，成立了学习小组，每天利用晚自习的时间，为那些在学习上遇到困难的同学提供一对一的辅导。在这个过程中，我们不仅解决了同学们的疑惑，还增进了彼此之间的友谊，营造了浓厚的学习氛围。最终，在期末考试中，我们班级的平均成绩有了显著提升，多位同学的成绩更是实现了质的飞跃。

正是这次经历，让我深刻体会到了团队合作的力量，以及作为组织者和服务者的责任与担当。如果我有幸当选为学生会学习部部长，我将继续发扬这种精神，致力于打造一个更加高效、务实、贴心的学习服务平台。具体而言，我将从以下几个方面入手。

首先，我会致力于建立学习资源库，整合校内外优质学习资源，包括学习资料、在线课程、讲座视频等，为同学们提供便捷的学习途径。

其次，我将努力促进校内学术交流活动，定期举办学术讲座、研讨会等，邀请校内外专家学者来校交流，拓宽同学们的学术视野。

此外，我愿意继续强化同学们的学习互助机制，推广"学霸帮带"模式，鼓励优秀学生发挥榜样作用，帮助后进同学共同进步。

最后，关注学习困难群体，特别关注学习基础薄弱或学习有困难的同学，为他们提供个性化的帮助和支持。

我相信，通过我们的共同努力，一定能够让学习成为每位同学成长的阶梯，让校园成为知识的海洋、成长的乐园。如果大家认可我的所做所想，希望投给我宝贵的一票，谢谢大家的支持！

【点评】第一篇竞选演讲稿，结构清晰，逻辑严密，感情真挚，语言流畅自然。但是即便在演讲过程中能够很好地展现出演讲者的个人魅力，内容也只能做到"中规中矩"。由于演讲稿中没有具体的事例，未免落于蜻蜓点水，纸上谈兵，因而没有给听众们留下深刻的印象。而第二篇演讲稿，由于有了具体事例的加持，使得每位听众感受到演讲者是带着已有的相关经验和成绩来竞选的，所以大家能比较相信演讲者能胜任学习部部长一职。另外演讲者对当选后的设想内容的描述也比较具体，这表明演讲者对于在这个职位上能做什么，有比较成熟的思考与规划，这一切都能帮助演讲者吸引听众的关注和选票，最终获得理想的结果。

第四章 礼仪文书写作

仔细阅读以下演讲稿,并指出它存在的写作问题。
尊敬的各位领导、同事们:

大家好!今天,我很荣幸能在这里发表演讲,主题是"携手共创美好未来"。

首先,我要说的是,我们公司近年来取得了长足的进步。我们的业绩像火箭一样飞升,市场份额也在日益扩大。但是呢,我们不能因此而自满,因为市场上还有很多竞争对手在虎视眈眈地看着我们。所以,我们要继续保持警惕,不断努力,这样才能确保我们的领先地位。然而,在这个过程中,我也发现了一些问题。比如,有些同事在工作中存在粗心大意的情况,经常犯一些低级错误。这些错误虽然看似微不足道,但如果不及时纠正,就会像滚雪球一样越滚越大,最终影响到整个团队的工作效率。因此,我希望大家能够认真对待自己的工作,做到精益求精。

另外,我还想谈谈团队合作的重要性。我们常说"团结就是力量",这句话一点都没错。只有大家齐心协力,才能克服各种困难,实现我们的目标。但是呢,我发现有些同事在团队合作中缺乏沟通,经常各自为政,这样一来就很难形成合力。所以,我呼吁大家要加强沟通,多交流想法和意见,共同为公司的发展贡献自己的力量。

最后,我们每个人的成长都离不开公司的培养和支持。因此,我们要心怀感恩之心,珍惜公司给予我们的每一个机会和平台。同时,我们也要不断提升自己的能力和素质,为公司的发展贡献更多的智慧和力量。

以上就是我今天的演讲内容,谢谢大家!

在这个例子中,虽然演讲稿的内容围绕了"携手共创美好未来"的主题,但在语言表达上存在一些问题。比如,"业绩像火箭一样飞升"这种比喻虽然形象,但可能不够准确,因为业绩的增长通常是渐进的,而非瞬间的飞跃。另外,"市场上还有很多竞争对手在虎视眈眈地看着我们"这样的表述也略显夸张,不够客观。此外,演讲稿中的一些措辞也可能过于口语化,不符合礼仪文书写作的正式要求。

此外,具体内容的阐述和相应的建议还存在一些问题:如缺乏具体案例支撑、估计过于乐观、建议针对性和可操作性不强等。这些问题虽然不影响演讲稿的整体质量,但应该通过进一步的修改和完善来提升演讲稿的说服力和实用性。

第三节 开幕词

一、开幕词的概念和特点

开幕词是在一些大型活动、会议或演出开始时，由主持人、主要领导人、重要嘉宾发表的简短而庄重的讲话。它主要用于宣布活动正式开始，介绍活动的背景、目的和意义，并对参与者和观众表示欢迎和感谢。开幕词通常具有鼓舞人心、激发热情的作用，能够营造出一种积极向上的氛围，为后续的活动内容奠定良好的基调。

在撰写开幕词时，需要注意语言的准确性、精炼性和感染力，以确保能够准确传达活动的主题和精神，同时吸引听众的注意力并激发他们的兴趣。此外，开幕词还应符合活动的整体风格和氛围，以确保与活动主题相协调。

开幕词具有以下几个显著的特点。

（一）简明性

开幕词要力求简洁明了、短小精悍，避免长篇累牍、言不及义。它通常直接切入主题，用最精炼的语言传达出会议或活动的核心信息。在表达祝贺和希望时，多使用祈使句，以简洁有力的方式激发听众的热情。

（二）口语化

开幕词的语言风格应该通俗、明快、朗朗上口，便于听众理解和接受。它不同于书面语，更注重口语化的表达，以便更好地与听众产生共鸣。通过使用生动形象的语言和贴近生活的例子，开幕词能够更有效地传达会议或活动的精神实质。不过也要注意，开幕词是对公众发表的讲话，所以语言口语化的同时也要注意规范性，不可讲得太过随意。

（三）宣告性

开幕词具有宣告性，它是会议或活动的序曲，标志着活动的正式开始。在开幕词中，主持人或领导人会明确宣布会议或活动的名称、目的、议程等基本信息，为整个活动定下基调。这种宣告性不仅有助于听众了解活动的基本情况，还能增加活动的庄重感和正式感。

（四）引导性

开幕词一般会对会议或活动的宗旨、目的、意义、任务等进行阐述，这对整个会议或活动的成功举行起着重要的引导作用。通过明确会议或活动的主题和方向，开幕词能够激发听众的积极性和创造力，推动活动朝着既定的目标顺利进行。

（五）号召性

开幕词通过对会议或活动的美好祝愿和展望，以及对参与者的激励和鼓舞，激发听众的参与意识和热情。这种号召性有助于营造积极向上的氛围，增强听众的归属感和责任感,推动活动取得圆满成功。

综上所述,开幕词具有简明性、口语化、宣告性、引导性和号召性等特点。这些特点共同构成了开幕词独特的魅力和价值,使其成为会议或活动不可或缺的重要组成部分。

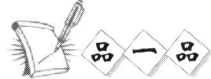

尊敬的各位领导、来宾、女士们、先生们:

大家上午好!

在这金秋送爽、硕果累累的美好时节,我们齐聚一堂,共同迎来了一年一度的××公司年度盛会。首先,请允许我代表公司领导层,向各位同仁致以深切的问候!请允许我代表主办方,向远道而来的各位嘉宾表示最热烈的欢迎和最诚挚的感谢!同时,也向长期以来关心和支持本公司的各界朋友致以崇高的敬意和衷心的祝福!

回顾过去的一年,我们在挑战中前行,在创新中发展。在公司全体同仁的共同努力下,我们取得了令人瞩目的成绩,为行业的繁荣与进步贡献了自己的力量。今天,我们再次相聚,旨在总结经验、展望未来,共同探讨行业发展的新趋势、新机遇。

在此,我也衷心希望各位业内嘉宾能够畅所欲言、各抒己见,为我们的发展献计献策。同时,也期待通过本次盛会,能够进一步加深彼此之间的了解和友谊,携手共创更加美好的未来。

最后,预祝本次××年会圆满成功!祝愿各位同仁与嘉宾,身体健康、工作顺利、家庭幸福!

谢谢大家!

【点评】这篇开幕词结构清晰、语言简明流畅,充分展现了开幕词的特点和魅力。首先,它以热情洋溢的语言向与会公司同仁和嘉宾表示了热烈的欢迎和诚挚的感谢,营造了温馨和谐的氛围。接着,通过回顾过去一年的成就和展望未来的发展,激发了听众的参与热情和期待感。同时,开幕词还明确表达了活动的目的和意义,引导听众关注会议的核心议题。最后,以诚挚的祝福和美好的祝愿作为结尾,增强了听众的归属感和责任感,具有号召性。整篇开幕词内容丰富、层次分明、情感真挚,充分体现了开幕词的简明性、宣告性、引导性和号召性,是一篇写得很好的开幕词。

请阅读以下开幕词,并指出存在的问题。

(一)

哎呀,大家好!欢迎大家来参加这个什么来着……哦对了,是××活动!哎呀,我真是有点儿激动得忘词了。哈哈,不过没关系,咱们今天就是要开心嘛!首先,我得说,这个活动的举办真的太不容易了,中间经历了好多波折,但是还好,最终还是顺利举办了。希望大家能在这里玩得开心,吃得满意,最好还能带走点什么纪念品回去哈!那么,咱们就正式开始吧,大家随意,不用那么拘束!

1. 缺乏正式性:开幕词作为活动的开场,应该具备一定的正式性和庄重感。上述示例中,"哎呀""哈哈"等口语化表达过多,显得不够严肃。

2. 内容散乱:开幕词应围绕活动的主题、目的和意义进行阐述,而上述示例中,内容过于散乱,从活动的举办难度到个人感受,再到对观众的期望,缺乏一个明确的中心思想。

3. 语言不精炼:开幕词应言简意赅,避免冗长和啰嗦。上述示例中,"首先,我得说,这个活动的举办真的太不容易了,中间经历了好多波折,但是还好,最终还是顺利举办了"这部分内容过于冗长,且对于开幕词来说,并非必要信息。

4. 对观众的不恰当期望:"希望大家能在这里玩得开心,吃得满意,最好还能带走点什么纪念品回去哈!"这部分内容虽然看似热情,"玩得开心""吃得满意"更适用于娱乐或餐饮活动,而非所有类型的活动;同时,"带走点什么纪念品"的表述也显得过于随意,不符合正式场合的语境。

5. 结束语不够庄重:"那么,咱们就正式开始吧,大家随意,不用那么拘束!"结束语应简洁有力,同时体现出对活动的重视和对观众的尊重。上述示例中的结束语显得过于随意,缺乏庄重感。

尊敬的各位嘉宾、亲爱的朋友们:

大家上午好!首先,请允许我代表活动主办方,向在座的每一位表示最热烈的欢迎和最诚挚的感谢。感谢你们在百忙之中拨冗出席今天的××活动,您的到来为此次盛会增添了无尽的光彩。

在此,我想特别提及,本次××活动的筹备过程虽非一帆风顺,但正是这些挑战与磨砺,让我们更加深刻地理解了团结协作的力量,也更加坚定了为大家呈现一场精彩纷呈的活动的决心。今天,我们终于迎来了这一激动人心的时刻,我深感荣幸能与大家共同见证。

接下来的时间里,我们精心安排了一系列丰富多彩的环节,旨在为大家带来一场集知识、娱乐与互动于一体的盛宴。无论是深入浅出的主题演讲,还是趣味横生的互动游戏,亦或是精美绝伦的纪念品展示,我们都将全力以赴,力求让每一位参与者都能收获满满,不虚此行。

最后,我衷心希望,通过今天的活动,大家不仅能够感受到我们的热情与用心,更能够在轻松愉快的氛围中加深对彼此的了解。让我们携手共进,共同开启这段美好的旅程。

现在,我宣布,××活动正式开始!请大家尽情享受这个充满惊喜与欢乐的时刻吧!

(二)

尊敬的各位嘉宾、朋友们,大家上午好!在这个阳光明媚的日子里,我们欢聚一堂,共同迎来了这场盛大的活动。首先,请允许我代表主办方,向远道而来的各位表示热烈的欢迎和衷心的感谢。感谢大家在百忙之中抽出宝贵的时间,与我们共襄盛举。

今天,我们齐聚这里,不仅是为了庆祝这个特殊的日子,更是为了共同见证一个新的开始。在接下来的时间里,我们将有一系列精彩的环节呈现给大家,包括嘉宾致辞、项目展示、互动交流等等。我相信,这些环节定能让大家收获满满,不虚此行。

然而,由于时间有限,我们无法一一详述每一个环节的具体内容。但请大家放心,每一个环节都经过精心地策划和准备,旨在为大家带来最佳的体验和感受。现在,就让我们一起期待接下来的精彩吧!

这段开幕词虽然表达了对来宾的欢迎和对活动的期待,但在明确活动主题、阐述活动意义、激发听众兴趣以及设置具体情境方面仍显不足,导致引导性相对较弱。在实际应用中,应更加注重这些方面的表达,以增强开幕词的吸引力和感染力。

尊敬的各位嘉宾、朋友们:

大家上午好!在这阳光明媚、万物生辉的美好时刻,我们齐聚一堂,共同迎来了这场以"科技创新引领未来"为主题的盛大活动。首先,请允许我代表主办方,向远道而来的每一位嘉宾表示最热烈的欢迎和最诚挚的感谢。感谢您在繁忙的日程中抽出宝贵的时间,与我们共同见证这一重要时刻。

今天,我们不仅仅是在庆祝一个特殊的日子,更是在携手开启一段新的征程。在这个充满挑战与机遇的时代,我们相聚于此,旨在通过"探索科技创新的前沿,推动产业升级与发展",共同为社会的繁荣与进步贡献力量。

在接下来的时间里,我们精心准备了一系列丰富多彩的环节,包括权威嘉宾的精彩致辞、前沿项目的震撼展示以及深入人心的互动交流等。这些环节不仅将为大家呈现一场视觉与思想的盛宴,更将激发我们对未来的无限遐想与憧憬。

虽然时间有限,无法详尽介绍每一个环节的具体内容,但请相信,每一个细节都凝聚了我们团队的心血与智慧。我们致力于为大家带来一场难忘的体验,让每一位参与者都能从中获得启迪与收获。

现在，就让我们一起怀揣梦想，满怀期待，共同迎接接下来的每一个精彩瞬间吧！让我们携手并进，共创辉煌！

二、开幕词的写作方法

在撰写开幕词时，一个清晰且吸引人的结构对于引导听众融入活动氛围至关重要。一般来说，开幕词可以遵循以下结构。

（一）开场问候

开场问候以亲切、热情的语言向听众致以问候，如"尊敬的各位嘉宾、亲爱的朋友们，大家好！"这样的开场能够迅速拉近与听众的距离。

（二）自我介绍/主办方介绍

简短而礼貌地介绍自己或主办方，以建立自身的专业形象。例如，我是今天的主持人××，非常荣幸能够代表主办方××公司在这里与大家相聚。

（三）活动背景与意义

阐述活动的背景、举办的原因以及它对于参与者、行业或社会的意义，这有助于听众理解活动的价值和重要性。

（四）主题与目的

明确提出活动的主题和目的，这有助于听众理解活动的核心内容，并引导他们关注即将展开的话题或议程，让听众对即将展开的内容有期待。

（五）嘉宾介绍与期待

如果活动中有重要嘉宾或演讲者，可以在此环节进行介绍，并表达对他们的敬意和期待。这有助于提升嘉宾的知名度和活动的权威性。

（六）活动亮点预告

突出活动的独特之处和创新点，如特别环节、互动体验、技术展示等，以激发听众的活动兴趣和好奇心。

（七）期望成果与影响

展望活动可能带来的成果和长远影响，包括知识传播、行业交流、合作机会等。这有助于鼓励听众积极参与并期待活动带来的变化，增强他们对活动价值的认同。

（八）情感共鸣与寄语

通过表达感谢、鼓励或期待等情感共鸣的言辞，与听众建立更深的联系并传递正能量。这有助于营造温馨和谐的氛围，并为活动定下积极向上的基调。

（九）过渡与正式开场

在结束开幕词之前，可以巧妙地过渡到接下来的议程或环节，如"现在，让我们以热烈的掌声欢迎第一位嘉宾××为我们带来精彩的演讲！"这样的过渡语能够引导听众进入正式的活动流程，并有助于保持活动的连贯性和节奏感。

请注意，以上结构是一个通用的框架，具体撰写时还需根据活动的实际情况和受众特点进行调整和优化。

下面是开幕词的结构与常用语示例文本。

尊敬的_____（如"各位领导、嘉宾"），亲爱的_____（如"同事们、朋友们"）：

大家_____（如"上午好""晚上好"）！

在这个_____（如"阳光明媚""星光璀璨"）的日子里，我们欢聚一堂，共同迎来了_____（如"××公司年度庆典""××项目启动仪式"）的盛大开幕。首先，请允许我代表_____（如"主办方""公司管理层"），向远道而来的各位表示最热烈的欢迎和最诚挚的感谢！

_____的举办，不仅是我们（如"公司发展历程中的一个重要里程碑""行业交流的一次盛会"），更是我们_____（如"团结协作、共同进步的见证""探索创新、引领未来的起点"）。在这里，我们将_____（如"回顾过去一年的辉煌成就""展望未来的宏伟蓝图"），并共同_____（如"分享经验""探讨合作"）。

接下来，我们将有一系列精彩的环节等待着大家。无论是_____（如"权威专家的主题演讲""激动人心的颁奖典礼"），还是_____（如"互动交流的茶话会""创意无限的展览展示"），我们都将全力以赴，力求为大家带来一场_____（如"视觉与听觉的盛宴""知识与灵感的碰撞"）。

最后，我衷心希望，通过今天的活动，大家能够_____（如"增进了解、加深友谊"，"收获满满、满载而归"）。让我们携手并进，共同_____（如"开创更加美好的未来""书写更加辉煌的篇章"）。

现在，我宣布，_____（如"××公司年度庆典""××项目启动仪式"）正式开始！请大家尽情享受这个美好的时刻！

练习园地

1. 简述礼仪文书的种类与特点。
2. 演讲稿的开场白有哪些具体的方法？请举例说明。

3. 你知道开幕词的行文结构吗？请简要说明。

下面作品中存在哪些问题，请指出来并修改润色，使其对听众更有吸引力。

1. 演讲稿

大学生就业：成就与挑战并存

尊敬的老师们、亲爱的同学们：

大家好！

今天，我站在这里，满怀激情地与大家探讨一个和我们每个人都息息相关的话题——大学生就业。这是一个充满机遇与挑战的时代，每一位即将步入社会的学子都怀揣着梦想与希望，同时也面临着前所未有的考验。

首先，让我们聚焦于大学生就业的辉煌成就，近年来，随着高等教育的普及和就业市场的多元化发展，越来越多的大学生成功地在科技、教育、文化、医疗等各个领域取得了令人瞩目的成绩，这是因为他们凭借扎实的专业知识、创新的思维方式和不懈的努力，在各自的领域里崭露头角，这些成就不仅彰显了当代大学生的风采，更为社会进步和经济发展注入了新的活力。

然而，在肯定成就的同时，我们也不得不正视大学生就业中存在的问题，首先，部分大学生在就业过程中存在盲目跟风的现象，缺乏对自身兴趣和能力的准确认知，导致在职业选择上犹豫不决，甚至频繁跳槽，其次，随着就业市场的竞争加剧，一些大学生面临着"高不成低不就"的尴尬境地，既难以找到心仪的工作，又不愿屈就于低薪或不符合期望的岗位，此外，还有一些大学生在就业过程中缺乏必要的职业素养和沟通能力，难以适应职场环境，影响了个人发展。

面对这些问题，我们不禁要深刻反思：作为即将步入社会的大学生，我们应该如何更好地规划自己的职业生涯？如何提升自己的竞争力以应对日益激烈的就业市场？我认为，关键在于以下几点：一是要深入了解自己，明确自己的兴趣、优势和目标。二是要积极参与社会实践和实习活动，积累宝贵的经验和技能。三是要注重培养自己的职业素养和沟通能力，以更好地适应职场环境。四是要保持积极的心态和持续学习的热情，不断提升自己的综合素质。

最后，我们应该认识到大学生就业既是一个挑战也是一个机遇，只要我们勇于面对挑战、积极把握机遇、不断提升自我，就一定能够在未来的职场道路上走得更远、更稳。

谢谢大家！

2. 开幕词

尊敬的校领导、各位老师、亲爱的同学们：

大家上午好！

在这金秋送爽、丹桂飘香的美好时节，我们齐聚一堂，共同迎来了我们学校一年一度的体育盛会——大学生运动会。在此，我谨代表学生会，向莅临本次开幕式的各位领导、嘉宾表示热烈的欢迎和衷心的感谢！同时，也向所有参赛的运动员们致以最诚挚的祝福和最热烈的期盼！

运动会，是我们大学生展现青春活力、挑战自我极限的重要舞台。在这里，我们将看到运动员们矫健的身姿，听到他们激昂的呐喊，感受到他们不屈不挠、勇往直前的精神风貌。这无疑将是一场激动人心、精彩纷呈的体育盛宴！

运动会，依然承载着我们对学生运动会的热爱和期待，也依然能够激发同学们对体育运动的热情和参与度。

最后，让我们再次以热烈的掌声预祝本次大学生运动会圆满成功！祝愿所有参赛运动员都能发挥出自己的最佳水平，赛出风格、赛出水平！同时，也期待在座的每一位同学都能积极参与其中，共同享受这场体育盛宴带来的欢乐与激情！

谢谢大家！

1. 演讲稿

（1）主题构思练习

题目：假设你被选为学校年度颁奖典礼上的学生代表，请构思一篇以"梦想与坚持"为主题的演讲稿。

要求：

　　阐述梦想的重要性；

　　分享一个关于坚持实现梦想的真实故事；

　　鼓励同学们在追求梦想的道路上坚韧不拔。

（2）结构组织练习

题目：撰写一篇关于"环保行动从我做起"的演讲稿，要求包含开场白、正文（至少三个分论点）和结论三个部分。

开场白：吸引听众注意，简述环保的重要性。

正文：

　　分论点一：减少塑料使用，提倡环保购物袋；

　　分论点二：节约用水用电，培养节能意识；

　　分论点三：参与植树造林，增加绿色植被。

结论：总结环保行动的意义，呼吁大家共同行动。

（3）语言运用练习

题目：以"感恩之心，伴我成长"为主题，撰写一段富有感染力的演讲稿开场白，要求使用排比和比喻的修辞手法。

示例开头：在人生的长河中，我们如同航行的小船，时而风平浪静，时而波涛汹涌。但无论身处何种境遇，总有那么一些人，如同灯塔一般照亮我们的方向；总有那么一些事，如同风帆一般助力我们前行。他们，是我们生命中的贵人；他们，是我们成长路上的宝贵财富。今天，我站在这里，满怀一颗感恩的心，想要向那些陪伴我成长的人与事，致以最深的敬意和感激。

（4）情境模拟练习

题目：假设你是一名即将毕业的大学生，在毕业典礼上代表全体毕业生发表演讲。请撰写一段以"回顾与展望"为主题的演讲稿结束语。

示例段落：回望过去四年，我们从青涩走向成熟，从懵懂走向明理。那些曾经一起奋斗过的日夜，那些共同度过的欢笑与泪水，都化作了我们心中最宝贵的记忆。我们学会了知识，更学会了成长；我们收获了友谊，更收获了自我。而今，站在毕业的门槛上，我们即将踏上新的征程。未来或许充满未知与挑战，但我相信，只要我们怀揣着对梦想的执着追求，对生活的无限热爱，就一定能够勇往直前，创造属于自己的辉煌篇章。

2．开幕词

假设你正在为一场名为"智慧城市创新论坛"的学术会议撰写开幕词。该论坛旨在汇聚行业专家、学者及企业代表，共同探讨智慧城市领域的最新技术、应用与挑战。请参照教材里的结构提示，完成全文内容，并审视是否符合开幕词的写作特点。

第五章 学术类论文写作

(1) 学术类论文的基本概念；
(2) 学术论文的写作方法；
(3) 申论写作的技巧。

本章主要包括三节内容，其中第一节是学术论文，第二节是学位论文。这两类论文是大学阶段的学生经常会碰到和使用的文章类型，也是必须掌握的。第三节是申论写作，申论是现代社会大学生求职过程中及公务员考试时经常会碰到或使用到的一种写作类型。

第一节 学术论文

一、学术论文概述

学术论文是指在科学、技术、人文和社会科学等领域中，经研究和探讨而发表的一种具有系统性和创新性的学术成果。它可以是对具体问题、研究方向或实践经验的总结和归纳，也可以是理论、方法或应用的产物。学术论文主要是通过研究后得到的具有原创性的见解和贡献，进一步提高学术界的知识水平，推动学术领域的发展。

学术论文通常包括摘要、引言、正文、结论和参考文献等主要部分，具有以下特点。

严谨性：学术论文必须基于客观事实，具有科学性、合法性、高可信度，并在学术认同体系内，这样才能为学界所接受。

专业性：学术论文涉及的知识较为专业，与前沿领域有关，也会有理论和方法的运用，对写作语言和格式的规范性要求更高。

创新性：学术论文不仅需要总结已有的研究成果，还要提出新的见解或理论，或者在现有成果的基础上推进研究的深入。

明确性：学术论文应简明扼要，主题明确，逻辑清晰，能够准确表达研究目标和论证结论，同时避免使用人们难以理解的术语。

总之，学术论文是描述研究成果并与其他研究相比较的科学写作形式。它反映了作者的严谨态度、创新思维和表达能力，具有探索学术领域和推动专业领域进步的重大意义。

二、学术论文的写作要求与写作方法

学术论文通常包括：摘要、引言、正文、结论和参考文献（各部分名称可能会因不同领域的规范而略有不同）。下面是每个部分的写作要求与写作方法。

（一）摘要

摘要是论文的提纲，需要简明扼要地概括论文的主要内容和意义。写摘要时需要注意以下几点：

写在全篇文章之前，应放在第一页，长度通常为 200 到 300 字；

审阅人员通常不会只看一篇论文，因此摘要必须给人留下深刻的印象；

摘要里面需要涵盖关键问题，这样读者就可以从摘要中了解论文的全部内容。

（二）引言

引言介绍了研究问题的背景和目的，以及它们在相关领域的重要性。写引言时需要注意以下几点：

引言必须准确地阐述研究问题，并探讨该问题的答案；

引言应介绍当前研究领域的理论和实践背景，并恰当描述预期成果；

引言还可以简要概括正文框架，使读者大致了解整篇论文。

（三）正文

正文是学术论文的主体部分，通常包括研究方法、数据分析和结论等。写正文时需要注意以下几点：

内容要紧扣摘要、引言中讲述的研究问题，并按照理论基础、研究设计、实验或调查结果、数据分析的顺序进行组织；

正文应遵循良好的逻辑顺序，采用科学的文献引证以深化对问题的描述；恰当使用图表或插图有助于说明研究结果或情况。

（四）结论

结论是文章的总结和发现部分，也是为读者提供行动计划和展望的关键部分。写结论时需要注意以下几点：

结论必须概述文章的主题、目标、问题和发现，不要轻易添加额外的信息；

结论需要回答文章中的目标问题并强调其重要性；

确认关键性质，即此项工作的完成情况，根据需要指出数据或事实。

（五）参考文献

参考文献是对作者在撰写学术论文时参考的文献及文献来源的陈述。写参考文献时需要注意以下几点：

采用规范的引用格式，保证正确性和可读性；

撰写时需要根据学术惯例，注明作者、标题、出版物名称、日期等信息；

不合理引用他人论文会被视为抄袭，应格外小心。

总之，每个部分都要具有明确的目标和结构，全篇需要开门见山、简明扼要，应遵循逻辑性和科学性原则，并用规范而整齐的语言与格式进行呈现。

三、学术论文的选题

选题是写一篇优秀的学术论文的关键步骤之一，成功的研究一定是建立在成功的选题之上的。那么，什么是成功的选题呢？简而言之就是选题要有问题意识，那么问题意识是什么呢？

一是指研究的目标取向。成功的选题应该要揭示研究的目标，也就是指明要使研究达到什么样的目标。研究的目标反映的是研究是否有价值，是否值得研究。因此，从选题来看就可以知道该问题研究的状况和发展的趋势。如果选题没有揭示研究的目标，而只是陈述了一个事实，那么就意味着该研究不值得研究，或者说前人已经做了比较详尽的研究，在目前的状况下已经没有深入的可能了，这种选题就不应该继续。

二是指研究的具体范围。成功的选题范围应该是具体的，不是大而全的。范围过大的选题会使研究无法深入，只是如蜻蜓点水。另一方面如果选题范围太小，研究就会过于沉迷于琐碎的细节，从而使研究失去了价值。特别是有的细节并不具有代表性，也不能真正反映事物发展的趋势，但由于研究者的视野太小，无法从细节中发现事物发展的基本规律。

三是要对一个学术问题产生质疑，或者说要有争鸣性。学术研究是无止境的，真理更是无止境的。很多学术观点在当时是对的，或者说是真理，但时间和条件都变化了，其真理性也会随之改变。因此，选题一定要敢于质疑，但质疑必须有理有据，而不是随便怀疑，这样的选题一定是有价值的。

总之，选择选题是很讲究技巧的。选题实际上是积累后的第一次思想井喷，没有积累就无法开展选题研究。好的选题可以使研究事半功倍，好的选题是论文成功的前提。在确认选题之后，还有一个重要的问题就是题目的表达，即怎样把这个内容表达出来。这里也有以下几个原则。

一是题目不宜太长，太长则表明作者缺乏概括能力和抽象能力，题目要求精炼、简洁，要力求达到多一个字太长、少一个字太短的水平。

二是核心概念不宜太多，最多两个，最好一个。核心概念超过两个，论文到底研究什么就非常难把握了，而且如果概念太多，那么很可能通篇就是在解释概念，实质性的内容就被冲淡了。

三是表达要精准，题目如果引起歧义，或者模糊不清，那么在写论文时很可能出现跑题现象。以下是选择学术论文选题的一些方法和建议。

选取一个热门话题，证明该领域曾进行过相关调研，并能发掘新的思考。可以先阅读最近的文献及文章以完全了解这个领域。

看一看自己感兴趣的领域、问题或主题，从中找到一个可以深入探究的问题来检讨描述性质、补足知识成果和连接未来可持续方向。

研究目前具有微风险与社会多样化的舆论议题，衡量如何提供快速且具有创造性的解决方案。如：如何互助社区内孤立妇女、异体化的职场表现、电视依赖日益严重的家庭。其结构对子女成长带来的挑战等。

考虑使用交叉学科的方式，它可以将两个或更多的领域相互融合，以产生新的观点和研究成果，如环保与节能、工业制品安全监管等。

利用个人经历或生活中的例子作为潜在选题，以提高读者对这一主题的了解程度和感兴趣程度，如调节佛系与追求目标之间的正当重量感等。

在选择学术论文选题时，请确保作者具有相应的研究背景，能够收集到足够多的数据支撑研究，并且该选题的研究意义良好。

四、学术论文写作的相关规范

学术论文是一种正式的学术写作形式，需要遵循一些特定的规范和要求，以下是学术论文写作的一些相关规范。

格式和结构：学术论文应该按照标准的格式和结构来撰写，包括标题页、摘要、目录、引言、研究方法、结果与讨论、结论等部分。

文献引用：在学术论文中，参考了其他研究人员的成果必须合理引用并标明出处。必须明确每篇文章中所有注引的出源，并严格地遵照引文规定进行制定。

参考文献：参考文献列表是学术论文中非常重要的一部分，应根据学科领域的写作规范编纂，认真列出已经引用过的参考书籍及详细信息。

语言使用：学术论文应使用简洁而专业的语言，以确保研究思想足够清楚。不得过度堆叠复杂的词汇或句式，同时也不应轻易使文章过于口语化，以避免歧义和表述不准确等问题。

五、学术论文的诚信问题

在学术界，诚信尤为重要。学术论文必须按照实际情况描述经验、数据及其他相关成果，不能弄虚作假或泄露隐私，否则将面临被谴责甚至面临惩处等严重影响。学术规范是学术的生命线，学者必须按照学术规范从事学术研究，而不可随心所欲地提"想法"。如果仅仅是一个假设性的观点决不能代表真正的学术水平，只有用理论方法进行了符合逻辑的证明之后，且这个"想法"具有创新性的同时又符合学术逻辑，那么这个"想法"才转变为学术观点，这个观点就代表了学者的学术水平。当前，社会的浮躁也同样渗透到学术领域，使学者不再沉寂于象牙塔，而是通过学术论文的"大跃进"而成就自己的虚名，获得各种各样的学术荣誉和学术奖项，最终获取相应的学术地位。结果，有的人就不择手段，通过各种学术不端和学术腐败的行为进行学术制假造假。当前，学术不端、学术制假造假行为在论文上表现在以下几个方面。

1．抄袭剽窃。这是最明显的学术不诚信行为。抄袭观点、抄袭材料、抄袭段落、抄袭文献，将别人的文章略作改动后整体性剽窃，或仅仅是把题目改动后直接署上自己的名字。剽窃不仅损害了原作者的权益，也严重破坏了学术界的信任基础。

2．篡改文献和数据、断章取义。这主要是不愿意去核对数据和文献，而自己的论文可能又特别需要这样一组数据来证明自己的观点，结果只好对边缘化数据进行为我所用地篡改，或对文献的观点进行刻意地曲解，或断章取义地引用，以迎合自己研究的需要。

3．强行地在他人成果上署名。这主要有以下几种情形：一是导师与学生的关系，导师规定学生发表文章必须把导师的名字署上，甚至要求署名第一作者，但导师并没有审阅文章，一旦文章被人举报，导师就千方百计地回避；或者公然宣称自己不知道，是学生自作主张。二是上下级同事关系，尤其是领导与被领导的关系。或者是下级刻意为领导捉刀代笔，或者是上级借用行政权力强行要求。

4．作者身份造假。包括署名不实、虚假增加作者数量、使用虚假的学术头衔等，这些都是对学术诚信的考验。

5．注释有误或做"伪注"。如经常出现的张冠李戴。

6．低水平重复。不愿意去阅读文献，因而不知道学术发展动态，导致自己的研究在重复前人的研究。或将同一研究成果稍作修改后多次发表，以获取更多的学术声誉或经济利益，这也是不被允许的。

7．以讹传讹。如转引二手文献且未核对文献。

8．自我吹嘘。只引证自己的论文。

9．阅读中文文献却引用外文表达文献，结果弄巧成拙；源于外文书刊却译成中文，结果驴唇不对马嘴。

10．难辨真伪。转引外文注释却不注明原文出处，让人难以查找原文献。

11．一稿多投。有的甚至是略作一点"乔装"后就投给多家刊物。这是很多科研新手们经常会使用的手段。

12．审稿人存在不当行为。审稿人利用职务之便泄露论文内容、故意拖延审稿过程或提出不当的修改要求等，这也属于学术不诚信。

学术论文诚信是维护学术研究质量的重要保障。学术不诚信行为不仅损害个人声誉，还会破坏整个学术领域的健康发展。因此，学术界必须采取严格措施，包括教育、监督和惩罚，来维护学术论文的诚信。同时，学者们也应该自觉遵守学术规范，树立良好的学术道德，共同营造一个诚实、公正、透明的学术环境。

当然，随着时代的发展，学术不端的表现也是层出不穷的，但作为一个学术论文的撰

写者，唯有"心里有杆秤"，才能从根本上杜绝种类烦多的学术不端问题。

第二节 学位论文

一、学位论文概述

学位论文是指在攻读本科、硕士、博士等高等教育过程中，为获得学位而撰写的一篇系统性、具有创新性并已经公开发表的学术论文。学位论文的目的是检验作者的能力、技能和专业知识，在完成一项研究工作后向专业人员提供大量学术资料，以证明掌握了利用科学方法处理或解决问题的能力。

学位论文的撰写需遵守学校的要求并符合国家学位论文的相关政策和标准。论文需要通过专业委员会的评审，并最终由学部、院系、学校或其他组织机构颁发相应的学位证书。

学位论文主要包含以下几个部分：封面、扉页、中英文摘要、目录、正文、参考文献、致谢、附录等。不同学校和不同领域的学位论文的格式和内容要求可能不同，但是通常需满足以下几个方面的要求。

研究内容：需要选择重要且有研究意义的问题，采用科学的研究方法，深入剖析该问题的本质及原理，得出结论，并提出有实际应用意义的建议。研究成果应符合本领域的学术规范。

学术原则：需要严格遵守学术诚信和道德规范，尊重前人成果，确保论文内容真实、准确。

论文风格：需体现清晰的逻辑思维，表达简明扼要，应使用专业性较强、行文较严谨的学术语言，同时确保语言流畅，不应存在错别字或语法错误。

布局排版：需要选用合适的字体、字号及页边距，并遵循学校的格式要求。

总之，学位论文是学生在攻读学位期间展示自己研究能力、研究方法和创新性成果的具体产物，它反映了作者的严谨态度、创新思维、表达能力和对专业知识的掌握水平。

二、学位论文的写作要求与写作方法

（一）封面和扉页

封面和扉页是论文给读者的第一印象，应保证格式规范、内容完整。封面需要包括论文题目、作者姓名、导师姓名、学校名称等基本信息；扉页则要包括论文的抬头（中英文）、关键词（中英文）等。

（二）中英文摘要

摘要是论文重要的内容之一，是读者了解论文主要内容和结论的必经之路。中文摘要不得超过 500 个汉字，英文摘要不得超过 300 个英文单词。它应该包含背景、研究问题、研究方法、结果、结论及意义等几个方面，同时要突出论文研究的创新之处。

（三）目录

目录应该完整记录并细致描述论文各章节的标题、页码和其他必要信息。在撰写时要考虑各章节之间的逻辑关系，并注意使用恰当的排版方式与技巧。

（四）正文

正文是学位论文的核心，应通过复杂的实证研究阐述成果。其中，研究方法、数据归纳、结论和讨论是核心内容。正文需遵从学术规范，注重论据的充实性，展现研究的深度和广度。

（五）参考文献

参考文献应该完整列出所有在论文中引用过的外部文献、案例或书籍等。引用时要严格按照规范引用格式（如 APA、MLA 等），确保引述准确、完整，并不涉及抄袭等问题。

（六）致谢

致谢部分通常用来向给予学术帮助的人表示感谢之情，可以包括导师、家人、同学、资助机构、课程设计者等，同时也可以表达作者对于自身成长所做贡献的感恩之情。

（七）附录

为了使论文内容更加清晰、紧凑，附录用来补充说明正文当中缺乏明确的数据、程序、图形等信息。它应当包含足够详细的描述，以便读者能够理解所述情况，并根据数据得出正确推论。

总之，每一个部分都是十分重要的，需要遵循严谨科学的原则，以达到高水平写作效果。在撰写学位论文的各部分时，应认真阅读学校颁布的指导手册和相关规范，注意论文的整体性与可读性，如果在写作过程中遇到困难应及时解决。

三、学位论文的选题

学位论文的选题是整个写作过程中重要的一步，以下是选择学位论文选题的一些方法和建议。

按照个人的喜好和兴趣选择：可以首先考虑个人感兴趣的领域以及想要深入探究的问题或话题，这样能够有效地提高研究动力。

从既有研究中挖掘：可以在相关学科领域中寻找已有研究，发现其中未解决或待解决的问题，并将其作为学位论文选题。

关注当下热门问题：可以结合科技、政策、经济、文化等领域的热门话题，在此基础上进行研究，这样能够提高学位论文的实用性和时效性。

跨学科研究：可以结合不同领域的知识来思考与研究，尝试将不同领域的研究成果联系起来，创新性地提出一个跨学科的选题。

突破传统范式：可以尝试挑战传统范式，提出一个新的问题或者尝试采用新的方法来研究已有问题，这样能够提高论文的独创性与影响力。

在选择学位论文选题时，需要确保其具有一定的研究价值、实际意义和相关性，同时也要做好充分的准备工作，进行充分的阅读和资料收集。建议选择一个自己感兴趣且比较熟悉的领域，以便更加深入地研究和论证。

四、学位论文的格式规范

学位论文的格式规范包括以下几个方面。

纸张格式：通常使用 A4 纸，要求整洁无折痕。

文字格式：要求使用宋体或 Times New Roman 字体，建议字号为小四号。在文字大小、颜色和衬线等方面要保持统一。

页面边距：上、下、左、右边距分别为 2.5 厘米、2.5 厘米、3 厘米、2.5 厘米。

页面编号：在每一页底部居中位置标注页码，从引言开始按照阿拉伯数字连续排列。

行距和段落间距：一般推荐 1.5 倍行距，段落首行缩进 2 个字符，两段之间留有一行空格。

正文结构：论文的正文内容应该按照清晰明确的章节编写，包括引言、研究背景、问题陈述、研究目标、研究方法、实验结果及数据分析、论文展望等。

图片、表格和公式：若论文中含有图片、表格或公式，需要在正文内进行标号并单独放在对应的页面上，同时要根据相应的规范添加说明、标题和图例等文本描述信息。

参考文献：引用的参考文献编号需要与正文对应，标注在引用处附近。在论文末尾提供详细的参考文献列表，包含文献题目、作者、出版日期、出版机构等。

在提交学位论文前，需要进行严格的审查和检验，确保满足格式规范、语言准确、逻辑清晰、数据可靠等要求。总之，合理规范的论文格式能够让读者更容易了解和阅读，同时也有利于书写者对整个过程的管理和统筹。

附：××大学学位论文范例

××大学

本科生毕业论文（设计）

题　　目：　托纳多雷电影艺术特色

　　　　　　——以"时光三部曲"为例

姓　　名：　××

学　　号：　××

专　　业：　××

年　　级：　20××级

指导教师：　××

××年××月

独创性声明

本毕业论文（设计）是我个人在导师指导下完成的。文中引用他人研究成果的部分已在标注中说明；其他同志对本设计（论文）的启发和贡献均已在致谢中体现；其他内容及成果为本人独立完成。特此声明。

论文作者签名： 日期：

关于论文使用授权的说明

本人完全了解××大学有关保留、使用学位论文的规定，即：学院有权保留送交论文的印刷本、复印件和电子版本，允许论文被查阅和借阅；学院可以公布论文的全部或部分内容，可以采用影印、缩印、数字化或其他复制手段保存论文。保密的论文在解密后应遵守此规定。

论文作者签名： 指导教师签名： 日期：

托纳多雷电影艺术特色——以"时光三部曲"为例

摘要

朱塞佩·托纳多雷是意大利的著名导演，也是新现实主义电影的新贵。他的电影不仅传承了新现实主义电影的优良传统，而且还创造性地加入了其他元素，在保持现实主义的同时，还有悬疑、浪漫等特点。托纳多雷的电影中最有代表性的，无疑是被称为"时光三部曲"的《天堂电影院》《海上钢琴师》和《西西里的美丽传说》。

托纳多雷的电影中有着深深的故乡情结和民族情结，并且表现得非常成功。托纳多雷有着丰富的从业经验，他的电影关注意大利的现实状况，关注意大利民众的生活，在形式上采用大量的长镜头和自然光，取得了非常好的效果。这些对于中国电影如何能够更好地表现本民族的文化和精神，具有很强的借鉴意义。

关键词：托纳多雷；电影艺术；时光三部曲

本页单面打印。

The Artistic Features of Tornatore's Film - Taking "Time Trilogy" as an Example

标题居中，Times New Roman 三号字，加粗；段前距、段后距为 1 行；行距为固定值 36 磅。

Abstract 居中，Times New Roman 四号字，加粗；段前距、段后距为 1 行。

Abstract

Giuseppe Tornado is a famous Italian director and a new realist movie. His film not only inherited the fine tradition of the new realism film, but also creatively joined the other elements, while maintaining realism, there are suspense, romance and so on. The most representative of Donadore's film is undoubtedly the "heavenly cinema", "sea pianist" and "beautiful beauty of Sicily" known as the "Time Trilogy".

Toledo's film has a deep hometown complex and national complex, and the performance of the very successful. Toledo has a wealth of experience, his film concerned about the reality of Italy, concerned about the Italian people's lives, in the form of a large number of long lenses and natural light, and achieved very good results. Which for the Chinese film how to better performance of the nation's culture and spirit, has a strong reference.

英文摘要正文为 Times New Roman 五号字；段前距、段后距为 0 行；行距为固定值 20 磅。

Keywords: Tornatore; Film Artistic; Time Trilogy

在“摘要内容”后空一行书写，Times New Roman 五号字；关键词之间用英文格式的“;”加“空格”分隔。“Keywords”单词加粗。

×× 大学　毕业论文（设计）

目　录

绪论..1

一、电影主题..1

　　（一）社会现实问题的关注..2

　　（二）浪漫层面的表达..2

二、叙事手法..4

　　（一）抒情化的叙事风格..4

　　（二）离奇的情节设置..4

　　（三）对具体细节的呈现..4

三、视听语言层面的研究..4

　　（一）镜头语言..5

　　（二）声音造型..6

四、人物形象..7

　　（一）男性形象..8

　　（二）女性形象..9

结论..10

参考文献..13

附件..14

致谢..15

绪论

(一) 研究背景

朱塞佩·托纳多雷（Giuseppe Tornatore）被称为意大利新现实主义电影流派的……锐导演，其电影作品多次获得威尼斯、奥斯卡、戛纳、欧洲电影节等国际大……他导演的《天堂电影院》《西西里的美丽传说》和《海上钢琴师》被……《天堂电影院》曾……获得 1990 年第六十二届奥斯卡最……的电影入手，解读他电影中传递出来的艺术特色。托纳多雷的电影中，继承了大量的新现实主义电影流……的风格特征，例如，从内容上来说，关注意大利的现实生活、对战争进行重新……考、反思人性等，从表现形式上来说，较多运用长镜头、采用自然光拍摄、还……大利人民生活的原貌等[1]。

托纳多雷的从业经验非常丰富，既从事……视纪录片的拍摄，同时也拍摄了不少的电影。从这个角度来说，他是非常……专业性的。他会对身边发生的事情从一个影视从业者的角度进行思考，并……的作品中上升到一定的哲理性。他将对于人生命题的思考，融入到了新现……义电影之中。他许多的创作灵感都来源于他对家乡，对民族的观察与思考。

(二) 研究意义

（内容略）

(三) 研究内容

（内容略）

托纳多雷电影艺术特色——以"时光三部曲"为例

一 电影主题

（一）对社会现实问题的关注

第二次世界大战结束之后，意大利电影界兴起了新现实主义电影运动。当时提出的口号是"把摄影机扛到大街上去"[2]。这一理念，受到了法国著名的电影评论家巴赞的影响。巴赞提出了长镜头理论和纪实美学。在这样的背景下，新现实主义电影开始出现。

新现实主义电影有着很强的纪实性，这一时期的电影导演，将镜头对准社会底层的人民大众，反映他们经历第二次世界大战摧残之后的生活，直击社会阴暗面，揭露社会矛盾和苦难。实景拍摄、同期录音、抛弃灯光而采用自然光线等，这些均称为新现实主义电影独特的风格。在电影拍摄中采用非职业演员，演绎他们自身的生活。在叙事结构上，采用最为简单的结构来讲述故事，"与时间同行、与生活同构"。并且，由于演员的非职业性，导演索性在提炼台词之后，将许多台词用方言进行表达，以表现影片的质朴、纯洁、简单。为了还原现实，在影片的拍摄和制作过程中，采用大量的长镜头来进行叙事，最大限度地避免蒙太奇的运用。

经过短短几年的发展，新现实主义电影成为当时世界范围内唯一可以与好莱坞电影相抗衡的电影流派，在世界电影史上有着重要的地位。它的出现和发展，促进了世界电影的多元化发展。

本节将从政治环境和社会问题等方面入手，来分析影片的主题及其中的现实主义特色。

1. 再现政治环境
（内容略）

2. 反映社会问题
（内容略）

（二）浪漫层面的表达

1．对爱情的浪漫表现

（1）爱情的表现形式……

2．对怀旧的温馨表现

　　另一方面中国特色的扁平化风格表现还可以从剪纸与皮影戏之中体现，如图 2-2 所示，使它颇具扁平特色的原因有一部分学者分析认为：中国的艺术很少追求写实，而是更追求写意，剪纸绘画和刺绣等长期以来都没有运用透视的知识，导致体积感缺失，只在颜色的变化上寻求变化"。

图 1　青铜器纹饰

图 2　皮影戏人物

　　也有另一种观点认为，中国国徽的设计早已在扁平……年，分析它的组成，它分别是由国旗、天安门、齿轮和谷……象征吉的传统色彩金、红两种颜色，它色彩比例协调，点线面运用布置恰当合理，其本身就已经具有非常高的识别度，再者设计者提出，应该把天安门抽象化，在此基础上更加能凸显中国的特点，后期不论是把它运用于硬币，邮票等方面，都是属于相相当成功的设计，六十六年来作为一种标志象征悬挂在北京天安门上一直延用至今。

托纳多雷电影艺术特色——以"时光三部曲"为例

（1）item 表、user_appended 表和 group_appended 表

表 2 item

字段名	数据类型	主键/允许空	
register_name	VARCHAR(31)	PRIMARY K	
display_name	VARCHAR(31)	NOT NULL	显示名
Icon_src	VARCHAR(31)	NOT NULL	图标
Item_type	VARCHAR(15)	NOT NULL	类型

> 表格与前文间隔 1 行；表序按表序数编号；表序、表名置于表格的上方，居中，宋体五号字。
> 表格可无左右边框；表格内文字为宋体五号字。

从用户和群组中提取出共同的信息组成 item 表。

二 叙事手法

（一）抒情化的叙事风格

（内容略）

（二）离奇的情节设置

（内容略）

（三）对具体细节的呈现

（内容略）

托纳多雷电影艺术特色——以"时光三部曲"为例

结论

> "结论"二字不加章号；另起一页；居中，黑体小二号字；段前距、段后距为 1 行；行距为固定值 36 磅。

通过以上的分析，我们不仅可以看到，托纳多雷的电影，有着新现实主义的传统特征，却不被传统所束缚。他能够大胆地运用写实和浪漫相结合的方式进行叙事，让自己的电影充满了多重风格。托纳多雷出产电影的效率可谓不高，但是每一部都是经过深思熟虑的。就像要拍摄《西西里的美丽传说》的时候，剧本已经在他的脑海中构思了多年，但是直到遇见莫妮卡贝鲁奇，他才将灵感彻底地释放，为世人呈现出一部巨著。他带给世人的，就是纯粹的电影。

托纳多雷至少有两点值得我们中国电影和导演借鉴。

第一、强烈的乡土情结。托纳多雷的多数电影的发生地都是在他的家乡——意大利的西西里。这是他从小成长的地方，也是他最早认知电影、拍摄电影的地方。这种强烈的乡土情结，这种对故乡、对故乡人民的眷恋与关注，十分值得中国电影工作者学习。

第二、商业与艺术的平衡。托纳多雷的电影，既有艺术上的优秀表现，又有商业上的成功，可以说是二者结合的典范。反观国内的一些艺术电影，纵容在艺术上取得了不俗的成绩，但是在商业上的表现使用是个软肋。很多艺术片要么根本没机会进入影院，要么是"院线一日游"草草收场。热议一时的《百鸟朝凤》正是这种尴尬现状的体现。托纳多雷的作品的艺术性体现在对新现实主义电影优良传统的继承与发扬，而其商业性则体现在对于好莱坞商业手法的借鉴。无论是戏剧化的情节设计，还是夸张的场面设置，都被他充分地运用于作品之中。而这一点，正是国内艺术片创作所不具备的。

托纳多雷不会为了票房而去迎合、讨好观众，相反观众却被他影片中传递出来的人文价值所感染，很多时候欣赏托纳多雷的影片，令人感到他除了是一个导演，更多的是一个对社会有着深刻思考的知识分子。

正是这种知识分子的情怀，让他能够将意大利的自然风光和社会文化在影片中表现得恰到好处，值得学习和借鉴。对于国内导演来说，托纳多雷算是一个较为值得学习的范例，但不是唯一，而且国内许多导演在影片中对中华传统文化呈现也是可圈可点的。但是，学习永无止境，艺术创作也是如此，我们还要在现有的基础上，去吸收学习国外先进的技术和理论，这样才能拍出好作品。

参考文献

[1] 潘军.缅怀,以诗情画意的方式——关于朱赛佩·托纳多雷的"回家三部曲"[J].山花,2003,33(7):10-12.

[2] 段夏胤,贾文峰,刘成新.托纳多雷电影中的哲思意象研究[J].现代视听,2014,21(12):86-90.

[3] 曲"的艺术特色[J].电影文学,2011,44(65):61-62.

[4] 北京：中国传媒大学出版社,2007:18-25.

[5] ISO LOST+'CINEMA PARADISO'AND THE RESURGENCE OF CONTEMPORARY ITALIAN FILMS[J].Sight & Sound,1991,1(2):18-21.

[6] 汤小芸.托纳多雷"成长三部曲"的叙事时空分析[J].戏剧之家,2015,87(20):138.

[7] 高龙.论电影创作中关于实景和空间的构建——以意大利导演托纳多雷为解析案例[J].电影评介,2013(10):59-60.

[8] 江腊生.影视艺术欣赏[M].北京:北京大学出版社,2013:78-87.

[9] 刘禹彤.心灵的美丽与忧伤——难忘托纳多雷"时空三部曲"[J].世界知识画报,2010,55(34):19-32.

[10] 张鹏.托纳多雷电影叙事风格研究[J].文艺生活旬刊,2010,77(10):93-94.

[11] 胡小茜.托纳多雷"回忆三部曲"中的意象分析[J].当代小说月刊,2009(3):37-38.

[12] 孟佳佳.现实与浪漫的"二重奏"[D]. 南京:南京师范大学, 2012.44-65.

[13] 钟少华.浅论电影故事片——解读朱塞佩·托纳多雷的"回乡三部曲"[J].今传媒,2011,19(1):85-86.

[14] Galt R. Italy's landscapes of loss: Historical mourning and the dialectical image in Cinema Paradiso, Mediterraneo and Il Postino[J].Screen, 2002.43(2):158-173.

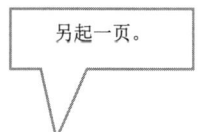

附件

致谢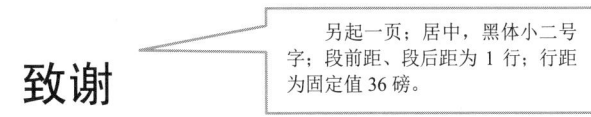

在本文即将结束之际，首先，我要由衷地感谢学院、我的导师××老师。正因为导师对我的悉心指导，在我的论文书写及设计过程中给了我大量的帮助和指导，如帮我确定选题，为我理清了提纲思路和书写方法，并对我所做的课题提出了有效的改进方案。无论在理论上还是在实践中，都给予我很大的帮助，使我得到不少的提高，这对于我以后的工作和学习都是一种巨大的帮助，感谢他耐心的辅导。

在论文的撰写过程中其他老师们给予我很大的帮助，帮助解决了不少的难点，使得论文能够及时完成，这里一并表示真诚的感谢。

其次，我要感谢大学四年中所有的任课老师和辅导员老师在学习期间对我的严格要求，感谢他们对我学习上和生活上的帮助，使我了解了许多专业知识和为人的道理，能够在今后的生活道路上有继续奋斗的力量。

另外，我还要感谢大学四年和我一起走过的同学、朋友对我的关心与支持，与他们一起学习、生活，让我在大学期间生活得很充实，给我留下了很多难忘的回忆。

最后，我想说在我的十几年求学历程里，离不开父母的鼓励和支持，是他们辛勤地劳作，无私地付出，为我创造了良好的学习条件，我才能顺利完成学业，感激他们一直以来对我的抚养与培育。

四年的大学生活就快走入尾声，我们的校园生活就要划上句号，心中是无尽的难舍与眷恋。从这里走出，对我的人生来说，将踏上一个新的征程，我要把所学的知识应用到实际工作中去。

希望未来一切顺利，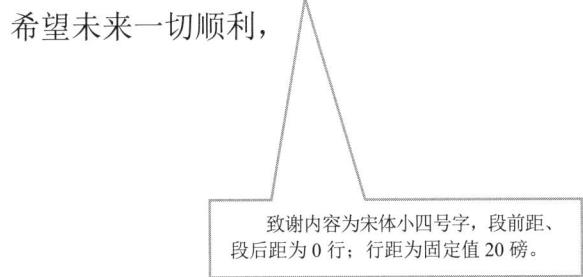

第三节 申 论

一、申论概述

申论是国家录用公务员的一种考试形式。"申论"一词出自孔子的"申而论之",是对事物、现象或问题进行说明、发表见解、进行论证的过程。当今社会,公务员考试越来越成为许多大学生的选择之一。公务员考试中的申论写作也就成了越来越多的人关注的焦点话题。

在申论考试中,通过考生对所给材料的分析、概括、提炼、加工,考察考生把握现象、提出问题、分析问题、解决问题的能力。其中也包含对考生阅读理解能力、综合分析问题能力、与人沟通能力、书面语言表达能力的检验与考核。

作为应用写作的重要研究内容,申论写作有一些要点值得人们注意和把握,如能在申论考试中活学活用,相信对提高申论成绩会有一定的帮助。其一是公务员语素。例如全面、加强、高举、贯彻、强化、严格、必须、狠抓、重视等动词。要有和时代发展紧密联系的关键词。要层次分明,有思想、法律、法规,行政措施、制度机制等分条列项。其二是公文形式。这是针对一些应试者有学生腔,有话题作文的情形。这在申论考试中是要力图避免的。要有总-分-总的基本格式,对于总的部分,要合乎国家的法律法规,要和主流民意相同。三是言之有物。对于问题要有针对性和符合实际的措施,不能给阅卷老师留下空喊口号、大谈理论的印象。例如,对于新农村建设,我们有 20 字方针,从几个角度就能概括层次了,但是具体措施呢?村庄规划、乡财县管培养新型农民循环农业、加快转移农村劳动力、劳动力培训等都是具体措施,可以分别进行论述,不求面面俱到,但求有体会、有见解。最后是形似神似。这个是总的要求,所谓有人总结了申论万能模板,其实质都在于探寻常见公文之神形。

二、申论的特点

申论的写作过程,实际上就是对公务员完成日常工作流程的复原,其特点如下。

(一)实用性

"申论"通常是针对特定的事实,用论据进行论证、申述,把事情说清楚,讲明白。公务员考试中的"申论"就是针对当前的社会热点和难点问题进行分析、论证,提出对策,找到解决问题的最好对策。写作"申论"是为了解决实际问题,如探讨环境污染、商业贿赂、教育改革、医疗改革、社区医疗服务、校园安全等。

(二)对策性

"申论"的写作过程实际上是提出对策、方案的过程。提出的对策必须是依据材料的主要问题、有效分析,抓住反映主要矛盾的材料。通过有针对性地对一个或几个特定的社会问题、社会现象的分析,准确理解材料所反映的主要内容,并能在把握材料主旨和精神的基础上，形成并提出自己的观点、思路或解决方案，准确流畅地用文字表达出来。提出对策要有整体性思考，与相应的法律法规、监督制约、舆论宣传等一致。

（三）可行性

申论中提出的对策要符合客观规律、道德规范、法律法规，保证其在政策上可行，财力上可行，伦理上可行，心理上可行。申论中提出的政策、制度、规章、条例、措施、办法等都要合乎民情与民心。让更多的受众接受，这就是可行性。处理问题的具体办法要落实到部门，有步骤、有方法。形式上依据主体选择合适的文种，灵活运用，如讲话稿、演讲稿、请示、报告等。

（四）定位性

定位性是指申论的写作不是凭空而来的，无论是怎样的社会问题，都不能凭空发挥。写作者在分析、概括、提炼、加工给定材料的基础上，以材料为基础和依托，以部门的工作人员或岗位上的负责人的"虚拟身份"为写作的出发点，借助自身的社会实践经验或生活体验，在理解分析给定材料的基础上，发现和界定问题，进行评估或权衡，提出解决问题的方案或措施。

三、申论写作的准备

（一）熟悉理论，关注社会热点

公务员作为政府管理部门的工作人员，必须对当前国家发展的指导思想和中心任务具有深刻的理解，政治理论素质是公务员的基本素质之一。申论考试首先是对考生政治理论素质的考查。申论是针对特定事实，概括事实、分析原因和提出对策的文体。对特定事实和实际政策的熟悉程度决定了申论的成功与否。其中的"特定事实"无非就是社会生活中存在的热点现象和问题，其应对方案无非就是各类媒体在现实生活中竞相报道的内容。能在平常的生活中注意积累，准确领会各种热点理论，密切关注社会热点，对于申论考试来说，显然会有事半功倍的效果。因此，要培养对热点问题的敏感性，尤其是对热点问题的现状、根源和应对措施保持足够的敏感。充分掌握热点理论和问题对于快速吃透材料是非常有帮助的。如某一次的国考申论，表面上看是在考海洋问题，但实际上考的是科学发展观。在这次考试中，考生只要抓住了科学发展观这个宏观主题，抓住了科学发展观的内涵，抓住了科学发展观的根本方法是统筹兼顾，进而抓住生态文明的本质，即统筹人与自然的发展，统筹生产发展、生活富裕和生态文明，就能做到"兵来将挡，水来土掩"，所有题目都会迎刃而解。必须强调的是，对于理论和热点的掌握，要以理解和领会为主，绝不能死记硬背，绝不能将其当成现成的答案顶礼膜拜。

（二）运用主流媒体，认真储备资料

《半月谈》和《理论热点面对面》是参加申论考试的必备资料。《半月谈》是新华社主

办的一份理论刊物，紧贴热点理论和热点问题，便于携带，内容丰富，通俗易懂，非常适合申论备考。尤其需要指出的是，《半月谈》每期的开篇文章《半月评论》大多具有重要的借鉴价值和模仿价值。《理论热点面对面》是中共中央宣传部理论局组织编写的通俗理论读物，也是非常好的备考资料。《理论热点面对面》在内容上，不仅直面现实问题，而且对干部群众普遍关心的理论热点和难点进行了深入浅出、通俗易懂的解答。在形式上，图文并茂，生动活泼。该书是一部经过精心策划、精心撰写、精心设计、精心编排的高质量理论读物，说理透彻，可读性强，是准备申论考试的重要辅助材料。需要强调的是，使用这两种通俗的理论读物一定要目的明确，具体来说有三个目的：第一是培养分析问题的习惯；第二是拓宽理论视野；第三是提高语言表达能力。

中国政府信息网、人民网、新华网、公务员考试网等都是很重要的网络资源。另外，也可以到一些论坛上去浏览，不过一定要擦亮眼睛，保持清醒的头脑，用批判的眼光去看论坛上的信息。如果考生缺少辨别力，那么论坛的副作用要远远大于其正面的、积极的作用。

此外，对近几年来中央政府和报考所在地政府的重要文献也要了解。准备申论考试必须对政府工作报告和报考所在地的政府工作报告等党和政府的文件报告有一定的了解，从根本上对党和政府的大政方针有一定的认知。

如果条件允许，每天要坚持观看"新闻联播"和"焦点访谈"，坚持收听中央人民广播电台中国之声（FM106.1）。"新闻联播"是中国最权威、收视率最高的新闻栏目，要关注"新闻联播"对这些热点问题的定位和定性，这对写作的立意非常有帮助。"焦点访谈"节目的编辑思路就是写申论的思路，包括问题、起源、原因、对策，二者在逻辑上是完全一致的。中央人民广播电台中国之声信息量非常大，并且有很多深度的点评。

（三）练习修改文章，积极培养语感

申论语言一定要规范，避免大白话或者杂文式的语言。申论文章作为官样文章，有其特定的文体特征、逻辑结构和语言表达。对于考生来说，尤其是理工科背景的考生，在短时间内把握申论文章的结构比较容易，但要在短时间内掌握申论的写作规范则有一定难度，而最大的困难就在于规范的语言表达。通过短期的培训，写作能力是很难提高的，这是因为写作有一个语感的问题。语感的形成不可能立竿见影，需要一个长期的积累过程。因此，我们建议要像学习英语一样学习申论语言，通过熟读、甚至背诵《半月评论》等申论写作范文达到培养语感的目的。背诵文章、培养语感应该从修改文章做起。首先是要学会修改文章，由修改到背诵。这个很重要，先不要尝试着去背诵。在阅读过程中，会收集到各种各样的文章，要先按照申论的规范的格式把它修改成范文，然后再背诵。在这个修改的过程中，你的语言水平实际上就已经有所提高了。

（四）反复研习真题，努力形成题感

勤奋是突破申论考试的必要条件。因此在备考中，一定要注意多加练习。练习什么？练历年真题，不论姓"国"姓"地"，只要是真题就去做。为什么呢？有两个原因：一是

真题无论是主题的选择、材料的筛选，还是题目的设计都是经过命题专家反复讨论和推敲出来的，非常严谨，答案和材料有极强的对应性，基本上不会有歧义，而且在解题上有技巧可循。二是各地真题考查的内容有可能是重复的。地方考过的不代表国考不考，国考考过的不代表省考不考，有的时候这个省考了，不等于那个省不考。例如，文化遗产保护、社会保障、群体性事件、食品安全、中国式现代化这些热点都是各省多次考查的重点。有时，地方考试的主题比国家考试的主题有超前性。

说到真题就涉及真题的答案。必须明确，申论是主观性考试，不可能有绝对正确的答案。这就是为什么国家不公布答案的原因。由于人们的认知水平和认知角度的差异，只要是答案就会有争论，就有可能存在仁者见仁、智者见智的情况。因此，想找到毫无争议的答案基本上是不可能的。那么，这是不是意味着申论就没有标准答案了呢？当然不是。阅卷时的参考答案就是我们的标准，就是练习的准绳。事实上，现在的真题资源是非常丰富的，练真题就足够了，不要做过多的模拟题。模拟题往往是粗制滥造的，做多了就容易误入歧途。另外，需要强调的是，真题一定要精做。精做就是要按照考试的要求把题目的答案写出来，而不是只动脑，不动手，那样做是没有任何效果的。

另外，每周要模仿《半月评论》坚持写 1~2 篇关于热点问题的小评论，这是积累热点问题、锻炼写作能力的最好方法。练笔时，一定要注意把问题的表现、根源和对策清晰地写出来，否则，练笔就没有意义了。

四、申论写作的技巧

（一）仔细阅读题目和材料

在开始写作之前，仔细阅读题目和给定的材料，理解问题的要求和背景信息。这有助于明确文章的主题和重点，确保自己的回答与题目要求相符。可以先快速浏览一遍材料，然后再从材料中寻找、概括、提炼所涉问题的重点。在阅读的过程中标出材料中的主要词句。主要词句一般不包括具体事例或数字，也不包括直接阐述内容的语句。将标出的句子再进行分析，去除限定性的语句，只留下其主干成分。用通顺的语言把留下的语句组织起来，这就是全文所反映的主要问题。吃透材料，阅读之前要有问题意识，要把分散的东西看成是一个整体。不论考试题目有什么要求，总是离不开三个问题：原因、现状、对策。

（二）分析问题

在理解题目和材料后，对问题进行分析。确定问题的关键要素、影响和潜在解决方案。这有助于组织文章结构和展开论述。因果分析是最常用的方法，在寻找原因的过程中要善于运用辩证思维分析。从客观实际出发，用发展的、联系的眼光看问题，坚持重点论和两点论。如内外因分析，要注意内外因互相依存，并可以在一定的条件下相互作用和转化；如利益分析，即主体分析，其前提是只有找到利益主体，才能明确各方的利益需求，从而找到满足不同主体的合理利益需求的途径，最终解决社会矛盾。要多角度分析，如政治、经济、文化、社会、历史、现实、内在、外在，尽可能全面到位。还可以运用 SWOT 分析，即优势、劣势（企业具备的）、机遇、威胁（企业可能有的）。

（三）制定提纲

根据分析结果，制定一个提纲。提纲有助于组织思路，明确文章的结构和内容。确保提纲涵盖了文章的引言、主体段落和结论。在制定提纲之前，首先明确文章的主题和立场。主题应该与给定的题目相关，立场应该明确、一致，并在文章中得到充分的论证。根据主题和立场，列出文章的主要观点和子观点。根据主要观点和子观点，安排文章的段落结构，为每个段落确定一个主题句。在段落之间使用过渡句或过渡词，使文章的逻辑结构更加清晰。在结论部分，总结文章的主要观点，重申立场，并提出建议或展望未来。结论应该简洁明了，具有总结性和前瞻性。在制定完提纲后，仔细检查提纲的逻辑结构和内容是否合理。如果有必要，可以进行修改和调整，确保提纲能够有效地指导文章的写作。

（四）引言

在文章的开头，撰写一个引人入胜的引言。引言可以引起读者的兴趣，介绍文章的主题，并简要概括观点和立场。引言的方式千变万化，但最关键的就是要把文章的主题简洁完整地展现出来。

（五）主体段落

这是文章的核心部分，用于详细阐述观点。每个段落应该有一个明确的主题句，支持论点，并提供相关的证据和事例来加强论述。确保段落之间的过渡自然流畅。主题句应该简洁明了地表达段落的主要内容和观点。在每个段落中，组织相关的论据和事例来支持主题句。

（六）使用恰当的论据和事例

在论证过程中，使用恰当的论据和事例来支持论点。论据可以包括事实、数据、专家观点、案例研究等。事例应该具有代表性和说服力，能够有效地说明论点。从整体上把握，从所获得的不同观点中选取最深刻的，最具有现实意义的，最有利于自己发挥的一个作为论点。论点要有政治高度，能看到事物本质，有预见性，且要立场正确，态度鲜明。

（七）注意语言表达

使用准确、简洁、清晰的语言进行表达。避免使用模糊、含混或冗长的句子。注意语法和拼写错误，并确保文章的逻辑连贯。

（八）结论

在文章的结尾，撰写一个简洁明了的结论。结论应该总结文章的主要观点，重申立场，并提出建议或展望未来。评估对策的科学性和有效性，当反映的问题有很多时，只有根据题目给定的角色，抓住一条主线，从不同的角度出发，才能提出标本兼治的方案。落实对策的可行性，方案要能解决现实社会中存在的问题，由谁执行，执行步骤有哪些，怎样去执行，何时执行，在什么条件下执行，总之，要通盘考虑，尽量克服与之相悖的因素，切忌脱离实际，坐而论道。此外，对策要符合政府部门的职能并且一定要合法。

（九）校对和修改

完成初稿后，仔细校对文章，检查语法、拼写和标点错误，确保逻辑清晰、论述充分。

（十）练习和反馈

多进行申论写作练习，提高写作能力。寻求他人的反馈和建议，了解自己的不足之处，并不断改进。"他山之石，可以攻玉"，所以在备考的时候一定不能闭门造车。

练习园地

请指出下面学术论文的写作特点，你能得到哪些启示？

题目为《文学作品中的"小世界"——菲茨杰拉德小说人物关系网络的实证分析》，这篇学术论文本质上是一个文学作品研究，但是这篇论文所用的方法，并不是常见的文学研究的方法，而是网络分析的方法。近几年来网络分析是经济学、社会学等学科中使用频率比较多的一种研究方法，但实际上这篇论文就是一篇文学研究的文章，只不过是借鉴其他学科的研究方法分析了这部文学作品，因此比较新颖独到。

另一篇题目为《人类大脑容量及语言进化的分子生物学证据与质疑》，是一篇跨度非常大的学术论文，横跨了人文科学与自然科学。这篇论文的研究对象是人类大脑的容量，属于生物学的问题，也有心理学的问题，还有一个研究对象——语言进化，这属于语言学的问题。文章主要是从分子生物学的角度，给前面的问题提供证据和质疑，最后得出研究结论。

下面是依据所给材料写成的一篇申论文章，请找一找文章是从哪几个方面阐述问题的？

弘扬传统节日文化，增强民族自信

每年圣诞节前后国内的酒店、商场纷纷推出名目烦多、价格不菲的庆祝活动或商品，这让国内老一辈人有些不安。到底应该过什么节日、节日怎样过引发了人们一系列的思考，网上的讨论也非常多。

弘扬中华民族的传统节日，增强民族自信已经成为国人关注的问题。这不仅仅是过什么节日、节日怎样过的问题，还关系到对年轻一代民族自信心的培养以及传承中华民族传统节日文化的问题。如何让更多的中国人乃至全世界深深地感受中华民族传统节日文化的魅力呢?

（这是依据所给材料写成的一篇申论文章。标题揭示文章的主题。背景材料交代了事情的原委。前言高度概括了背景材料，提出全文的中心论点，点明主旨。）

首先，中华民族传统文化源远流长，数千年的民族传统文化的积淀，形成了我们独具特色的传统节日文化。许多节日表达着中国人民对未来美好生活的向往，抒发着中华儿女的特殊的情怀，成为代代相传的情感纽带，彰显着我们民族文化的内涵。这些节日文化也为全世界带来了非常大的影响。

（主体：具体分析"传统节日文化，增强民族自信"的深刻内涵，以及带给全世界的重要影响。）

其次，节日文化不是简单的休几天假，或吃几种美食，它是中华民族文化认同感的充分体现，是全世界对于这一国家、这一民族认同感的重要体现，也是国人团结一心，共创家园的凝聚力的体现。

再者，中华民族的复兴包括文化复兴，文化复兴也包括节日文化的传承与复兴。在对节日文化的传承与复兴中，更能培养民族的自信心。为此，政府也出台了相应的措施与办法，对弘扬传统节日文化，增强民族自信起到了积极的作用。

从国务院办公厅关于节假日的放假通知中，我们不难看出政府对节日的重视程度，清明节、端午节、劳动节、国庆节、中秋节、春节等都有了明确的放假规定，从法律、法规的角度保护公民的休假权，中央电视台以及省级电视台也为传统节日安排了特定的节目，挖掘传统节日的文化内涵，聘请文化学者讲授节日历史文化知识，弘扬中华民族的传统文化，让人们感受中华民族节日文化的魅力，提升了传统节假日的影响力，有助于中华民族传统文化的兴盛与流行。

（从另一个侧面揭示传统节日文化，对一个民族的重要意义。挖掘深刻意义，针对性强、具体翔实。过渡句承上启下。结合自身感受对材料进行整合、发挥，展现出良好的文化底蕴及论证的逻辑性。）

倡导过中国的传统节日并不是拒绝或反对国外的"洋节"，无论国内的节日还是国外的节日，我们要本着"取其精华，去其糟粕"的原则，保持与时俱进，尊重传统，在以中华民族传统节日为载体的基础之上，重视节日文化内容与形式的创新，将更多的欢乐融入我们的节日中，让全中国人民乃至世界人民，共同感悟中华民族健康、积极向上的节日文化，自信满满地过好每一个属于我们自己的节日。

（结尾：站在一定的理论高度对此类事件进行总结。畅想未来，升华主题。）

1. 什么是学术论文？
2. 学术论文的组成部分有哪些？

3．你认为在撰写学位论文的过程中哪一方面最重要？为什么？
4．申论写作的前期准备有哪些？

依据自己的专业和兴趣，尝试撰写一篇学术论文的写作大纲。

第六章 新媒体写作

（1）了解策划案的基本概念；
（2）学习撰写校园活动策划案；
（3）学习撰写广告文案。

网络时代，人们的思维模式、语言表达、审美水平、行为习惯、生活方式都随着互联网的发展而变化。在新的时代背景下，受到传播媒介的影响，写作方式也产生了重大的变化。新媒体文案写作主要包括活动策划案、广告文案、公众号推文、自媒体文案、微博文案、朋友圈文案等。本章主要介绍活动策划案、广告文案以及公众号推文的写作方法和技巧。

第一节 活动策划案

一、活动策划案的概念

《孙子兵法》中提道："夫未战而庙算胜者，得算多也；未战而庙算不胜者，得算少也。多算胜，少算不胜，而况于无算乎！吾以此观之，胜负见矣。"在开战之前，指挥官就要提前进行谋划，思量计谋，安排实施，这样才可能取得战役的胜利。同样，对于各类活动而言，都应该经过预先策划，策划对于活动的成功与否至关重要。活动策划是活动主办方为了达到活动的目的，对整个活动的创意、主题、时间、地点、环节、预算等进行精心设计、系统安排、周密组织的过程，以确保活动的顺利进行，达到活动成功的目的。活动策划案是活动策划创意与策划行动方案的书面表达，它是策划成果的最终表现形态，其作用是将策划思路与内容客观、清晰、生动地呈现出来，并高效地指导实践活动。活动策划案具有实用性、预期性、内部性等特点。

二、活动策划的基本原则

第一，目标导向。活动目标是活动策划的出发点和终点。活动前进行市场调研，活动创意、主题、内容、形式的调研应围绕活动目标展开，从目标发散，再收敛。到了活动执行阶段，活动前要进行预热，以吸引目标人群；活动中，要充分展现活动主题；活动后，要宣传活动，总结活动，这都是为了表现和传达活动目的，实现活动目标。

第二，客户导向。在策划前，要明确活动的目标受众，调查研究目标群体的基本信息（年龄、性别、地域等）、心理特征（兴趣、喜好、需求、认知特点、情感表达等）、行为方式（习惯、使用 App、活动的场所、消费行为等），完成目标受众的群体画像。同时还要进入目标群体的社交圈，加强连接，通过社群的方式吸引更多的目标群体来了解活动信息并参与到活动中。

第三，创新导向。在活动创意阶段，策划人员通过新颖的活动构思，对活动主题、活动内容、活动方式进行创新性设计。有创意的活动策划才更能吸引目标人群的兴趣，增强活动的效果，更好地达到活动的预期目标。创意活动策划要求围绕活动目的展开，要抓准热点，注入新鲜的元素。活动内容新鲜，活动方式新颖，拥有独特的活动亮点，形成特色化和差异化的活动，这样才会让人忍不住驻足围观。

第四，实践导向。这要求活动策划方案要具有可操作性和可执行性。活动策划人员围绕活动目标进行活动创意，再将崭新的活动创意转化为可执行的方案，最后交给相关人员落实执行。活动设计的方案要有明确的执行程序和步骤，详细的任务描述，周密的工作安排，合理的人员保障和物资供应，可衡量的绩效指标和监测反馈机制。

三、活动策划案的要素

1932 年，美国政治学家拉斯维尔提出"5W1H 分析法"，即"六何分析法"，后来人将其运用于活动策划中，并经过不断地运用和总结，逐步形成了一套较为成熟的活动策划"5W2H"模式。

Why——为什么？为什么要做策划？活动的依据、目的是什么？

What——是什么？活动的主题、方式、内容是什么？

Who——谁？活动的主体、客体、相关人员是谁？

When——何时？活动开展的时间是什么时候？持续多久？办几次？

Where——何处？活动的场所在哪里？

How——怎么做？活动的具体流程是什么？如何实施？如何宣传？

How much——成本是多少？活动的预算是多少？活动的效果如何？

将"5W2H"模式的思考方法，与活动策划案的基本要素进行一一对应，如图 6.1 所示。利用这种思考方法，可以较快形成一个活动策划案的基本雏形，以提高活动策划案写作的效率。

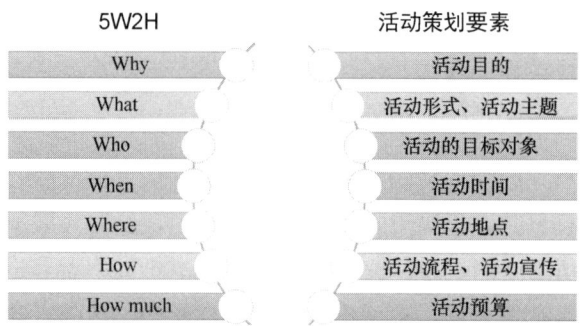

图 6.1 "5W2H"模式与活动策划要素对应

(一)活动目的

活动策划首先就要明确活动目的,活动目的是活动价值的体现,一切活动设计都是围绕活动目的展开的。一般来说,活动策划有三个目的:强化大众传播、达成营销目的、发挥公关职能。活动目的的表述要求语言简洁明了,清楚说明活动的核心构成和独到之处。

活动目的与活动目标不同,活动目的比较宏观、抽象,是活动普遍性的、统一性的、终极性的宗旨或方针;活动目标则比较具体、微观,是活动特殊性的、个别化的、阶段性的追求或目标,往往是清晰的、可量化的指标,由确切数据的形式呈现,活动目的与活动目标的表述差异如表 6.1 所示。

表 6.1 活动目的和活动目标的表述差异

活 动 目 的	活 动 目 标
推广品牌	增加 100 万次品牌曝光
提高产品销量	将公司产品销量提升到 2000 万元
增加公众号粉丝	增加 10 万的公众号粉丝

例如,2021 年世界互联网大会乌镇峰会的活动目的:通过世界互联网大会的举办,搭建中国与世界互联互通的国际平台和国际互联网共享共治的中国平台,让各国在争议中求共识,在共识中谋合作、在合作中创共赢。

又例如,"麦当劳椰子系列,第二份半价公关宣传"的活动目标:通过在麦当劳各大门店、媒体平台和社交网站的宣传、促销活动,提高麦当劳"灰小椰"冰激凌的认知度,并以第二份半价活动增进消费者对"灰小椰"产品的购买。通过后续的公共关系活动,引起年轻人的共鸣和响应,使消费者感受到麦当劳打造的欢乐、分享场景。

(二)活动形式

活动形式要新颖、有创意,要具备互动化、社群化的特征,符合目标受众的人物画像,能实现活动目的。

线上活动有着成本低、传播快、互动性强、精准性强等优点。以"微信"为代表的社交平台活动包括投票活动、产品分享活动、优惠活动、积攒抽奖活动、留言点赞活动、扫描二维码活动。以"微博"为代表的新媒体活动包括问答互动型、话题讨论型、趣味游戏型、表决型、惊喜型、悬念猜测型、悬赏型、推动型、转发评论抽奖等活动。如 2022 年 3 月 1 日，魔方严选在其企业微博上发布一条招聘式抽奖，以简单的内容，戳中"打工人"的情绪，引发消费者的情感共鸣，吸引目标人群的眼球，短时间内这条微博被迅速浏览、转发，仅以 5 万元成本，实现了转发 220 万，评论 63.9 万、点赞 61.6 万，3 天涨粉 200 多万的效果，活动截图如图 6.2 所示。

图 6.2　魔方严选的招聘式抽奖活动截图

曾经在互联网上爆火的"ALS 冰桶挑战赛"（ALS Ice Bucket Challenge），是一项在互联网上举办的公益活动，活动规则是活动参与者在网络上发布一个自己被冰水从头顶浇遍全身的视频，然后便可以指定其他人来接力这一活动。被指定者要在 24 小时内完成挑战，如果不能完成则要为对抗"肌萎缩侧索硬化症"捐出 100 美元。该活动旨在让更多人知道被称为"渐冻人"的罕见疾病，同时也达到募款帮助治疗的目的。富有创意的活动形式和公益成分的叠加，使冰桶挑战在互联网上呈现病毒式传播之势，迅速席卷全球。

线下活动需要从消费者的核心利益出发，满足消费者的实际需求与心理期待。常见的活动形式有出游、参观、徒步、晚会、沙龙、论坛、环保活动、体验课堂、知识讲座、各类比赛等。例如，近年来比较流行的城市定向赛，是一项集体育健身、休闲娱乐、趣味挑战为一体的运动活动，它融合了城市形象、经济、文化及旅游等各方面元素，是大型户外全民健身赛事，不仅满足了民众运动健身的生活需求，还推动了城市体育产业和相关产业融合的发展，成为推动城市全民健身、改善城市形象、促进城市经济及城市文化发展的重要动力。

（三）活动主题

活动主题应紧扣目的，与目标对象的需求保持一致，用明确的信息点亮用户的活动预期，这是活动创意的体现，并贯穿于活动的整个过程。提炼活动主题，进行富有创意的表达和设计，要求活动主题易理解、有趣味、能共鸣，语言方面简洁明了，朗朗上口，易于

记忆传播，用活动主题向目标对象表达明确的信息。

（四）活动的目标对象

活动的目标对象是活动的真正主体，活动策划者要清楚活动面向的对象，了解活动对象，对活动对象进行有效的、全方位的分析，找到目标对象真实的需求点，有的放矢，做属于目标用户的活动。通过对目标对象进行基本的信息采集，包括年龄、性别、行为习惯、心理特征、社会关系、消费水平等，再进行分析，为用户打上专属标签，构建目标对象的用户画像，结合活动目的，打造满足目标对象需求的利益点。

（五）活动时间

活动时间是活动实施的具体时间与日程。选择恰当的活动时间可以对活动起到良好的助推作用。活动的具体时间和持续时间主要考虑节假日、气候、时段等，还要关注活动目标群体的作息时间与生活习惯。如果是上班族，则应避开工作日，而选择周五晚上或周末，持续时间可适当延长；如果是学生群体则要选择学生的公共活动时间，不要安排在学生上课或考试时间，持续时间不宜过长；如果是孩子，还应该考虑到家长是否方便，时间不宜过早或过晚，持续时间以两个小时为宜。另外还应考虑活动嘉宾、天气状况等因素，灵活安排活动时间。活动时间计划越详细越好，这样有利于活动进度的管理。活动时间计划一般包含活动预热阶段、活动进行阶段、活动宣传阶段等。策划实施时间点可以直接以表格形式的日历来呈现，活动时间计划表如表 6.2 所示。

表 6.2 活动时间计划表

阶段	内容	负责人	1	2	3	4	5	6	7	8	9	10	11	12	13	14	15
活动预热阶段		××	■	■	■	■	■	■	■								
活动进行阶段		××								■	■	■	■	■	■	■	
活动宣传阶段	微信	××															
	微博	××															
	小红书	××															
	抖音	××															
	今日头条	××															

（六）活动地点

活动地点的选择不仅会影响活动的吸引力、活动的效果，还可能会影响活动是否能成功举办。按照开展活动的场地不同可分为线上活动和线下活动。线上活动依托于互联网，往往在官网、App 应用、第三方软件平台上进行，如微信公众号、微博、各大短视频平台、交友平台等。线下活动场地往往在目标群体聚集地、交通便利的公共场合，场地规模的选择则根据客户需求、活动主题、预估人数、活动费用而定。

（七）活动流程

活动流程是活动安排的具体内容，是具体的行动方案，是影响活动能否顺畅执行的关键。活动流程方案要简单、细致、全面、周密，逻辑性强，操作性强，同时又不乏灵活性。活动流程中需要确定活动的详细实施步骤、具体推广渠道、明确的人员分工等。简而言之，写清"先做什么，后做什么"。除了用文字表述，适当加入流程图表等，对策划的各工作项目，应按照时间的先后顺序排列，绘制实施时间表有助于方案核查。人员的组织配置、活动对象、相应权责及时间地点也应在这部分进行说明，执行的应变程序也应该在这部分进行考虑。活动流程的设计要围绕活动目的展开，使所有的活动创意都能够实现，并配合以具体的地点、时间，确保活动的可落实、可执行。因此，在活动前，策划人员还有必要对活动进行预演，找出活动执行过程中可能存在的问题，修订活动方案，并提出解决的预案。

（八）活动宣传

活动宣传是实现活动效果的关键环节。活动宣传可以把活动相关信息传递给目标对象群体，吸引目标对象群体参与，吸引媒体的关注，为活动造势。一般的活动宣传形式包括线下与线上两种，常见的线下活动宣传方式包括海报、横幅、宣传单、展板、活动路演等，线上活动宣传方式包括微信、微博、抖音、小红书等各大新媒体平台。

（九）活动预算

活动策划者需要清楚一次活动需要的大概成本花费，并制定费用预算表提交给甲方，以获得活动资金。活动经费预算的原则是"用最少的钱，做最好的效果"。活动预算一般包括：物料费用、礼品费用、人员费用、宣传费用、场地费用等。活动预算要有理有据，细致全面，简单明了，越准确越好。通常根据活动需要的费用列出具体详细的价格清单表。

四、活动策划案的结构

活动策划的基本要素包括"5W2H"，但是在实际的活动策划案写作中并不是统一固定的格式，而是要根据不同的活动目的、活动形式、活动目标对象、策划案阅读对象等而有所侧重地表现。活动策划案写作的本质是将活动的创意构想以书面的形式表达出来，具体形式以文字为主，图表为辅。一般来说，活动策划案的结构主要包括三个部分：封面、正文、附录。

（一）活动策划案的封面

给活动策划案制作一个简洁美观的封面，可以让甲方在拿到活动策划案时就对活动的形式与内容有了初步的了解，并留下深刻的印象，从而达到接受活动策划案的目的。封面的设计原则是内容与美观兼具。封面内容包括活动标题、活动的主办方及承办方、策划人员、策划完成日期、策划适用时间。封面的设计原则是醒目、整洁、美观，切忌花哨。

（二）活动策划案的正文

1. 目录
2. 前言

前言是策划的背景、目的、意义及宗旨，内容应简明扼要，让人一目了然。具体内容包括简单交代开展活动的原因，即活动产生的背景、活动的重要性和必要性；策划活动过程的简要介绍和活动执行要达到的理想状态的简要说明；简述活动开展的环境特征，主要考虑环境的内在优势、弱点、机会、风险等因素。如果是营销类活动则一般要进行营销环境分析、消费者分析、SWOT分析等市场分析。

3．活动策划内容的详细说明，包括活动主题，活动形式等。

4．活动的具体行动方案，包括活动具体的流程、实施的步骤、活动时间、活动地点、人员分工、活动宣传、活动经费预算等。

5．活动的期望效果与预测效果。

6．其他注意事项。

（三）活动策划案的附录

1．参考文献与案例

2．活动预案

3．其他相关事宜

五、活动策划案写作的注意事项

一个好的活动策划案想要取得预期的活动效果，往往需要一个逻辑畅达的方案、一个吸引眼球的创意，因此活动策划案的写作要做到"逻辑与创意"并行。

（一）突出重点，要有可操作性

活动策划案既要达到活动目的，又要抓住目标群体的需求，还要具有可执行性。这就要求活动策划写作要做到以下几点，首先主题单一，突出重点。一次活动只传达一个最重要的信息给目标群体，以充分吸引受众的关注；其次活动策划要周密思考，详细具体。活动方式、时间、地点、人员、流程等方面应尽量做到安排周全；最后语言表达要简单明了，通俗易懂。

（二）突出创新，要有"亮点"

活动策划要有创意，要有"亮点"。把活动中最有价值的东西挖掘出来，抓住目标群体的深层需求，优化活动内容，这样才能吸引目标群体的关注，提高目标对象的参与意愿。

第二节 广告文案

一、广告文案的概念

什么是广告？广告是社会组织为推销商品、提供服务或传播特定的理念，以付费方式，通过一定形式的媒体，广泛地向公众传递信息的宣传手段。广告的任务是有效地传达商品信息，树立良好的企业品牌和外部形象，激发消费者的购买欲望。

大卫·奥格威曾说道："广告是文字性的行业。"H·史载平斯也曾说过："文案是广告的核心。"美国权威调查机构曾经做过相关的关于广告效果的测试，测试结果表明，一篇广告 50%～70%的效果源于广告文案。何谓广告文案？广告文案是广告作品中传达广告信息的全部语言符号（包括有声语言和文字）构成的整体。它是在广告目标的指导下，提炼、组合最重要的产品或服务信息，对既定的广告主题进行原创性、艺术性的表达。广告文案的任务是有效地传达商品信息，树立良好的企业品牌和企业形象，激发消费者的购买欲望。

二、广告文案写作的原则

一般而言，广告应具备真实性、效益性、独创性等特点，这就要求广告文案的撰写也应遵循以下基本原则。

（一）真实性原则

真实性是广告的生命力所在。广告文案是对企业、产品、服务、理念的宣传，真实地表达广告内容，说服消费者产生消费行为，必须以真实性为基础。传递不实的广告内容，不仅会给消费者带来利益损失，而且对于企业来说还会面临监管部门处罚、遭受控告以及面临信誉危机。《中华人民共和国广告法》第四条规定："广告应当真实。"美国联邦最高法院规定："作为广告，它不仅每段叙述文字都应当是真实的，而且作为一个整体，广告也不应给人以误解的印象。"

（二）效益原则

广告通过广告文案进行信息传递，实现吸引受众、提升品牌知名度，说服消费者购买产品等目的。效益原则要求广告文案撰写要遵循以下几个原则：其一，简洁明了，让受众一目了然地理解广告的主旨和信息；其二，突出产品特点和优势，强调产品的功能、性能、品质、价格优势等；其三，吸引受众的注意力，关注广告内容；其四，从受众出发，针对目标受众的需求、兴趣、价值观，以引起受众的共鸣和关注；最后，呼吁行动，激发受众的紧迫感，引导受众立即采取行动，促进销售转化，改善传播的效果，实现最终的广告目的。

（三）创新性原则

广告贵在创意。广告文案的创新性指的是在广告文案的写作过程中，提炼独特的广告意念，以新颖的方式重新表达，使广告内容更具吸引力，形成独特的记忆点，从而提升广告的宣传效果。创新性要求广告文案撰写要突破创意边界，为品牌、产品带来全新的表现形式和传播方式。一方面要独创广告信息内容。在创意设想时，广告人要对广告信息、广告诉求进行提炼、联想，寻找到产品特有的信息内容。如"水"的广告文案：

- 水中贵族——百岁山矿泉水（强调产品品质高、品牌调性）
- 我的眼中只有你——娃哈哈（强调情感诉求）
- 来自阿尔卑斯山底——依云矿泉水（强调水的源产地）
- 农夫山泉有点甜——农夫山泉（强调产品清爽甘甜的口感）
- 我们不生产水，我们只是大自然的搬运工！——农夫山泉（强调与大自然和谐相处，享受自然的美好）

另一方面要创新表现形式。广告人运用新颖的广告形式或语言进行原创性、艺术化的表达。例如，不说奔驰汽车质量可靠，而说"如果有人发现奔驰牌汽车突然发生故障而抛锚，本公司将赠送美金1万元"，这是表现方式的创新。

2023年9月，瑞幸携手茅台推出酱香拿铁，运用新颖的跨界联名的方式进行创新营销，突破稀缺性白酒和年轻化咖啡的界限，成功打入年轻人的"社交圈"。简洁明了的广告文案"美酒加咖啡 就爱这一杯"迅速出圈，首日销量约542万杯，销售额约1亿元，刷新单品销售记录。

三、广告文案的构成与写作

一篇完整的广告文案，一般包含标题、正文、广告语、附文等要素。

（一）标题

广告标题是广告文案的精髓，是最夺人眼球的部分。它将广告中最重要、最吸引人的信息，以最精炼、最有创意的语言呈现给受众。大卫·奥格威曾说过："读标题的人的数量平均为读正文的人的5倍。"调查报告也表明，80%的读者都要先浏览广告标题再看广告正文中的信息。广告标题的作用在于表现广告的主题，吸引受众的注意力，引导受众阅读正文。

标题一般要求短小精悍，字数在10个字左右，标题的表现形式多种多样，并无固定样式。

1. 新闻式：用新闻报道客观陈述事实的方式，为大众提供广告信息，可以增强广告的新奇感和可信度。如：

苹果Air 创、新、薄。（苹果电脑）

2. 问答式：通过提问和回答的方式来吸引受众注意的表现形式。如：

鞋上有342个洞，为什么还能防水？ （天柏岚野外休闲鞋）

什么是佛山范儿的潮？（佛山万科）

谁为我们问诊时代？（重庆万科）

3. 悬念式：在标题中故设悬念，激发受众的好奇心，抓住受众追根究底的心理特征，促使受众阅读广告正文。如：

成都有海？！（成都某公园）

成都不卖的（金融街·融御）

没有书的图书馆（哔哩哔哩）

4．故事式：也叫叙事式标题或情节式标题，在标题中提示或暗示故事的发生和情节的展开，吸引受众阅读正文。如：

一个不识五线谱的人，弹的一手好钢琴（长城干红）

三毫米的旅程，一颗好葡萄要走十年（长城葡萄酒）

踩惯了红地毯，会梦见石板路（万科兰乔圣菲）

说不出来的故事（雷克萨斯）

5．假设式：在广告标题中运用假设引起受众的注意，并督促他们产生相关的思考和行为，据此得出结果。如：

你读《青年报》如果没有味道，请扔掉！（《青年报》）

6．解题式：将问题摆出来，直接提供解决问题的方法。问题是目标受众普遍关注、亟待解决的，解决的方法往往以品牌名称呈现，赋予品牌新的定义。如：

要想皮肤好，早晚用大宝（大宝）

怕上火，请喝王老吉（王老吉）

7．口号式：用简洁而富有号召力的口号，以格言形式来表现。如：

像哥一样享受春天（美团·酒店）

8．祈求式：以温婉的口吻规劝目标受众使用自己的产品的一种方式。如：

好吃你就多吃点 （福建达利食品）

（二）正文

正文是广告文案的主体部分，承接标题，呈现完整的广告信息，营造氛围，详细阐述和说明广告的诉求重点，并为诉求重点提供更丰富的信息佐证，让受众更容易理解和信服广告，最后还要号召受众采取行动。广告贵在创意，创意不同的正文，表现形式也丰富多样。

1．客观直陈式

广告文案的正文可以直接陈述事实或者表达观念，也可以引用权威证言和消费者证言、列举单个消费者的使用经历和消费者的反应等。如：

玄武钢化昆仑玻璃，超抗刮超坚韧。超可靠玄武结构，周全守护，尽享从容。（华为Mate60 RS 非凡大师）

广告文案直接陈述产品卖点，超可靠玄武结构，全方位的防护，突出新一代华为手机更耐摔、更耐用、更抗刮等特点。

2．主观表白式

正文以广告主的口吻展开诉求，在文中使用了"我们……"的表述。这样的广告文案在表述企业观点、态度和产品服务优势等方面具有很好的效果。如：

在我们眼里，孩子们个个了不起。

每一个孩子都是充满潜力的。我们相信，只要因材施教，他们就能让梦想起飞，成就非凡未来。正是这种无限的潜力，让我们惊叹不已，也激励我们努力不懈，开发合适的软件，帮助他们实现摘星的梦想，做个了不起的人。（微软全球形象推广《在我们眼里 孩子们个个了不起》）

微软全球形象推广强调孩子们了不起的梦想，微软的角色在于开发合适的软件助力孩子们成长，挖掘孩子们的无限可能，帮助他们实现自己的梦想。

3. 代言人式

刚出道的时候，最激动就是参加颁奖礼。坐在台下看那些取得非凡成就的前辈举起奖杯，那一刻，心里羡慕极了。于是，几十年职业生涯里，我不停地对自己说：要做，就做到极致。终于一步步，有机会和他们并肩站在一起。再后来，舞台变得越来越大，接触的人也越来越多，我发现各行各业里都有这样的人。非凡，是他们共同的信仰。非，是不断地舍弃、否定、坚持创造的能力；凡，是认真、踏实、勤奋、不断前行的勇气。在向信仰无限趋近的路上，他们总是选择那些少有人行的道路。于是也一次次站上那些人迹罕至的高度，走在时代的前沿，也在潜移默化地用东方文化改变着时代。我尊敬这样的人，我愿意成为这样的人。当人们谈起这个时代的非凡大师，我希望，有我们的名字。（刘德华代言华为 Mate 60 RS 非凡大师）

这段文案反映了刘德华对于"非凡大师"的理解和追求。他自己在演艺生涯中，不断追求卓越，最终成为行业中的佼佼者。刘德华的代言不仅体现了华为的品牌精神，也传递了一种坚持不懈、追求极致的精神。

4. 独立式

以虚构的人物或者广告中角色内心独白的方式展开诉求。这种形式不直接向诉求对象说话，而是让独白者回忆自己的经历或者表达自己的观点，抒发感情。在文案里，表现独白者鲜明的个人色彩和个性特征，从而引起消费者的内心共鸣和情感响应。

5. 对白式

通过广告中人物的对话与互动展开诉求，这是一种通过模拟真实对话的方式来与用户进行互动，以引发用户共鸣的广告文案形式。如：

"为什么，电影里的人总是话说到一半就死？"

"为什么，想事情时要托着下巴？"

"为什么，一分手就要下雨？"

"为什么，老婆永远是对的？"

"为什么，弹吉他就要甩头？"

"为什么，打哈欠会传染？"

"为什么，人经过镜子就要照呢？"

"为什么，看到喜欢的人会脸红？"

"那为什么买正品就要上天猫啊？"

"真的，没有为什么。天猫品牌旗舰店，官方正品。"（天猫《十万个为什么》系列短片）

天猫以对白式的方式，罗列了一些生活中司空见惯但让人费解的现象，对此进行探究，挖掘表象背后隐藏的真相。通过日常场景，以对话的方式，使受众代入情境之中，唤起共鸣，一起思考问题。当受众都在渴求答案时，天猫猝不及防地亮相了，将品牌的主打优势传递给受众，制造了出其不意的效果。

6. 故事式

广告文案的正文通过讲故事，塑造鲜明的人物形象，让企业、产品或者服务在故事中扮演重要的角色，在故事中将广告诉求以合情合理的方式展现并传达给受众。有故事感的文案更强调用户感受，注重场景和生活化的描述，这样更能抓住受众的痛点，激发受众情绪。如：

"记得第一次溜索，吓得我眼睛都不敢睁，现在熟练多了，全程不闭眼！"——云南怒江泸水站配送员 朱坤陶

"沙漠里虽然风沙大，但特别有意思，同样一条路，今天看到的沙丘，明天可能就没了。"——内蒙古阿拉善左旗配送员 陈国栋

"一直听说，这山里有个千年古庙，庙里只有一位老僧，送完货才知道，我送的竟然是千年第一单。"——安徽宿州符离集站配送员 黄长远

京东"红的故事"讲述了这个世界上平凡而伟大的故事，致敬在平凡岗位上默默坚守的一线配送员。这抹红不只是品牌的象征，也寄托着每个人的情感，与每个人的生活息息相关。

（三）广告语

广告语即广告口号，是指为了加强诉求对象对企业、产品或服务的印象而在广告中长期、反复使用的简短口号性语句。它是企业提供的品牌、产品、服务、理念的统一概括，是企业的标志，可以长期使用，具有一定的稳定性。

1. 广告语的内容表现。广告语一般选择广告主体的最突出特征，或者能体现广告主体的关键观念，或者能与受众产生情感共鸣的内容。

（1）展示产品最突出特征，如：

高德地图，哪儿都熟！（高德地图）

腾讯会议，会开会（腾讯会议）

随时随地，发现新鲜事（新浪微博）

就是歌多（酷狗音乐）

（2）强调产品的功能效果，如：

充电5分钟，通话2小时（OPPO手机）

三棵树，马上住（三棵树漆）

有问题就会有答案（知乎）

困了、累了，喝红牛（红牛）

（3）明确品牌定位，如：

国酒茅台，香飘世界（茅台）

今年过节不收礼，收礼只收脑白金（脑白金）

你的生活指南（小红书）

（4）体现广告主体的关键观念，如：

自律给我自由（Keep）

多·快·好·省（京东）

一切皆有可能（李宁）

（5）刺激消费者产生消费行为，如：

上天猫，就购了（天猫）

都是傲骄的品牌，只卖呆萌的价格（唯品会）

（6）与受众产生情感共鸣，如：

看见更大的世界（今日头条）

因爱而生（强生）

人头马一开，好事自然来（人头马）

2．广告语的设计原则

（1）简洁凝练：抓住重点，言简意赅，一般以6～12个字为宜。

（2）明白易懂：清楚简单，用字浅显，易于理解，形成社会流行语，成为时尚话题。

百度一下，你就知道（百度）

你是我的优乐美（优乐美）

下雨天，巧克力和音乐更配哦！（德芙）

（3）朗朗上口：语句流畅，易于传播，注意语言、语调、音韵的搭配。

别赶路，去感受路（沃尔沃汽车）

好空调，格力造（格力）

（4）新颖独特：形式独特，采用修辞，表达方法别出心裁。

它就像孩子，你无法了解直到你拥有（比喻）（保时捷）

会呼吸的纸尿裤（拟人）（帮宝适）

此时无形胜有形（仿词）（博士伦隐形眼镜）

溜走的是岁月，沉淀的是经典（对比）（奔驰）

喝汇源果汁，走健康之路（对偶）（汇源果汁）

车到山前必有路，有路必有丰田车（顶针）（丰田汽车）

中国平安，平安中国（回环）（平安保险）

美的空调，美的享受（双关）（美的空调）

(四) 附文

主要用来交代购买商品或获得服务的方法,还包括权威机构的证明、企业的名称与标志等。

第三节　公众号推文

新媒体时代下,微信作为拥有超过 10 亿用户的社交媒介,已经成为人们获取信息、传播信息的重要渠道。无论对于企业、媒体还是个人,公众号都具有重要的意义和价值。企业借助公众号建立官方渠道,通过网络推文推送信息,传播企业文化、产品、服务和理念,与消费者及时互动,提高品牌的知名度和美誉度;媒体通过公众号发布新闻、文章、评论等,与受众进行互动,达到引导受众和宣传的目的;个人通过公众号可以分享个人观点和经验,与他人形成有效的社交互动,使自己成为有影响力的个人。

一、网络推文的概念

广义上,网络推文又称软文,是指用含蓄的文字,在各大应用平台上,向读者推荐产品、内容、理念、信息等具有推广性的文章。

狭义上,网络推文主要指在微信公众号上向用户传达信息的文案。此类文案与传统写作不同,是通过含蓄的文字向订阅者传达内容、观点、产品、服务等。公众号推文是为用户而写的,具有明确的目的性。

二、公众号推文的特点

(一) 以用户为中心的创作逻辑

微信公众号的用户群体明确,目标用户关注了公众号,公众号才能向用户推送消息。因此每一个公众号都有自己的定位,公众号推文的创作要围绕用户的需求而展开。基于受众思维的文案撰写,要秉持与用户相关、对用户有用的原则。在大数据时代,基于新媒体智能终端描绘的用户画像更精准,新媒体写作者可以更有针对性地瞄准用户痛点,站在为用户提供价值的角度去写作。从传播机制看,公众号的推文的阅读量和转发量,基本上是通过用户的聊天、聊天群、朋友圈转发而传播的。就评价机制而言,推文的评价是围绕用户反馈建立起来的,阅读量、点赞量、评论和转发量都是由用户共同参与完成的,如兰蔻发布的《中国女性"年轻观"调查》。

(二) 具有话题性的内容创作

公众号推文要具有传播效力,内容要具备一定的话题度。公众号推文关注时事热点、社会现象、人们普遍关心的问题,和用户的日常生活密切相关,如收入、房子、孩子、工作、美食、生存状态、人性、热门影视剧等,这些更容易吸引人们的关注,被用户讨论传播,可以进一步提高推文的阅读量和转发量。同时，具有争议性的话题更能激发用户的好奇心和讨论热度，用户不同观点的互动、碰撞、争论，可以持续提高推文的热度，达到预期的传播效果。如2023年的热议话题：该不该"脱下孔乙己的长衫"，引起了社会的广泛讨论。

（三）多媒介融合的呈现形式

公众号推文的表现形式丰富多样，通过融合文字、图片、音频、视频、动画、表情包、漫画、电子杂志等形式，推文的内容更丰富、更生动、更直观。多媒介融合为用户提供更加全面且多样的信息，带给用户多重感官体验，增强用户的个性化体验，提高用户的阅读兴趣，从而加深用户对信息的理解度，最终增强推文的传播效果。在碎片化阅读的现在，为了满足受众的需求，纯文字类的推文越来越少，以图片为主、文字为辅、声像并用的推文成为主流，如近年来盛行的"一张图读懂××"。

（四）网络化的语言形式

公众号推文作为新媒体的一种形式，它的语言形式呈现出网络化的特点。公众号推文的语言简洁生动，大量使用网络流行语、拼音或英文字母的缩写、表情包、含有特定意义的数字或图片，甚至还会使用标点符号、句式、空行等，可以使文本更新鲜、活泼、接地气，更容易为目标受众所接受。如：

《北京冬奥会的那些破防瞬间》（人民日报公众号 2022-2-21）

《在"禁区"里建桥，我们又双叒叕上新了！》（人民日报公众号 2019-9-27）

《入警6天，两小时破案，新警秒变"显眼包"》（人民日报公众号 2023-8-21）

《苏炳添，YYDS！》（人民日报公众号 2021-8-1）

《女大学生→特种兵→浙大研究生》（人民日报公众号 2024-5-6）

三、公众号推文的写作步骤

（一）选题

选题是文案创作者想要传达给用户的信息、内容和价值。好的选题能够吸引更多用户的关注，进而提高推文的阅读量。好的选题一般具有以下几个特征：具备较高关注度、新鲜感、话题性，同时还有价值观输出。基于此，公众号推文的选题应遵循以下几个法则。

1. 契合公众号定位

公众号定位主要包括人设定位、受众定位和内容定位，这是运营公众号首先要明确的问题。网络推文的选题要和发布主体的人设定位相匹配。账号主体的身份可以简单分为官方账号和个体账号。官方账号包括政府、学校、企业、媒体等，选题要符合其代表的权威性、真实性且要具有专业度。如果是个体账号，相对而言自由度就大一些。受众定位则是要明确公众号的受众群体。内容定位是公众号能为目标用户提供什么价值，满足目标用户的多重需求。如学校微信公众号是官方账号，受众群体主要是家长和关心教育的社会人士，承载的功能主要是对外宣传，内容定位就要根据学校自身情况和家长的需求而定，如教育理念、课程教学、校园活动、校园景观、师资介绍、教育空间、教育故事、每周食谱、招生工作等。

2. 紧跟热点

在充斥碎片化信息的互联网时代，蹭热度成了公众号吸引粉丝的有效方法。选题紧扣社会热点，紧扣时代发展元素，会更容易吸引人们的注意，吸引流量，从而提高推文的阅读量。热点话题包括热播影视剧、重大新闻事件、网络热点话题、节假日营销、流行的热门词语。策划选题时可以分为两种，可预测的选题与不可预测的选题。对于可预测的选题，可以通过营销日历提前进行策划；对于不可预测的选题，可以通过密切关注各大平台的热搜榜，围绕热搜榜寻找与公众号相关度较高的话题，找准热点的角度，深入挖掘热点，快速响应热点。2022年11月30日，OpenAI推出ChatGPT，迅速在社交媒体上掀起了人工智能的热潮。各大科技公众号纷纷推出如《一文看懂ChatGPT》《ChatGPT注册全攻略（保姆级攻略）》等文章，各大媒体紧跟热点，纷纷推出评论性文章，如《突然爆火！网友称"好用到吓人"》，之后，又有大量的关于知识生产伦理、人工智能能否取代人类主体地位等讨论性的文章推出，如《美国89%的大学生都是用ChatGPT做作业》《别煽动焦虑了，ChatGPT还抢不动打工人的饭碗》等，一时间，朋友圈里几乎人人都在讨论ChatGPT。

3. 突出个性特色

公众号要有自己的个性，塑造人设，彰显自我，尤其是专业的垂直类公众号更需要观点鲜明，见解独到。首先，内容具备情感化。与传统的新闻表达强调客观性不同，公众号推文往往毫不隐藏自己的观点，甚至故意带有强烈的情绪价值导向、极端化表达，让受众来不及思考事件背后的本质、深层的原因，而被情绪裹挟，对公众号所述观点产生共鸣，以博得大众眼球，如《友谊的小船说翻就翻》。其次，要有独特的表现方式。根据目标受众的特点，选择更容易被他们接受的语言进行表达。如公众号"顾爷"，它是一个专门做绘画艺术知识分享的公众号，通过独特的视角，采用幽默诙谐的语言，让受众在轻松愉快中获取信息。在阅读量为10万+的推文《一亿元》中，甚至植入广告，也让受众会心一笑，欣然接受。

（二）构思框架

确定选题、明确观点之后，就要开始谋篇布局。围绕文章主题罗列论点，拟出文章的提纲，构思文章结构，搭建文章框架，使文章逻辑清晰。公众号的篇章结构方式根据不同的写作目的和内容进行调整。一般有以下几种逻辑结构。

1. 五段式。这是议论文最常用、最经典的结构。开头引入话题，亮出观点，中间用三个分论点展开论证，结尾总结升华，重申观点。在此基础上，可延伸出许多的变体结构。

（1）观点+举例论证+结尾。这种结构的模板一般是多个案例。先将观点亮出来，观点是分享的核心，通过多个案例论证观点，结尾往往用金句，用于调动读者情绪，引发共鸣，促进转发分享。如公众号"洞见"的《<平凡的世界>：如果你觉得生活太难，请看看这3个人的故事》，阅读关于3个主人公的故事，说明"人生就是一路行走，一路选择，一边得到，一边失去。"

（2）观点+正反论证+结尾。开篇提出观点，接着从正反两面对比论证，分析优劣，进一步论证观点，结尾重申观点。这种结构逻辑性强，有助于说服读者。如公众号"洞见"《为人父母最大的失败：付出全部，却养不出感恩的孩子》，首先从反面论证，优越的物质无法培养出优秀和感恩的孩子，接着从正面论证，贫困的家庭培养的孩子懂得感恩且优秀。最后，提出教育建议，最好的教育应该是教孩子如何去爱。

（3）观点+多角度。针对一个话题或者一个事件，从多角度展开分析，论证自己的观点。即所谓"横看成岭侧成峰"，从多个角度证明自己观点的正确性。帆书公众号"樊登讲书"《"乘风破浪的姐姐"爆红4年背后，藏着女人一生最高级的活法》，从不同的角度论述如何摆脱他人的期待，活出真正的自己。

2．故事式。以故事为主，在讲述的故事的基础上，发表自己的感想或评论。一般从人物的日常生活开始叙述，讲述人物独特的经历、遭遇的挑战，最终实现自我。让读者在引人入胜的情节中，产生强烈的情感共鸣，从而接受作者的观点。如央视新闻《谢谢你爱我！》中"爱与被爱的细节"的17张图，展示了17个"爱"的故事。最后以金句"爱在日常，最不寻常"结束全文。

3．问题解决式。以该结构行文时首先提出问题，再分析问题，最后提供解决问题的方法、步骤、路径。如公众号"十点人物志"《一度爆火的<爸爸去哪儿>，为何消失了？》，针对爆火的综艺节目的现状原因展开分析，探究现象背后隐藏的深刻问题。

4．列表式。直接列举若干点，并一一展开详细说明。一般用于盘点类、分享类文章。如公众号"新世相"《你就是仗着他爱你，才这么欺负他》，从子女、父母的视角，列举了一个个瞬间，讲述子女与父母之间永远割舍不断的亲情。

（三）采集素材

公众号要维持一定的更新频率，素材来源十分丰富，在关注自己领域的同时，可以从目标用户的日常生活中取材，也可以从各大新媒体平台间接获取写作素材。撰写者平时要多阅读，注意积累丰富的写作素材，整理素材，提炼素材。素材与选题是密切相关的，可以从素材中挖掘选题，确定文章立意；也可以先明确选题，再进行素材的调用，二者是相辅相成的。公众号文章《人活到极致，一定是素与简》的素材是多媒介融合式的，图片、音频、视频、动画、表情包、漫画、电子杂志等应该均有储备。选用素材时，应围绕创作主题、内容而定，不要为了配图而配图。配图要与文章的标题、内容、素材相得益彰。一张好的配图不仅能增加文章的可读性、趣味性和信息量，还可以让读者在视觉上从密集的文字中脱离出来，让读者有继续阅读的兴趣。

（四）编辑排版

编写好文章和素材后需要按照用户的阅读习惯、平台要求格式在公众号发布平台进行排版美化。高级的排版就是简洁美观，逻辑清晰，重点突出，能够给读者良好的阅读体验。注意文章的字号、字间距、行间距、文字颜色，图片等素材要注意尺寸、色调，画质要清晰、无杂质，可以借助一些常用的排版工具进行设计。

（五）审核发布

在手机中预览文章效果，检查文章错别字、排版等问题，发送负责人进行审核、修改、定稿。最后在平台上进行发布。

四、公众号推文内容创作技巧

（一）推文的标题

对于公众号推文而言，标题是冰山一角，要让用户看到整个冰山，这露出的一角就必须具有吸引力，它是决定读者点开文章的关键。这就要求标题要用简洁有力的文字，激发读者的阅读兴趣。

对比下面几个关于广州天气的标题（括号内为推文的阅读量）：

① 未来三十天，广州：雨雨雨雨雨雨，在南方的梅雨天里如何优雅地活下去？（63）

② 龙舟水期间广州只有 3.5 天没下雨，广州变成了"广洲"，大雨有多大？小雨是多小？什么是龙舟水？我国锋面雨带的推移规律及影响（217）

③ 雨雨雨！广州未来半年至少4雨季！网友：我愿用前度的生命换你停雨！（2万）

④ 下午这场"魔雨"你碰上了没？如果天气预报准的话，接下来一周就很绝望啊……（7万）

⑤ 裂开！又一轮暴雨马上到广州！更糟心的还在后面……（10万+）

⑥ 连广州大剧院都发霉了，59天仅7天没下雨，终于理解广东人审美了（10万+）

从上面的标题可以分析出公众号推文标题写作的几个技巧。

1. 凝聚焦点

即概括文章的主题，用简短的文字提炼出文章的"亮点"，准确呈现文章的关键内容。如例③"雨雨雨"，例④"魔雨"，例⑤"暴雨"。推文标题一般要求用最少的字直接传递关键信息，以提高阅读量。

2．利用热点

将热门话题的关键词融入标题中，吸引读者。如例⑥讲广东的梅雨天气，利用广东的地标建筑广州大剧院，强调大剧院都发霉了，给人带来震撼感。还可以利用名人效应，尤其是流量明星，吸引用户点击阅读。

3．唤起情感。

用夸张的情感开头，引起阅读者的注意，同时可以表达理解、疑问、感叹、绝望等，以激发读者的情感共鸣。如例⑤"裂开!""更糟心",例④"很绝望",例③"我愿",例⑥"理解"。值得注意的是唤起情感要与焦点之间有着密切联系,否则就很难建立共情。如例①"梅雨"与"优雅生活"之间并没有必然的关系。

4. 运用数字。数字能够增加文章的精确性和客观性,让读者更加信任文章的观点。如例⑥"59 天仅 7 天",例③"半年至少 4 雨季"。

5. 设置悬念。设置悬念一般有两种,一种是直接提出问题,激发用户探寻答案,如例④、例⑤;一种则是设置情境,再现悬念,如《有些人可能撑不到天亮了(待会删)》《文章参加陕西同乡宴,憔悴沧桑似老头,网友感叹称他变得唯唯诺诺》,这些标题成功激发读者的猎奇心。

另外,值得注意的是,标题连标点符号在内,最多可以写 64 个字,但如果字数多,很容易使表达的内容缺乏焦点,使读者缺乏看完的耐心,而且在呈现时,标题也会被折叠。所以好的标题要求简洁精练,字数最好在 25 个字左右。这也是例②存在的主要问题。

(二)开头

开头承上启下,开篇一方面呼应标题,另一方面吸引读者注意力,激发读者好奇心,燃起受众阅读正文的欲望。开头的写作技法很多,常见的有以下几种。

1. 明确主题,亮出态度。开头要让读者清楚地读懂你的观点。公众号要有鲜明的主张,明确的态度。如《年轻人,你凭什么不加班》的开头:"你在未来某一天成功后,一定会感谢当年苦逼加班的自己。"再如《世上有很多影帝,却只有一个梁朝伟》的开头:"你觉得梁朝伟无趣,那是你不懂他的高级。"提出与人们的普遍认知相互冲突的观点,吸引读者继续阅读。

2. 设置语境。《从月薪 2300 到年薪 50 万,仅仅用了 2 年,他说:你赚钱的方式,决定你的层次》的开头:"每天朝九晚六,在格子间做着重复的工作,拿着固定的工资,望着一眼就看得到头的未来,你是否想要逃离却又无能为力?或许,这个北漂青年的故事,可以帮你的人生打开新的可能。"

3. 产生共鸣。渲染读者情绪,让读者认为与自己有关,唤起情感共鸣,进而关心内容。如《高情商的人是怎么拒绝人的?》的开头:"拒绝别人,是我们这辈子绕不过去的坎儿。既然爬也要爬过去,我主张你用优雅的姿态翻过去。干脆地拒绝别人,是尊重双方的时间成本。那些因为被拒绝,就跟你绝交的人,是你早晚要失去的人。"

4. 直击痛点。针对目标用户的痛点,精准抓住年轻一代的心理需求。曾经疯传朋友圈的广东东华禅寺招聘广告《征不平凡的人》的开头:"知你是个人才,望与你纠"禅"不休,半月可在林中静寺松神经,半月可在都市 work,轻松、灵活、自由,你还在等什么?"

（三）主体

主体的作用是详细阐述作者的完整观点、提供资讯的全貌、产品的详细信息等。用文无定法，主体的写作比较灵活，大致结构在前文介绍提纲时已提及。主体部分的写作技巧还有以下几种。

1．拟定小标题，区分主体部分的各个板块，帮助用户浏览信息，快速把握文章结构，并锁定感兴趣的内容，增加文章的可读性。

2．论证方法要多样化，举例论证、列数据说明，增强文章的说服力和权威性。

3．适当利用多媒体素材，丰富文字表达的内容，同时避免枯燥的文字阅读，吸引读者读完全文。

（四）结尾

结尾要激起读者强烈的情绪。结尾的写作方法有：总结全文，提炼金句，引人深思并传播金句；引用名人名言，升华文章的主旨；引导读者采取行动，如鼓励分享、点赞、留言、关注等。

练习园地

阅读：《2022 年冬季奥运会开幕式和闭幕式的创意和文化表达》。

请指出下面广告文案使用了哪种修辞手法。

1．只溶在口，不溶在手（M&M 巧克力）
2．不在乎天长地久，只在乎曾经拥有（铁达时手表）
3．别人看到你的成就，我们看到你的奋斗（奥迪 A6L）
4．好东西要和好朋友分享（麦氏咖啡）
5．每个人心中都有一颗红星（红星二锅头）
6．头屑去无踪，秀发更出众（海飞丝）
7．善建者行，善者建行（建设银行）
8．做自己，自己做（台新银行 imake 信用卡）
9．世界上最宽广的是海，比海更宽广的是天空，比天空更博大的是男人的情怀（洋河蓝色经典）
10．一年卖出七亿多杯，杯子连起来可绕地球两圈（香飘飘奶茶）

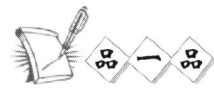

请分析下面的标题，总结标题写作的规律。

1．《走红1年后，再看"高启兰"隆妮处境，孙俪的话，终于有人信了》
2．《新加坡总理李显龙退位，"李家坡"皇位不传第三代，是不想还是不能？》
3．《34，3份收入，感觉自己正在闪闪发光》
4．《看完他们的18岁，内心五味杂陈，一部让人窒息的纪录片！》
5．《年轻人的"电子布洛芬"，三天卖了800万》
6．《111岁！全球在世最长寿男性！长寿秘诀他说了2个字，很多人做不到》

1．两个人为一个小组，写一份青年节的校园活动策划案。
2．选择一个全国大学生广告艺术大赛的策略，写一篇长文案。
3．选择一个全国大学生广告艺术大赛的策略，写5条包含修辞手法的广告语并说明创意。
4．请写一篇校园招生公众号推文。制作毕业季毕业生成长图鉴，记录校园景观、纪念性事件、课堂采风、课外实践、毕业寄语、四年重要事件。

第七章 日常文书写作

学习目标

（1）申请书的种类与写作方法；
（2）邀请信的写作方法；
（3）求职信的特点与写作方法。

本章导语

日常文书的种类众多，写作意义深远。它不仅是日常生活、工作和学习中不可或缺的一部分，更是沟通思想、传递信息、表达情感的重要工具。

无论是书信、合同还是其他类型的日常文书，它们都是人与人之间沟通的桥梁。通过清晰、准确的文字表达，我们可以跨越时间和空间的限制，实现信息的有效传递和思想的深入交流。

日常文书具有记录功能，能够详细记录我们的工作进展、学习成果、生活琐事等。这些记录不仅有助于我们回顾过去、总结经验，还能为未来的决策提供参考依据。

日常文书还能体现专业素养：在职场中，一份规范、专业的日常文书往往能够体现一个人的职业素养和综合能力。无论是撰写工作报告、商务信函还是制定规章制度，都需要我们具备扎实的文字功底和严谨的工作态度。

所以，日常文书的写作不仅在于其实用价值，更在于其对于个人成长、社会进步和文化传承的重要作用。因此，我们应该重视日常文书的写作训练，不断提升自己的文字表达能力和文化素养。

第一节 日常文书与申请书

一、日常文书概论

（一）日常文书及其分类

日常文书是我们在日常生活、工作和学习中经常使用的文书的统称。它涵盖了广泛的内容，包括但不限于书信、合同、申请书、条据等。这些文书具有各自的用途和格式要求，用来传递信息、表达情感、记录事件、规范行为等。通过日常文书的写作，我们可以实现有效的沟通、个人权益的维护，促进工作和学习的顺利进行。因此，掌握日常文书的写作方法和技巧对于个人来说是非常重要的。

日常文书种类繁多，广泛应用于人们的日常生活、工作和学习中。这些文书按用途和性质可分为多个类别，以下是一些常见的日常文书类型。

1．书信类

（1）一般书信：用于向家人、朋友、同事等个人进行日常交流，表达情感、传递信息。

（2）专用书信：包括介绍信、证明信、感谢信、慰问信、推荐信、邀请信、求职信等，用于特定场合的正式交流。

2．条据类

（1）借条：个人或单位借款时出具的书面凭证，明确借款金额、还款期限等。

（2）收条：收到他人钱物时出具的书面凭证，确认收款或收物的事实。

（3）欠条：因债务关系而出具的书面凭证，明确欠款金额、还款日期等。

（4）请假条：因故不能参加学习、工作或会议时，向相关部门或个人提交的书面申请。

（5）留言条：当对方不在场时，为传达信息而留下的简短书面记录。

3．申请书类

申请书是人们在日常生活和工作中，因某种需要而向组织、单位或个人提出请求的一种文书。常见的申请书包括入党申请书、奖学金申请书、助学金申请书、困难补助申请书、辞职申请书等。

4．计划总结类

（1）计划：对未来一定时期内的工作、学习或生活进行预先安排和规划的文书，包括年度计划、季度计划、月度计划等。

（2）总结：对过去一段时间内的工作、学习或生活进行回顾、分析和评价，总结经验，提出改进措施的文书。

5．合同契约类

合同和契约是当事人之间设立、变更、终止民事权利义务关系的协议，具有法律约束力。常见的合同类型包括房屋买卖合同、劳动合同、租赁合同等。

6．检举投诉类

检举信和投诉信是公民或组织向有关部门反映问题、揭露违法违纪行为、维护自身权益的文书。

7. 其他类

此外，还有如通知通告、规章制度、简报、启事（包括告示、声明、海报）等日常文书，它们各自具有特定的用途和格式要求。

综上所述，日常文书种类繁多，涵盖了人们日常生活的方方面面。掌握这些文书的写作方法和技巧，对于提高个人素质、促进工作学习具有重要意义。

（二）日常文书与礼仪文书的联系和区别

礼仪文书和日常文书在公文写作中扮演着不同的角色，它们之间既存在联系又有着明显的区别。

1. 联系

（1）目的相似性：无论是礼仪文书还是日常文书，其目的都是为了有效地传递信息、沟通情感或处理事务。它们都是人类社会中不可或缺的书面交流工具。

（2）语言准确性：礼仪文书和日常文书都要求语言准确、简洁明了。在表达上，两者都力求避免歧义和模糊，以确保接收者能够准确理解文书的内容和写作者的意图。

（3）类属上有交叉：在形式上，它们都属于书面交流的范畴，都需要遵循一定的写作规范和格式要求。因此，在一些情况下，礼仪文书也可以被视为日常文书的一种特殊形式。此外，在一些特定场合中，礼仪文书和日常文书的使用场景可能会发生重叠。例如，在举办庆典活动时，既需要发送请柬等礼仪文书来邀请嘉宾，又需要撰写通知等日常文书来安排活动流程。

总而言之，礼仪文书并不是日常文书的一个严格分类，但它们在形式和使用场景上存在一定的交叉关系。在日常工作和生活中，我们应根据具体情况选择合适的文书类型来有效地传递信息、沟通情感。

2. 区别

（1）用途不同

礼仪文书主要出于礼仪目的或在礼仪场合下使用，如贺卡、请柬、名片、祝贺信、慰问信、感谢信等。它们往往承载着特定的礼仪作用和情感色彩，用于表达敬意、祝福、感谢等。

日常文书除了若干礼仪场合中使用的文书以外，还涵盖了更广泛的生活场景和工作场景，如通知、报告、请示、批复等。它们主要用于处理日常事务、传递工作信息或进行工作协调等。

（2）内容侧重不同

礼仪文书更注重情感表达和礼节规范。它们往往通过优美的语言和恰当的措辞来表达对接收者的尊重和关心，以建立和维护良好的人际关系。

日常文书则更注重事实描述和信息传递。它们通常直接陈述事实、说明情况或提出要求，以确保工作的顺利进行和问题的及时解决。

（3）格式灵活性不同

礼仪文书的格式较为固定和规范，因为礼仪文书往往受到特定场合和习俗的制约。例如，请柬和贺卡的格式通常都有固定的格式和排版要求。

日常文书的格式则相对更加灵活多变。虽然也有一定的格式要求，但可以根据具体内容和需要进行适当的调整和创新。

综上所述，礼仪文书和日常文书在公文写作中分别有其独特的作用和价值。它们之间的联系在于都遵循一定的写作规范和格式要求，以及都旨在有效地传递信息和沟通情感。而它们之间的区别则主要体现在用途、内容侧重和格式灵活性等方面。

二、申请书写作概论

（一）申请书及其分类

申请书虽然是日常文书的一种，但有许多人在广义上也把它视为一种礼仪文书。礼仪文书通常用于在特定场合或活动中，表达尊重、礼貌、友好等情感，而申请书作为向相关机构或个人提出请求或申请的书面材料，也需要在表达上体现出一定的礼仪性和正式性。因此，申请书在撰写时需要遵循一定的礼仪规范和格式要求，以确保其内容的准确性和得体性。所以，从这个角度来看，申请书虽然是一种日常文书，但又往往具备鲜明的礼仪文书特点。

申请书的种类丰富多样，根据不同的分类标准，可以划分为多种类型。

1. 按作者分类

（1）个人申请书：这是由个人向组织、机关、企事业单位或社会团体提出的申请，用于表达个人意愿、请求批准或帮助解决问题。例如，个人入党申请书、个人困难补助申请书等。

（2）单位、集体公务申请书：这类申请书由单位或集体组织撰写，用于向相关部门或机构提出工作、业务或项目等方面的申请。例如，单位的工作调动申请书、项目资金申请书等。

2. 按解决事项的内容分类

（1）社会组织方面的申请：这类申请一般是指加入党派和社会团体的专用书信。如入党申请书、入团申请书，以及加入民主党派或一些社会团体等的申请书。

（2）工作学习方面的申请：这类申请一般是指向单位提出工作、学习意愿的专用书信。如入学申请书、退学申请书、进修申请书、工作调动申请书等。它们用于表达个人在工作或学习方面的具体需求或愿望。

（3）日常生活方面的申请：这类申请一般是指向有关部门提出生活需求的专用书信。如结婚申请书、困难补助申请书等。它们涵盖了个人在日常生活中可能遇到的各种需求和问题。

3. 其他常见种类

除了上述分类，还有一些其他常见的申请书种类，如专利申请书、贷款申请书、辞职申请书、低保申请书等。这些申请书分别具有特定的用途和格式要求，用于满足在不同领域和场景下的申请需求。

综上所述，申请书的种类繁多，涵盖了个人、单位、集体在社会生活、工作、学习等各个方面的申请需求。在撰写申请书时，应根据具体的申请事项和对象选择合适的种类，并遵循相应的格式和要求进行撰写。

（二）申请书的特点

申请书作为一种正式的书面材料，具有以下几个显著特点。

1. 请求性

申请书是个人或集体向组织、机关、企事业单位或社会团体表达愿望、提出请求时使用的一种文书。其核心特性是明显的请求性，即申请人通过申请书来表达自己的意愿和需求，希望得到对方的批准或支持。

2. 多样性

申请书的使用范围非常广泛，不同的对象、不同的需求会产生不同类型的申请书。如入团申请书、入党申请书、工作调动申请书、奖学金申请书等，每种类型都有其特定的格式和内容要求。

3. 郑重性

申请书在语言和格式上均需体现郑重性。语言应正式、严谨，避免使用口语化或随意的表述。格式上应按照书信的规范进行书写，包括称谓、正文、结语和落款等部分，以体现对申请对象的尊重和重视。

4. 单一性

申请书在内容上具有单一性的特点，即每份申请书应针对一个具体的请求或事项进行阐述。申请的事项要清楚、具体，涉及的数据要准确无误，理由要充分、合理，实事求是，不能虚夸和杜撰。

5. 全面性

申请书需要全面地反映申请人的情况和需求。申请人应详细介绍自己的背景、经历、能力和需求等信息，以便申请对象能够全面地了解申请人的情况，并得出准确的判断。

6. 结构清晰

申请书需要有清晰的结构和逻辑，主体通常包括申请内容、申请原因、要求或决心三个部分。清晰的结构有助于阅读者高效地解读申请者的意图并评估可否予以批准。

7. 简明扼要

申请书在表达上应简洁明了，避免冗长和啰嗦。申请人应选择恰当的词语和句子来表达自己的意愿，尽量避免重复。同时，申请人也需要注意语法和拼写错误，确保申请书的质量和专业性。

综上所述，申请书作为一种重要的书面材料，具有请求性、多样性、郑重性、单一性、全面性、结构清晰和简明扼要等特点。这些特点共同构成了申请书的基本特点，使其能够有效地传达申请人的意愿和需求。

（三）申请书的写作

申请书的结构通常包括以下几个部分，这些部分共同构成了一个完整、规范的书面申请文件。

1. 标题

（1）内容：标题用于明确申请的主题或事项。标题应简洁明了，能够直接反映申请的内容。常见的标题有直接写"申请书"或使用"申请内容+申请书"的形式，如"入团申请书""调职申请书"等。也可以采用公文式标题，以"关于"+事由+"的申请"来拟题。

（2）格式：标题应位于申请书第一行的正中间，字体可以稍大以引起阅读者的注意。

2. 称谓

（1）内容：称谓是对申请对象的称呼，应根据申请对象的身份、地位或组织名称来准确填写。例如，可以是"尊敬的××领导""××单位（或组织）"等。

（2）格式：称谓应紧接在标题下方，空一行或两行后开始，顶格书写并加冒号。

3. 正文

（1）内容：正文是申请书的主体部分，用于详细阐述申请的具体内容、原因、目的及申请人的态度和要求。正文应条理清晰、逻辑严密、语言准确，避免使用模糊不清的表述。

A．申请内容：明确说明要申请的具体事项或请求。

B．申请原因：阐述申请的原因、背景或必要性，使申请对象能够了解申请人的实际情况和需求。

C．决心和要求：表达申请人的决心、态度和对申请事项的期望，以及对申请结果的处理方式等。

（2）格式：正文部分应分段书写，每段内容应围绕一个中心思想展开，段落之间保持适当的间距。

4. 结语

（1）内容：结语是申请书的结尾部分，用于表达对申请对象的敬意和感谢，以及对申请结果的期待。常见的结语有"此致敬礼""恳请批准"等。

（2）格式：结语一般另起一行，空两格书写，也可以紧接着正文最后一段书写。

5. 落款

（1）内容：落款包括申请人的姓名（或单位名称）、日期等信息。这些信息有助于申请对象了解申请人的身份和提交申请的时间。

（2）格式：落款应位于申请书的右下方，先写申请人的姓名（或单位名称），再写提交申请的日期（年、月、日）。如果需要，还可以在姓名前加上称谓或职务。

综上所述，申请书的结构包括标题、称谓、正文、结语和落款五个部分。在撰写申请书时，应根据实际情况和申请对象的要求灵活调整各部分内容，以确保申请书的规范性和有效性。

练习园地

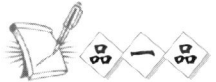

关于不安全铁网致孩子摔伤的赔偿申请

尊敬的××物业公司领导：

你们好！

我是一个13岁小男孩的母亲。八月七日晚间九点四十分左右，孩子因为踩踏××超市外面贵公司所辖一处台阶下的铁网漏洞，摔伤了左脚，并产生了医疗费用，特写此文，说明当时的情况，并提出我们的赔偿申请。

我们当时打算进入××超市，从××银行方向过马路后经过这处台阶，台阶下有一长段沟渠，上布有铁网，但是由于年久失修，铁网有几处铁条已经开始脱落，出现漏洞，由于当时天黑且路灯照明范围有限，我孩子下了台阶正好一脚踏在一处漏洞上，失去了重心，重重地摔在地上，疼得站不起来。这处铁网漏洞和孩子无法站立的情景，我都拍下了照片，事后呈交给了贵公司物业管理人员。

孩子当时对我说："妈妈，我好像骨折了。"我心里又惊慌又着急，让孩子坐在地上，希望他恢复过来能站立行走。但是过了近半小时，孩子依然无法站起。我担心孩子真的已经骨折，而且他的身体肥胖沉重，我也无力搀扶去医院，不得已我只得打了120，呼叫了救护车。因为当时近十点又忙着将孩子送医，不知如何、也顾不上联系到贵公司，我只能选择报警，在民警的协助下，我才获得了你们的联系方式。

进了××医院急诊科，医生给孩子进行了细致的观察，幸好孩子没有骨折，只是软组织挫伤。经过治疗包扎，我把孩子带回了家。但是经过这么一番折腾，我给孩子出的诊疗费用已经达到了964.95元，相关材料已经提交给贵公司物业管理人员。说到底是由于铁网失修，路面照明欠佳，才导致了此次意外；而且孩子这笔诊疗费用也的确昂贵，令我感到负担沉重。所以特此说明当时情况，并希望贵公司能本着实事求是的态度，承担起应负的责任，赔偿我们的医疗费用，并对铁网设施做好维护修理工作，保障大家的行路安全。谢谢！

孩子家长：××
2024年×月×日

【点评】该文采用公文式标题，事由一目了然。作为申请书，文章用简要规范的语言，从申请内容、申请原因和要求三个部分陈述了自己的赔偿申请。其中孩子摔倒后的场景和母亲后续的处理方式，也进行了必要的描写和实事求是的叙述，使物业公司理解了孩子小病大治和母亲报警的原因，并通过再现母亲当时的内心感受，激发阅读者的同情心，从而减少被索赔一方的对立情绪。母亲在文末也再次申明了索赔的理由，逻辑清晰，理由充分。全文措辞理性，有礼有节，不卑不亢。

写作赔偿申请要遵循事实，不可夸大欺瞒，理由需充分，否则自己所持的主张会被对方质疑；此外节省对方的阅读时间也是写作者必备的品质之一，行文要条理分明，言语也应简明扼要。这个事例也生动地说明，作为一个社会人，在有必要维护个人权益的时刻，应具备合格的口头或书面表达能力，这就是我们为什么要提升写作和交流能力的重要原因之一。

第二节 邀 请 信

一、邀请信的特点

邀请信，是人们在工作社交、商务活动中，为了表达诚挚的邀请和安排具体事宜而撰写的一种信函。它通常包含邀请的对象、活动的时间、地点、内容以及相关的注意事项等信息，旨在确保受邀者能够清晰地了解活动的详情，并据此做出是否出席的决定。

邀请信是一种重要的沟通工具，它不仅能够有效地传递邀请信息，还能够增进人与人之间的情感交流和信任。

邀请信作为一种正式的书面邀请方式，具有几个显著的特点。

首先，它具有明确的邀请目的，直接表明邀请的意图和具体内容，让受邀者能够清晰地了解活动的性质、时间、地点等重要信息。

其次，邀请信的语言风格通常正式而礼貌，体现了邀请者的诚意和对受邀者的尊重。在撰写时，邀请者会注意措辞准确、得体，以确保邀请信能够传达积极、正面的信息。

此外，邀请信还具有一定的个性化特征。虽然整体风格保持正式，但邀请者可以根据与受邀者的关系、活动的性质等因素，在信中融入一些个性化的元素，如回忆共同经历、表达对未来合作的期待等，以增加邀请信的亲和力和感染力。

最后，邀请信还注重细节和礼仪。在撰写过程中，邀请者会仔细考虑信件的格式、排版、称谓等细节问题，以确保邀请信的专业性和规范性。同时，在发送邀请信时，也会遵循相应的礼仪规范，如提前发送、确认收悉等，以体现对受邀者的尊重和关心。

综上所述，邀请信具有明确的邀请目的、正式礼貌的语言风格、个性化的表达方式和注重细节礼仪等特点。这些特点共同构成了邀请信的独特魅力。

二、邀请信的结构

（一）称谓

正式称谓：根据受邀者的身份、与邀请者的关系，使用恰当的称谓，如"尊敬的××先生/女士""亲爱的××团队"等，并紧随其后加上冒号。

（二）正文

1．开头：简短地介绍自己或活动主办方，并明确表达邀请的意愿。

2．活动详情：详细介绍活动的时间、地点、主题、内容、目的等，让受邀者能够全面了解活动情况。

3．邀请内容：明确告知受邀者的角色、参与方式、需要准备的事项等。

4．期待与感谢：表达对受邀者出席的期待，并提前表示感谢。

（三）结语

1．礼貌用语：如"敬请光临""期待您的回复"等，表达邀请者的诚挚邀请和期待。

2．结束语：常见的结束语有"此致敬礼"等。

（四）落款

1．签名：邀请者的亲笔签名或打印姓名。

2．联系方式：提供邀请者的联系电话、电子邮箱等联系方式，以便受邀者进行确认或咨询。

练习园地

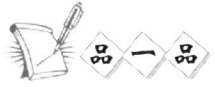

阅读下面两封邀请信，请指出存在的问题。

关于××活动的邀请函

嘿，各位小伙伴！我们公司打算搞个大活动，想请你们来热闹热闹。时间就定在下周五晚上，地点嘛，到时候再告诉你们。反正你们有空就来，没空就算啦，反正也没什么大不了的。哦对了，记得穿得随便点，我们不搞那些虚头巴脑的东西。

好了，就说这么多，期待和你们见面！别忘了带上你们的笑脸哦！

 分析

这是一篇邀请信,行文明显存在以下问题。

1. 语言不正式:使用了"嘿""小伙伴""随便点"等口语化表达,不符合礼仪文书的正式性要求。

2. 信息不完整:活动的时间、地点等重要信息未明确给出,而是说"到时候再告诉你们",这显得不够尊重受邀者,也缺乏专业性。

3. 态度随意:文中提到"没空就算啦,反正也没什么大不了的",这种态度显得随意且不负责任,不符合礼仪文书的严谨性。

4. 缺乏礼貌:结尾虽然表达了期待,但整体语气和用词缺乏应有的礼貌和尊重。

 修改后的文稿

诚挚邀请您参加××公司××活动

尊敬的[受邀者姓名/称谓]:

您好!

我们诚挚地邀请您参加××公司即将于[具体日期]举办的××活动。本次活动旨在[简述活动目的或意义],我们非常期待能与您共襄盛举。

活动详情如下:

时间:[具体开始时间]至[具体结束时间]

地点:[详细地址]

着装要求:[如:商务正装/休闲装等]

请您务必预留时间,莅临现场。如有任何疑问或需要进一步的安排,请随时与我们联系。联系方式如下:

电话:[联系电话]

邮箱:[联系邮箱]

我们深知您的时间宝贵,因此将竭尽全力确保活动的顺利进行,并为您提供一个愉快的交流体验。

再次感谢您的关注与支持,期待与您相见!

此致

敬礼!

[公司名称]
2024年××月××日(需写阿拉伯数字)

通过以上修改,礼仪文书不仅更加正式、得体,还展现了对受邀者的尊重和重视,有效提升了企业的专业形象。

关于邀请××先生/女士参加××会议的函

尊敬的××先生/女士：

您好！

我司定于 2024 年××月××日举行年度工作总结大会，旨在回顾过去一年的工作成就，展望未来发展方向。鉴于您在业界的卓越贡献和广泛影响力，我们诚挚地邀请您拨冗出席。

此次会议将安排以下议程：

1. 领导讲话
2. 工作报告
3. 表彰先进
4. 自由交流

请您务必准时参加，并准备好您的发言稿。如有任何疑问或需要进一步了解信息，请随时与我们联系。

期待与您共同见证这一重要时刻！

此致

敬礼！

××公司
2024 年××月××日

1. 语言不够尊重：虽然使用了"尊敬的"称谓，但整体语气略显生硬，未能充分体现出对受邀者的尊重。
2. 内容不够具体：议程部分较为笼统，未明确告知会议的具体时间、地点等关键信息。
3. 不恰当的要求：要求受邀者准备发言稿，在未事先沟通的前提下可能有点儿唐突。
4. 结尾过于随意："期待与您共同见证这一重要时刻！"虽然表达了期待之情，但缺乏具体的欢迎和感谢之意。

关于邀请××先生/女士参加××会议的函

尊敬的××先生/女士：

您好！

在这金秋送爽的美好时节，我们怀着无比崇敬的心情，特此向您发出诚挚的邀请。×××公司定于 2024 年××月××日上午 9 时，在公司总部大楼三楼会议室举行年度工作总结大会。此次盛会旨在总结过去一年的辛勤耕耘与辉煌成就，同时展望未来的发展方向与美好愿景。

鉴于您在业界的崇高地位和卓越贡献，您的莅临将是我们莫大的荣幸。我们精心筹备了以下会议议程，以期与您共襄盛举：

1. 开幕致辞与领导致辞
2. 年度工作报告与成果展示
3. 表彰先进团队与个人
4. 圆桌论坛与自由交流

为了确保您的参与更加顺畅，我们已为您预留了专属座位，并准备了详尽的会议资料。同时，我们也非常期待您的宝贵意见与精彩分享，但请您放心，如有需要，我们会提前与您沟通并做好相应安排。

请您务必莅临指导，让我们共同见证这一意义非凡的时刻。对于您的到来，我们深感荣幸并充满期待。如有任何疑问或需要进一步的协助，请随时与我们联系。

再次感谢您对××公司的关注与支持！期待您的光临，愿我们携手共创更加辉煌的未来！

此致

敬礼！

××公司敬上
2024年××月××日

第三节 求 职 信

一、求职信的特点

求职信，顾名思义，是求职者在申请工作时向招聘方发送的一种书面信函。它通常用于介绍求职者的个人信息、教育背景、专业技能、工作经验以及对所申请职位的兴趣和适合度。一封优秀的求职信能够突出求职者的优势和特点，吸引招聘方的注意，并为求职者争取到面试的机会。

在撰写求职信时，求职者需要仔细研究目标职位的要求和公司背景，以便在信中准确地展现自己的能力与职位的匹配度。求职信内容应当简洁明了、语言流畅、逻辑清晰，同时要注意使用正式且礼貌的语言，以体现求职者的专业素养和诚意。

总之，求职信是求职过程中不可或缺的一部分，它能够帮助求职者有效地传达自己的意愿和能力，提高求职成功的可能性。

求职信作为一种正式的书面沟通方式，具有以下几个显著的特点。

首先，它具有明确的针对性，即针对特定的职位和公司进行撰写，以展现求职者的能力与该职位的匹配度，以及求职者对公司文化的认同度。

其次，求职信注重个性化表达。尽管是标准化的书面格式，但求职者应当在信中展现自己的个性、优势和成就，以区别于其他应聘者，增加自己的竞争力。

此外，求职信还强调语言的正式性和礼貌性。它使用正式的语言风格，避免过于随意或口语化的表达，以体现求职者的专业素养和对招聘方的尊重。同时，在信中会适当地使用敬语和感谢语，以表达求职者的感激之情和积极态度。

最后，求职信还具有简洁明了的特点。在有限的篇幅内，求职者需要准确地传达自己的信息，包括个人信息、教育背景、工作经验、专业技能以及对职位的理解和期望等。因此，求职信需要言简意赅，突出重点，避免冗长和啰嗦。

综上所述，求职信具有针对性、个性化表达、语言正式礼貌以及简洁明了等特点，这些特点共同构成了求职信的独特魅力，有助于求职者在激烈的职场竞争中脱颖而出。

二、求职信的结构

求职信的结构通常遵循一定的规范，以确保内容清晰和逻辑连贯。一般来说，一封完整的求职信包含以下几个部分。

（一）称谓

使用正式称谓，如"尊敬的××先生/女士"，并紧随其后加上冒号。确保称谓与收件人的职位或姓名相匹配。

（二）正文

1．开头段落：简短介绍自己，说明你是如何得知该职位空缺的，如招聘网站、朋友推荐等，并表达你对职位的兴趣。

2．中间段落：

（1）教育背景：简要提及你的学历和专业，特别是与申请职位相关的部分。

（2）工作经验：详细描述你过去的工作经历，特别是与申请职位相关的职责和成就。使用具体数据和事例来支持你的陈述。

（3）技能与资格：列出你掌握的技能、获得的证书或资格，以及它们如何使你成为该职位的理想候选人。

（4）为什么选择这家公司：表达你对公司文化、价值观或行业地位的认同，以及你如何期望为公司做出贡献。

3．结尾段落：再次强调你对职位感兴趣，并表示期待面试的机会。同时，感谢招聘方花时间阅读你的求职信。

（三）结语

使用礼貌的结束语，如"此致敬礼"等。

（四）签名

如果是纸质信件，则在结语下方留出几行空白，用于手写签名。在签名下方，可以打印你的全名，以便与手写签名相匹配。

对于电子邮件，签名部分通常包括你的全名、职位（如果适用）、联系方式和社交媒体链接（如果允许）。这些信息可以放在邮件的底部或作为单独的签名文件附加到邮件中。

结构可能会因具体情况而发生调整，但是保证求职信的正式性、清晰性和礼貌性是非常重要的。

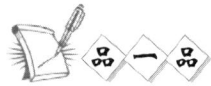

阅读下面的求职信，思考一下它存在的问题，并思考应该如何修改。

尊敬的××先生/女士：

您好！

我在××上看到了贵公司发布的××[职位名称]招聘信息，深感这一职位与我的职业规划和专业技能高度契合，因此冒昧提笔，希望能有机会加入贵公司，共同开创美好未来。

我叫××，今年毕业于××大学，主修专业是××。在校期间，我不仅系统地学习了相关专业课程，还积极参与了多项实践活动和社团工作，这些经历不仅锻炼了我的专业技能，也培养了我良好的团队合作精神和沟通能力。

我相信，凭借我在××[相关技能/经验]方面的优势，以及对职位相关领域的热情，我能够迅速融入贵公司的团队，为[职位具体工作内容]贡献自己的力量。同时，我也非常期待在贵公司这样一个充满挑战和机遇的平台上，不断学习和成长，实现个人价值与公司发展的双赢。

随信附上我的简历，以便您进一步了解我的详细情况。感谢您花时间阅读我的求职信，期待有机会与您面谈，共同探讨如何为贵公司的发展贡献我的力量。

再次感谢您的关注，期待您的回复。

此致

敬礼！

××
[联系电话]
[电子邮箱]
2024 年××月××日

例文里的求职信，结构基本完整，语言简洁流畅，但是该同学自身的优势、与职位相关的活动经历却语焉不详，体现不足，所以和其他竞争者的求职信相比，这份求职信不太

容易给招聘人员留下较深刻的印象。

求职信的写作固然要文从字顺，结构完整，符合文体应该具备的诸多特点。但是一封求职信决胜的关键还是在于求职者为了目标职位做出过哪些努力，取得了怎样的成绩，或者说，求职者至少获得了什么样的经验或资源。所以每一位想找寻理想工作的朋友，都应该把求职信看成是自己前期努力汇报的结果，而不应该仅仅看成是开启未来人生的新开始。在求职信里，应写明自己在大学就读时具体取得的成绩和参加的活动，以及自己在校期间参加了哪些与目标职位相关的兼职工作。关键的工作学习证明可以在信中强调一下"影印件附后"，提醒阅读者在众多的求职信里留意到你的独特"有据可查"。以上的内容才是招聘人员在一份求职信里最希望看到的信息。

此外，该求职信的语言表达上比较落于俗套，显得诚意不足，因此应该通过适当加入一些叙述或评论性内容的方法，如自己是如何认识公司的，了解公司后产生的评价（一般偏于正面，毕业生求职不太适合评论公司存在不足），体现出自己对目标职位诚挚热切的情意。

最后，如果在求职信里写上自己获得职位后，有哪些比较具体的规划，那么求职信的效果就更好了。

修改后的文稿

尊敬的××先生/女士：

您好！

在深入探索贵公司的官网、行业动态以及在业界的杰出表现后，我深刻感受到贵公司不仅以卓越的产品××和服务××赢得了市场的广泛认可，更以前瞻性的战略规划和人性化的企业文化成为行业内的佼佼者。在看到贵公司发布的××[职位名称]招聘信息时，我深感这一职位不仅与自己的职业规划和专业技能高度契合，更是我实现职业理想、贡献个人价值的理想平台。因此，我满怀诚意地撰写此信，希望能有机会成为贵公司的一员，共同携手迈向更加辉煌的未来。

我叫××，毕业于××大学，主修××专业。在校期间，我不仅在专业课程上取得了每门功课不低于80分的优异成绩，还积极投身于各类实践活动与社团组织中，我曾经就任……，还曾经在××大赛上拿过××奖，其他在校期间获得的进修证书影印件附后。这些宝贵经历不仅深化了我的专业知识，更塑造了我卓越的团队协作能力、高效的沟通技巧以及坚韧不拔的工作态度。

在大三和大四两年期间，我曾作为实习生在[前公司名称]担任过××[具体工作内容]。我致力于[具体工作职责]的深耕细作，通过不懈的努力与创新，我成功主导/参与了[具体成就或项目]，该项目不仅为公司带来了[具体收益或影响]，更在行业内赢得了广泛的认可与赞誉（实习评价影印件附后，感谢查阅）。这段职业生涯的历练，不仅加深了我对[相关行业/领域]的洞察与理解，也更加坚定了我向[具体职业方向]发展的决心。

对于加入贵公司后的展望，我坚信自己能够为公司带来以下几方面的贡献：

1. 专业知识的应用：我将充分运用在[相关技能/经验]领域的深厚积累，针对[职位具体工作内容]，提出创新性的解决方案，助力公司项目的高效推进。

2. 团队协作的促进：凭借我卓越的团队协作能力，我将积极融入贵公司的团队文化，促进跨部门之间的沟通与协作，共同推动公司目标的实现。

3. 市场洞察的深化：基于我对[相关行业/领域]的深入了解，我将持续关注市场动态，为公司提供有价值的市场分析与建议，助力公司在竞争中保持领先地位。

4. 个人成长的贡献：我深知个人成长与公司发展息息相关，因此我将不断学习新知，挑战自我，为公司培养更多具有创新精神和实践能力的人才。

我坚信，通过我的努力，能够与贵公司共同成长，实现个人价值与公司愿景的双赢局面。随信附上我的详细简历，以供您进一步了解我的教育背景、工作经验及能力特长。衷心感谢您在百忙之中抽出时间阅读我的求职信，期待能有机会与您面谈，共同探讨如何为贵公司的繁荣发展贡献我的一份力量。

再次感谢您的关注，期待您的积极回复。

此致

敬礼！

××

[联系电话]

[电子邮箱]

2024年××月××日

1. 简述申请书的写作特点。
2. 邀请信的结构是怎样的？请简要说明。
3. 如何让自己的求职信给招聘人员留下深刻的印象？结合自己的实际情况，说一说你可以选用哪些策略，并规划一下为了求职应聘，自己现在还能做些什么。

请指出下面作品中的错误，并加以改正。

文本1：

尊敬的领导：

我最近在学习××课程，觉得很有用。然后我发现我们的设备有点旧了，需要更新。

另外，我还想参加一个培训，提高自己的能力。所以，我想申请一些经费和设备支持。

请您批准，谢谢！

小　　明

2024年××月××日

文本2：

尊敬的学院领导：

我们计划组织一次××活动，需要申请××元经费。请批准。

此致

敬礼！

附：活动方案（未提供）

小　　明

2024年××月××日

文本3：

尊敬的领导：

您好！我叫张三，是××大学××专业的毕业生。最近在找工作，看到贵公司在招聘××职位，我觉得自己应该能胜任，所以就写了这封信。

在大学期间，我学了很多东西，成绩也还不错。参加过一些社团活动，跟同学们的关系也挺好。我觉得自己是个挺有团队精神的人，也能吃苦耐劳。

我知道这个职位需要一定的专业技能和经验，虽然我现在可能还没达到完美的水平，但我相信通过努力，我很快就能跟上节奏。

如果您觉得我合适的话，希望能给我一个面试的机会。如果不行，也没关系，我会继续努力的。

最后，希望贵公司能越来越好，谢谢！

此致

敬礼！

张三

2024年××月××日

1. 在公文写作中，申请书是一种常见且重要的文体，它用于向有关单位或组织提出请求、申请或表达意愿。以下是一些申请书写作练习题的举例，请你和班级同学们分组选题，选一个场景来写一份申请书，完成后，大家交换习作，互相评改一下。

（1）奖学金申请书

场景：你是一名优秀的在校学生，希望申请本年度的校级奖学金。

要求：

A．简述个人基本情况（姓名、年级、专业等）。

B．阐述申请奖学金的理由，包括学习成绩、科研活动、社会实践、品德表现等方面。

C．表达对未来学习计划和发展计划的展望。

D．结尾表达感谢并附上联系方式。

（2）活动参与申请书

场景：你是一名社团成员，希望代表社团参加即将举办的全国性比赛活动。

要求：

A．介绍社团的基本情况（名称、宗旨、历史等）。

B．说明参与该活动的重要性和意义。

C．阐述社团为参与活动所做的准备和计划。

D．请求批准并提供必要的支持和帮助。

E．结尾表达决心和信心，并承诺遵守相关规定。

（3）实习岗位申请书

场景：你是一名即将毕业的大学生，对某公司的某个实习岗位非常感兴趣，希望申请该岗位。

要求：

A．自我介绍（姓名、专业、学历等）。

B．表达对该公司的实习岗位的兴趣和了解。

C．阐述个人优势和能力如何适合该岗位。

D．说明实习期间的工作计划和目标。

E．请求给予面试机会，并表达对未来在公司发展的期待。

（4）科研项目资助申请书

场景：你是一名科研人员，正在开展一项具有创新性和实用价值的科研项目，希望申请研究经费资助。

要求：

A．项目简介（名称、研究背景、目的和意义）。

B．说明研究内容、方法和预期成果。

C．介绍团队成员及分工。

D．阐述经费预算及使用计划。

E．阐述项目的创新性和社会经济效益。

F．请求资助并承诺遵守相关规定，合理使用资助经费。

2．场景：你是一家知名科技公司的公关经理，公司计划举办一场主题为"未来科技趋势"的研讨会，旨在邀请行业内的专家、学者以及合作伙伴共同参与。你需要撰写一封邀请信，邀请一位知名科技专家作为演讲嘉宾出席此次研讨会。

要求：

(1) 使用正式且礼貌的语言，表达对受邀者的尊重和重视。

(2) 清晰地说明邀请的目的、活动的主题、时间、地点以及你的期望。

(3) 尽可能了解受邀者的背景和专业领域，并在邀请信中提及，以体现邀请的诚意和针对性。

(4) 提供你的联系方式，以便受邀者能够方便地与你取得联系。

3. 请结合【想一想】第 3 题的思考结果，为即将毕业的自己预先写一份求职信并保存。到毕业的时候，再将你这一次的作业拿出来，进行一番修改，然后拿着它去为自己接下来的职业生涯努力吧，祝你成功！

第八章 AI 写作

（1）明白 AI 写作的基本概念；
（2）清楚 AI 写作的特点；
（3）进行 AI 写作训练。

本章主要阐述在当今社会非常流行的 AI 写作，对其前世与今生以及之后的发展进行阐述，并指出 AI 写作的特点及其缺点或存在的局限。

一、AI 写作概述

AI 写作指的是利用人工智能技术进行写作的过程。AI 写作可以通过自然语言处理技术和机器学习算法，对大量的文本数据进行分析和学习，从而生成新的文本。AI 写作可以应用于各种领域，如新闻报道、广告文案、小说创作等。

二、AI 写作的历史与发展

AI 写作的历史可以追溯到 20 世纪 50 年代，当时计算机科学家开始尝试使用机器学习算法来生成文本。随着计算机技术的不断发展，AI 写作技术也得到了改进和提高。在 20 世纪 80 年代，AI 写作技术开始应用于商业领域，如广告文案和新闻报道的自动生成。随着自然语言处理技术和机器学习算法的不断发展，AI 写作技术的应用范围也不断扩大，如小说创作、诗歌创作等。

ChatGPT（Chat Generative Pre-trained Transformer），是美国人工智能研究实验室 OpenAI 研发的一款聊天机器人程序，于 2022 年 11 月 30 日发布。它使用了 Transformer 神经网络架构，即 GPT-3.5 架构，这是一种用于处理序列数据的模型，拥有语言理解和文本生成能力，尤其是它可以通过连接大量的语料库来训练模型，这些语料库包含了真实世界中的对话，所以 ChatGPT 上知天文，下知地理，还能根据聊天的上下文进行互动，做到与真正人类几乎无异的聊天互动。它能够基于在预训练阶段所见的模式和统计规律，来生成回答,甚至能完成撰写论文、邮件、脚本、文案、翻译、代码等任务。

作为一个语言模型,ChatGPT 可以用来与用户进行自然对话、回答问题、提供信息、进行创作等。通过不断地更新和改进,为用户提供更加智能化和人性化的交互体验。帮助用户解决问题、获取知识,以及与人类互动,为人们的日常生活和工作带来便利和乐趣。

目前,AI 写作技术已经成为人工智能领域的一个重要研究方向,越来越多的研究人员和企业开始关注和研究 AI 写作技术。随着技术的不断发展,AI 写作技术的应用前景将会越来越广阔,AI 写作技术也将不断提高,生成的文本质量也将不断提高。未来,AI 写作技术将会在更多的领域得到应用,如新闻报道、广告文案、小说创作、诗歌创作等。同时,AI 写作技术也将与其他技术相结合,如语音识别技术、图像识别技术等,从而实现更加智能化的写作体验。此外,AI 写作技术还将与人类写作相结合,实现人机协作的写作模式,提高写作效率和质量。总之,AI 写作的发展前景非常广阔,将会对人类社会产生深远的影响。

三、AI 写作的特点

快速生成:AI 写作可以在短时间内生成大量的文本,比人类写作的速度更快。

自动化:AI 写作可以自动完成写作任务,无须人类干预。

灵活性:AI 写作可以根据不同的需求和语境,生成不同风格和类型的文本。

准确性:AI 写作可以通过对大量文本数据的学习,生成准确的文本。

可扩展性:AI 写作可以通过增加训练数据和改进算法,不断提高写作质量和效率。

四、AI 写作的缺点或局限

缺乏创造力:AI 写作缺乏人类的创造力和想象力,无法创造出新的思想和概念。

缺乏情感:AI 写作缺乏人类的情感和感受,无法表达人类的情感和思想。

语言表达能力有限:AI 写作的语言表达能力有限,无法像人类一样表达复杂的思想和情感。

缺乏自主性:AI 写作缺乏自主性,只能根据预设的规则和算法进行写作。

对数据有高依赖性:AI 写作对数据的依赖性较高,如果数据不足或质量不高,将会影响写作质量。这些局限或缺点使 AI 写作在一些领域的应用受到限制,需要与人类写作相结合,这样才能发挥最大的作用。

五、使用 AI 写作的注意事项

数据隐私:使用 AI 写作时,需要注意保护用户的数据隐私,避免将用户的个人信息泄露给第三方。

版权问题:使用 AI 写作时,需要注意遵守版权法,避免侵犯他人的版权。

语言表达:使用 AI 写作时,需要注意语言表达的准确性和流畅性,避免出现语法错误和表达不清的情况。

数据质量:使用 AI 写作时,需要注意数据的质量和可靠性,避免使用低质量的数

据，从而影响写作质量。

人类监督：使用 AI 写作时，需要人类的监督和干预，避免出现不符合人类价值观或违反道德标准的情况。

这些注意事项可以帮助我们更好地使用 AI 写作，提高写作的质量和效率。

练习园地

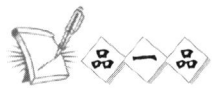

请指出下面作品是否是 AI 写作的成果？为什么？

××大学被多方人士肯定为一所优秀的大学，其建筑水平优秀，环境舒适，设施齐全，具有浓厚的学术氛围。这些特点使得××大学，不仅得到来自校内师生的赞誉，还得到了外界的认可和肯定。

此外，××大学在教学和科研方面也备受期待，希望在科研领域上能有更大突破，进一步提高办学水平，实现教学和科研并重的目标。教师们的辛勤付出和学生们的努力学习使得学校在不同领域获得了多项荣誉，例如，在福建省职业规划大赛中获得奖项，以及教师课件被评为优秀等。

教师们也在教学方面表现出色，他们积极参与各类教学比赛，并在比赛中取得优异成绩，为学生们的成长提供了有力支持。这种教师与学生之间的互动与合作使得教学质量得到提升，也为学校增添了不少光彩。

最后，××大学通过举办各种活动和比赛，展现了学校充满活力的校园文化。学生们在这样的氛围中茁壮成长，各种实践活动和创新比赛也为他们提供了展示自我的机会，激发了他们的学习热情和创造力。

找到最适合自己专业和学习的 AI 写作助手。

1．什么是 AI 写作？
2．AI 写作的特点有哪些？
3．AI 写作的缺点或局限是什么？

请尝试用一款 AI 写作助手输入一些关键词，生成一篇学习计划，并分析其优点及缺点。

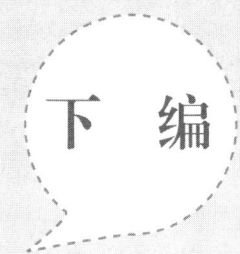

交流部分

第九章 语言交流概论

（1）掌握普通话的概念；
（2）掌握普通话语音音变及正音；
（3）清楚副语言的概念；
（4）熟悉有声语言表达的基本技巧。

语言交流的媒介是有声语言和体态语言。有声语言是由语言和声音两个要素构成的，是在说话中传递信息、表达思想、抒发感情的最主要的媒介和物质表达手段。它是说话者思想感情的载体，以流动的方式，承载着说话人的主张、见解、态度和感情，将其传达给听话人，从而实现交际目的。在言语交际中，一口标准的、流利的普通话是基础。说话人语音清晰，吐字分明，语调自然，节奏适当，这样才能更准确地表情达意，让听话人心情愉悦。

第一节 普 通 话

一、普通话的概念

《中华人民共和国宪法》第十九条规定："国家推广全国通用的普通话。"普通话是我国法定的现行通用语，是中华民族的通用语，是当代我国各民族之间交流的工具，是我国法定的基本教育教学用语、公务用语、播音用语和公共服务用语。1955年全国语言文字改革会议和现代汉语规范问题学术会议，将普通话的定义明确为"以北京语音为标准音，以北方话为基础方言，以典范的现代白话文著作为语法规范的现代汉民族共同语。"

（一）普通话的语音标准

普通话的语音标准为"以北京语音为标准音"，指的是普通话采用了北京语音系统，也就是以北京话的声母、韵母、声调系统为标准音。这是由几百年来北京是我国的政治、经济、文化的中心决定的，是历史发展的必然结果。北京语音系统中有22个声母，39个韵母和4个声调。除此之外，北京语音中的变调、轻声、儿化等，也属于北京语音系统范围。

但这并不等于说北京话的所有语音都是普通话的标准音，有些内容仍需规范，如北京话中的土音、异读音以及不必要的轻声、儿化现象。

土音举例：太好了 tuī　　暖和 náng　　屋里 lou　　我和你 hàn　　暂时 zǎn

异读音是指一个词语有多种读音，但没有区别语义的作用，语言环境也相通。这些读音在普通话中都为错误读音。如：

侵略 qín　　附近 fú　　教室 shǐ　　胆怯 què　　机械 jiè

北京话里轻声、儿化现象非常多，滥用轻声和儿化，不仅增加了其他方言区特别是南方方言区的人们学习普通话的难度，而且使得北京话音节界限和音值音量弱化，语流快且过于柔和，发音含糊不清，因此需要加以规范。对于那些有区别意义、区别词性的轻声、儿化予以保留，表达亲切、喜爱、细小等感情的儿化要保留，其他的则尽量不进入普通话。

普通话的语音标准，以1985年公布的《普通话异读词审音表》和最新版的《现代汉语词典》为规范，另外还有《普通话必读轻声词语表》《普通话必读儿化词表》（见附录表）。

（二）普通话的词汇标准

普通话"以北方话为基础方言"，指的是普通话的词汇以北方方言地区普遍通行的说法为准，同时也吸收其他方言的词语以满足表达的需要。

北方方言构成了普通话词汇系统的主体部分。北方方言具有以下的特点：分布区域最广，包括华北、东北、西南、西北地区，共20多个省、直辖市、自治区，占汉语地区的3/4；使用人口众多，占汉族人口总数的73%以上；北方方言内部的一致性强、彼此交际容易懂。

跟语音一样，普通话对北方方言的词汇也不是全部吸收，而是有所选择，有所舍弃。普通话所选择的词汇，一般是流行范围较广且早已用于书面的规范词语，摒弃了北方话中一些俚语俗词或地方性较强的词语。如：

河南话：俺（我们）、恁（你们）、落生（花生）、灶火屋（厨房）、中（好）、谷堆那儿（蹲下）、蒸馍（馒头）

四川话：老汗儿（父亲）、老姆姆（母亲）、锤子（不可能）、雄起（加油）、巴适得板（非常好）、瓜娃子（傻瓜）

陕西话：制达（这里）、雾达（那里）、饿（我）、明个（明天）、麻米儿（不讲理）、扑西来海（邋遢）、了杂列（很好）

有些事物在北方方言的各个次方言区的名称不同，普通话一般选用在北方方言区流行较广的名称。如"太阳"的称谓：

北京：太阳、老爷儿

河南：日头、老阳、太阳

沈阳、西安、山东：太阳、日头

太原、呼和浩特：阳婆

河北：爷爷儿、日头、日头影儿、阳婆儿、前天爷、佛爷儿

合肥：热头

普通话中的词汇系统里还少量吸收了南方强势方言（指经济发达、人口众多、方言意识浓厚）的方言词，如：

上海话：垃圾、瘪三、标致、便当、尴尬、揩油、噱头

广东话：买单、打的、爆棚、炒鱿鱼、泊车、嘉年华

台湾话：愿景、福祉、理念、互动、水准、研发、团队精神

这部分因为能及时、准确、形象地反映当前的政治生活、经济生活或日常生活，使用频率高，而且较稳定，所以也被吸收到普通话中。

那些生命力强、使用范围广、有代表性、比较通用的方言词语往往为普通话所吸收，进入普通话词汇系统中，这也是普通话不断发展的重要途径。

（三）普通话语法标准

普通话"以典范的现代白话文著作作为语法规范"。在这条标准里，有四个限定的定语成分。首先，必须是"白话文"，也就是排除文言文作品。其次，是"现代"，指的是"五四运动"之后的白话文作品。再次，是"典范"，指具有广泛代表性、可师法的典型范本，如现代优秀作家、理论家的优秀作品，如鲁迅、郭沫若、茅盾、老舍、巴金、曹禺等人的代表作，毛泽东、周恩来等人的论著，以及国家发布的书面文件，如法律文本、通告、政令等。但也应该排除作家的个人表达习惯的特殊用例。最后，必须是"著作"，指普通话的书面形式，不同于一般的口语，是经过加工、提炼的语言，更加严谨、周密。

综上所述，普通话是我国法定的、标准的、规范的通用语言，它在语音、词汇、语法三个方面都有明确的、规范的标准。因此，我们要讲一口标准的普通话，既要注意语音的标准、同时也要注意词汇的规范和语法的规范。

二、普通话的语音音变及正音

（一）变调

声调是音节中具有区别意义作用的音高变化。普通话的音高变化可以用五度标记法来表示调值，如图 9.1 所示，将调值相同的字归纳到一起，可以将普通话分为四种调类。这四种声调及其调值调类分别是：阴平 55（高平调）、阳平 35（中升调）、上声 214（低降调）、去声 51（高降调）。但是，在语流中受相邻的音节的影响，有些音节的声调会发生一定的变化，而不再读原来的调值，这种语音变化的现象就叫作变调。普通话中，比较常见的变调主要是上声的变调、"一"的变调、"不"的变调等。

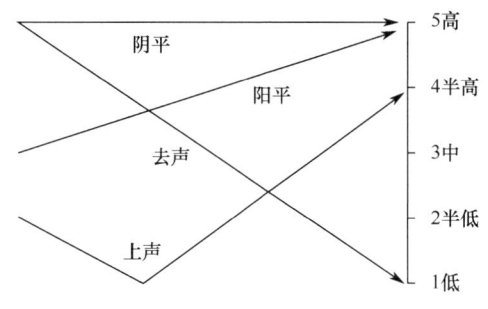

图 9.1 五度标记法

1. 上声变调

上声音节在单念或在词句末尾时读原调，即 214 调值，其余情况均发生变调。

（1）上声+上声，前一个上声变为阳平，后一个音节仍读原调，即调值变为 35+214，如：

   你好 古典 所以 理解 手指 水果 演讲

   辗转 舞蹈 窈窕 旅馆 理想 广场 手表

（2）上声+非上声（阴平、阳平、去声），上声变调为半上，即调值变为 21，如：

上声+阴平：喜欢 北京 体贴 省心 统一 主张 简单 摆脱

上声+阳平：导游 旅行 赏识 祖国 朴实 整齐 朗读 考察

上声+去声：感谢 体会 坦率 讨论 土地 鼓励 广大 准备

（3）上声+轻声，根据轻声字是否原为上声字，选择不同的变调方式。

35+轻声：打点 想起 等等 考考 写写 晌午

21+轻声：耳朵 点心 比方 暖和 口袋 本事 打扮

（4）三个上声相连时，首先需要根据词语内部语义进行分组，确定语音停顿的位置，然后再变调。

① "双单格"：双音节+单音节，即 "2+1" 格式，如：

勇敢者 → （勇 敢）者

    （214+214）+ 214

  → 35 + 214 + 214

  → 35 + 35 + 214

演讲稿 管理组 洗脸水 甲乙丙 展览馆 选举法 水彩笔

② "单双格"：单音节+双音节，即 "1+2" 格式，如：

小拇指 → 小 （拇 指）

  214+（214+214）

 →214+ 35 + 214

 → 21+ 35 + 214

有理想 纸老虎 很勇敢 买保险 冷处理 肯与否 小两口

2. "一"和"不"的变调

① 在去声音节前,"一"和"不"变调为35,即读为阳平。

一共　一代　一样　一致　不但　不待　不测　不便

② 在非去声前,"一"和"不"调值为51,即读为去声。

在阴平前:一生　一般　一瞥　一经　不说　不吃　不多　不安

在阳平前:一时　一连　一如　一直　不和　不来　不难　不然

在上声前:一曲　一举　一体　一统　不想　不管　不好　不朽

③ 夹在叠音词中间,读轻声:

听一听　读一读　想一想　笑一笑

说不说　来不来　好不好　看不看　认不认识　清不清楚

综上所述,"一"和"不"的变调规律如表9.1所示。

表9.1 "一"和"不"变调规律总结

	单念或在词语末尾	在非去声前	在去声前	夹在叠音词中间
一	阴平 55	去声 51	阳平 35	轻声
不	去声 51	去声 51	阳平 35	轻声

(二) 轻声

汉语的音节都有声调,但在一定语境中有些音节失去了原来的调值,读得又轻,又短,又模糊,这种现象就是轻声。

1. 轻声的作用

轻声是普通话中普遍存在的一种变调,但它不是单纯的音变现象。轻声在普通话中是具有区别词义、词性等作用的。

- 东西 dōng xī(指方向)
- 东西 dōng xi(指事物)
- 对头 duì tóu(正确)
- 对头 duì tou(仇敌)
- 地道 dì dào(地下交通坑道)
- 地道 dì dao(真正的,纯粹)
- 精神 jīng shén(意识)
- 精神 jīng shen(精力)

2. 轻声的规律

(1) 助词"的、地、得、着、了、过"和语气词"吧、吗、呢、啊、么"等读轻声。

吃的　轻轻地　好得很　笑着　做了　想过

好吧　行吗　你呢　祖国啊　好嘛　去么

(2) 重叠词的后一个音节读轻声;双音节动词重叠 ABAB 式的第二、四个音节读轻声;形容词重叠是 AABB 式,A 里 AB 式的第二个音节读轻声。

爸爸　星星　娃娃　蛐蛐　走走　聊聊　劝劝　尝尝

研究研究　考虑考虑　打扫打扫　准备准备

漂漂亮亮　干干净净　认认真真　老老实实
古里古怪　慌里慌张　啰里啰嗦　糊里糊涂

（3）后缀"子、头、们"等要读轻声。
孩子　叶子　筷子　日子　面子　小伙子　一下子
馒头　石头　骨头　看头　盼头　跟头　甜头
我们　咱们　先生们　同学们　同志们

（4）名词、代词后面的方位词"上、下、里、面、边、头"等读轻声。
脸上　山上　地下　屋里　西边　外面　外头　前头

（5）动词、形容词后面的趋向动词"来、去、起来、出来、下去、过去、回去"等读轻声。
拿来　进来　起来　出去　上去　过去
看起来　笑起来　亮起来　说出来　说下去　暗下去
跳过去　跑回去　走进去　夺回来　冷下去　送回去

（6）量词+"个"，"个"读轻声。
一个　两个　三个　四个

（7）普通话中有一批习惯上读轻声的轻声词。
热闹　胳膊　风筝　咳嗽　名字　事情　清楚　力量　眉毛　舒服

其他轻声词详见《普通话必读轻声词语表》。

（三）儿化

指的是一个音节中，韵母带上卷舌动作的一种特殊音变现象。我们把这种带有卷舌动作的韵母称作"儿化韵"。注意，儿化不是卷舌韵母和别的韵母组合而成的另一个卷舌韵母，只是音节的韵母尾音上附加上了卷舌音色。

1. 儿化的作用

儿化具有区别词义、区别词性、表示轻微特性和表示感情色彩的作用。

（1）区别词义

头（脑袋）　　　　口（嘴巴）
头儿（领头的）　　口儿（出入的地方）

（2）区别词性

盖（动词）　　　　尖（形容词）
盖儿（名词）　　　尖儿（名词）

（3）表示细小、轻微的特点。
小猫儿　小孩儿　小球儿　红脸蛋儿　头发丝儿　一丁点儿

（4）表示亲切、喜爱、温婉的感情色彩。
慢慢儿　宝贝儿　小花儿　小脸蛋儿　小碗儿

2. 儿化韵音变的规律

普通话几乎所有的韵母都可以儿化。儿化时，韵母必须发生相应的变化才能完成卷舌动作。儿化发音因韵母的不同而发音规律也各不相同。

（1）韵母的最后是 a、o、e、u，儿化时韵母直接加卷舌动作。

戏法儿　豆芽儿　麻花儿　脑瓜儿

粉末儿　红包儿　火锅儿　面条儿

挨个儿　半截儿　名角儿　毛驴儿

小猴儿　一溜儿　抓阄儿　没谱儿

（2）韵尾是 i、n 的韵母，儿化时韵尾失落，主要元音后加卷舌动作。

加塞儿　一块儿　刀背儿　宝贝儿　走味儿

竹竿儿　牙签儿　遛弯儿　老本儿　没准儿　脚印儿　合群儿　人缘儿

（3）韵母是 i 和 ü，儿化时韵母后增加卷舌央元音 /ə/。

玩意儿　米粒儿　金鱼儿　小曲儿　有趣儿

（4）平舌音和翘舌音，韵母变为卷舌央元音 /ə/。

瓜子儿　咬字儿　挑刺儿　没词儿　头发丝儿

果汁儿　树枝儿　记事儿　猫食儿　汤匙儿

（5）后鼻音韵母，儿化时韵尾失落，元音鼻化并加上卷舌动作。

药方儿　赶趟儿　鼻梁儿　蛋黄儿　钢镚儿　小瓮儿

电影儿　人名儿　胡同儿　抽空儿　小熊儿

第二节　副　语　言

副语言是指有声但没有具体词汇意义的辅助语言，主要指说话者的音质、音量、语速、停顿、重音、句调等。副语言在人类社会的沟通中占有很重要的地位，是语言信息的有力补充和佐证。

一、吐字归音

吐字归音的基本要求是准确、清晰、饱满、流畅。"准确"是指普通话发音的每个音节声、韵、调都要符合语音规范，特别是普通话中的音变现象，避免受到方言语音的影响。"清晰"是指每个音节都要让听众清楚地听到。"饱满"是指每个字都像清晨的露水那么丰满圆润，掷地有声。"流畅"是指在说话朗读过程中没有停滞或阻塞，没有口齿间的龃龉。一般来说，声音与情感之间存在着紧密的联系。

喜则气满声高，悲则气沉声缓，

爱则气缓声柔，憎则气足声硬，

急则气短声促，冷则气少声淡，

惧则气提声抖，怒则气粗声重，
疑则气细声粘，静则气舒声平。

大部分情况下，吐字归音不清楚，往往是由于现实生活中习惯了说话含混不清，不愿意清清楚楚地发出每个音节，主要还是因为懒惰。吐字归音含混不清，就无法让听话人清晰地接收到说话人的信息内容、情感思想，这必然会给交际带来严重的负面影响。

二、语速

语速就是说话或朗读时吐字的速度，即语言的快慢缓急，具体指发音时每个音节的长短和音节之间连接的松紧。语速一般可分为三种：慢速为 100～120 字/分钟，中速为 150～180 字/分钟，快速为 200 字/分钟及以上。说话的气声决定语速，说话的气声由说话的内容和说话人的情感决定。

（一）说话内容决定语速

1. 说明性文字，采用中速。如：

故宫修缮，尊重着"四原"原则，即原材料、原工艺、原结构、原型制。（单霁翔《大匠无名》）

其工作流程为，由铁路专用的全球数字移动通信系统来实现数据传输，控制中心实时接收无线电波信号，由计算机自动排列出每趟列车的最佳运行速度和最小行车间隔距离，实现实时追踪控制，确保高速列车间隔合理地安全运行。（王雄《当今"千里眼"》）

2. 叙述性、描写性文字采用慢速。如：

照北京的老规矩，春节差不多在腊月的初旬就开始了。（老舍《北京的春节》）

一个孩子说，秋天的风，像把大剪刀，它剪呀剪的，就把树上的叶子全剪光了。（丁立梅《孩子和秋风》）

到了秋天，果实成熟，植物的叶子渐渐变黄，在秋风中簌簌地落下来。北雁南飞，活跃在田间草际的昆虫也都销声匿迹。到处呈现一片衰草连天的景象，准备迎接风雪载途的寒冬。（竺可桢《大自然的语言》）

草丰林茂，一路上泉水时隐时现，泉声不绝于耳。有时几股泉水交错流泻，遮断路面，我们得寻找着垫脚的石块跳跃着前进。愈往上走树愈密，绿阴愈浓。湿漉漉的绿叶，犹如大海的波浪，一层一层涌向山顶。（谢大光《鼎湖山听泉》）

3. 议论、抒情性文字主要采用快速或慢速。如：

要知道，一个科学家在攻克科学堡垒的长征中，失败的次数和经验，远比成功的经验要丰富、深刻得多。（华罗庚《聪明在于学习，天才在于积累》）

我常想读书人是世间幸福人，因为他除了拥有现实的世界之外，还拥有另一个更为浩瀚也更为丰富的世界。（谢冕《读书人是幸福人》）

我爱月夜，但我也爱星天。（巴金《繁星》）

另外，对于复杂的信息，语速慢一点；对于已经熟知的信息则语速快点更好；重要信息如人名、地名、概念、数据则语速慢点更好。

（二）说话人的情感决定语速

语速有助于情感的表达。讲话比普通语速快一点，感染力更强，更有说服力。但不宜过快，过快的话，听话人可能跟不上说话人的思路；也不宜过慢，听话人往往会感到无聊。一般而言，较快的语速可以营造幸福、热烈、担忧、急切、焦虑、愤怒、惊讶等氛围，较慢的语速则更适合表达悲伤、厌恶、疑惑等情感。如：

盼望着，盼望着，东风来了，春天的脚步近了。（朱自清《春》）（急切）

他们必须预备过年吃的、喝的、穿的、用的，好在新年时显出万象更新的气象。（老舍《北京的春节》）（幸福）

老麻雀全身倒竖着羽毛，惊恐万状，发出绝望、凄惨的叫声，接着向露出牙齿、大张着的狗嘴扑去。（【俄】屠格涅夫《麻雀》，巴金 译）（愤怒）

但是，聪明的，你告诉我，我们的日子为什么一去不复返呢？（朱自清《匆匆》）（疑惑）

当高速列车从眼前呼啸而过时，那种转瞬即逝的感觉让人们不得不发问：高速列车跑得那么快，司机能看清路吗？（王雄《当今"千里眼"》）（疑惑）

（三）语言自身的形式特点决定语速

散乱、冗长的句子和发音拗口的词汇，选用慢速；整齐、富有韵律色彩的语句，选用快速。通常，运用排比、对照、层递手法时语速快。如：

大多数时候工匠都用传统工具：木匠画线用的是墨斗、画签、毛笔、方尺、杖竿、五尺；加工制作木构件使用的工具有锛、凿、斧、锯、刨等等。（单霁翔《大匠无名》）

人类语言之所以能够"随机应变"，在于一方面能把语音分析成若干音素，又把这些音素组合成音节，再把音节连缀起来。另一方面，又能分析外界事物及其变化，形成无数的"意念"，一一配以语音，然后综合运用，表达各种复杂的意思。（吕叔湘《人类的语言》）

去的尽管去了，来的尽管来着；去来的中间，又怎样地匆匆呢？（朱自清《匆匆》）

中国的莲花开在日本，日本的樱花开在中国，这不是偶然。（严文井《莲花和樱花》）

当然语速往往还受到听话人、说话的场合等因素影响。对老人、小孩说话一般要慢一点，同龄人之间则可快一点。

总之，说话的速度要快慢结合，富有变化。我们在说话时不适宜整个过程都采用同一个语速，要注意随时根据内容信息、语言特点、说话人的情感的变化而进行调整，做到快而不乱、慢而不断、快慢相间、过渡自然，让我们的表达成为沟通的优美旋律。演讲理论家费登和汤姆森说："关于演讲速度，所应遵守的主要原则就是随时注意变化。"

三、停顿

停顿指的是语句或词语之间声音上的间歇。这一方面是由于说话人生理上需要停下来换气,另一方面,句子结构上的口头标点,更是为了充分表达说话人的情感内容的需要。对于听话人而言,停顿是提示听话人该模块内容的终结,同时,也给听众时间去理解说话人所表达的信息内容。马克·吐温曾说过:"合适的字眼也许是极有效的,但是没有任何一个字眼比时机把握得当的停顿效果更好。"停顿主要包括结构停顿、逻辑停顿两大类。

(一)结构停顿

结构停顿即按照篇章和句子的语言结构来处理停顿。

1. 标点符号的停顿。一般来说标点符号的停顿时长为段落＞句号、问号、叹号＞分号、冒号＞逗号＞顿号＞破折号、冒号。如:

一路上听到的各种泉声,这时候躺在床上,可以用心细细地聆听、辨识、品味。(谢大光《鼎湖山听泉》)

于是——洗手的时候,日子从水盆里过去;吃饭的时候,日子从饭碗里过去;默默时,便从凝然的双眼前过去。(朱自清《匆匆》)

布谷鸟开始唱歌,劳动人民懂得它在唱什么:"阿公阿婆,割麦插禾。"这样看来,花香鸟语,草长莺飞,都是大自然的语言。(竺可桢《大自然的语言》)

(2)显示层次的停顿。通过停顿时长的不同,来显示出表意的层次。如:

而城市各处的真的灯火也次第亮了起来,//尤其是围绕在海港周围山坡上的那一片灯光,从半空倒映在乌蓝的海面上,/随着波浪,/晃动着,/闪烁着,/像一串流动着的珍珠,//和那一片片密布在苍穹里的星斗互相辉映,////煞是好看。(峻青《海滨仲夏夜》)

如果说自然的智慧是大海,/那么,/人类的智慧就只是大海中的一个小水滴,//虽然这个水滴也能映照大海,/但毕竟不是大海,///可是,/人们竟然不自量力地宣称要用这滴水来代替大海。(严春友《敬畏自然》)

(3)语法停顿。如:

生命/在海洋里诞生绝不是偶然的,海洋的物理和化学性质,使它成为/孕育原始生命的摇篮。(童裳亮《海洋与生命》)(主谓间停顿、动词与较长宾语之间停顿)

速度的提升,铁路的延伸,让人们通过火车实现了/向远方自由流动的梦想。(舒翼《记忆像铁轨一样长》)(动词与较长宾语之间停顿)

莫高窟/是/我国古代无数艺术匠师/留给人类的珍贵文化遗产。(《莫高窟》)(主谓间停顿、动词与较长宾语之间停顿)

那些失去/或不能阅读的人/是多么的不幸。(谢冕《读书人是幸福人》)(并列成分之间停顿)

(二)逻辑停顿

为了显示语意,强调感情,突出句中的重要词语,以引起听众的注意,加深听众的印象,则会在这些词语的前后稍加停顿,而且不受标点约束,这种停顿叫逻辑停顿,也叫强调停顿。逻辑停顿是说话人为了达到表达意图和渲染情感的有意识的停顿。如:

更为重要的是,读书加惠于人们的不仅是知识的增广,而且还在于/精神的感化与陶冶。(谢冕《读书人是幸福人》)

于很多中国人而言,火车就是/故乡。(舒翼《记忆像铁轨一样长》)

你不/珍惜你的棋子。(林夕《人生如下棋》)

夕阳下的拒马河/慷慨地撒出一片散金碎玉,对我们表示欢迎。(刘延《十渡游趣》)

总之,结构停顿使说话层次分明、语意清晰;逻辑停顿使说话表意明确,感情充沛。二者都能给听话人留下理解话语信息的空间。在实际运用中,要根据说话人表情达意的需要,灵活运用停顿,该停则停,该连则连,停连适切,提高表达效果。

四、重音

重音是指说话时把句子里的一些词语念得比较重,听起来特别清晰的现象。这可以将语意重点表现得更清楚明晰,以引起听话人的留意,加深印象。重音的读法是在不改变这些字词的原有声调的情况下,增强声音的强度、扩大音域,延续时间。

根据产生重音的原因不同,重音可分为语法重音和逻辑重音。

(一)语法重音

根据句子的语法结构的特点对句子成分重读,这叫作语法重音。语法重音在句子中的位置是比较固定的,如:

山朗润起来了,水涨起来了,太阳的脸红起来了。(朱自清《春》)(谓语重读)

燕子去了,有再来的时候;杨柳枯了,有再青的时候;桃花谢了,有再开的时候。(朱自清《匆匆》)(谓语重读)

苏州园林里都有假山和池沼。(叶圣陶《苏州园林》)(动宾结构的宾语重读)

我喜欢出发。(汪国真《我喜欢出发》)(动宾结构的宾语重读)

我们的船渐渐地逼近榕树了。(巴金《鸟的天堂》)(状语重读)

大雪整整下了一夜。(峻青的《第一场雪》)(状语重读)

他眼睛睁得大大的。(补语重读)

你这个建议好得很。(补语重读)

这个问题谁也解决不了。(疑问代词和指示代词重读)

(二)逻辑重音

为了突出主要思想感情,句子中的需要突出或强调的词语要重读。至于哪些词语需要突出和强调,则要根据说话的内容和说话人的思想情感来确定。同一个句子中,把不同的词语或短语读得比较重,由于重音不同,整个句子的意思也就发生了变化。如:

我相信你可以做好。(他不信,我信)

我相信你可以做好。（我没有怀疑过你）
我相信你可以做好。（别人，我不敢确定）
我相信你可以做好。（你有能力做到）
我相信你可以做好。（完成得很好，不会半途而废）

五、句调

句调是指整句话的声音高低升降的格式。它贯穿于整个句干，尤其在句末音节上表现得特别明显。句调是由于思想感情、表达效果而在读音上表现出的高低升降、轻重快慢、曲直长短的变化，是对有声语言表达技巧的总体运用。根据表示的语气和感情态度的不同，句调一般可分为四种类型：升调、降调、平调、曲调。

（一）升调

声音由平到高，语势上升。常用来表示疑问、反问、惊讶、号召、鼓动、呼唤等语气。如：

像这样的教师，我们怎么会不喜欢她，怎么会不愿意和她亲近呢？↗（魏巍《我的老师》）（反问）

知道蝙蝠在夜里如何飞行，你猜到飞机夜间飞行的秘密了吗？↗（《夜间飞行的秘密》）（疑问）

造反了！造反了！↗（鲁迅《阿Q正传》）（惊喜）

推开门一看，嗬！好大的雪啊！↗（峻青《第一场雪》）（惊讶）

起来，饥寒交迫的奴隶，↗起来，全世界受苦的人！↗（《国际歌》）（号召）

这是胜利的预言家在叫喊：——让暴风雨来得更猛烈些吧！↗（高尔基《海燕》）（呼喊）

（二）降调

声音由平到低，语势渐降。一般用于陈述句、感叹句、祈使句，表示肯定、感叹、请求、祈使等语气。如：

同伴们都欣喜地说："明天早晨准可以看见日出了。"↘（杨朔《泰山极顶》）（肯定）

东风来了，春天的脚步近了。↘（坚信）

客家先民崇尚圆形，认为圆是吉祥、幸福和安宁的象征。↘（张宇生《世界民居奇葩》）（陈述）

船在动，星也在动，它们是这样低，真是摇摇欲坠呢！↘（巴金《繁星》）（感叹）

在它看来，狗该是多么庞大的怪物啊！↘（【俄】屠格涅夫《麻雀》，巴金 译）（感叹）

只见母亲轻轻地对护士说："不要紧，再来一次！"↘（姜桂华《将心比心》）（请求）

（三）平调

声音保持同样高低，语势平稳舒缓，没有明显的升降变化。一般用来叙述、说明、解释，表示严肃、庄重、冷淡、悲痛的语气。如：

烈士们的英名和业绩将永垂不朽。→（严肃）

为了人类的和平与进步，中国人来到太空了。→（杨利伟《天地九重》）（庄重）

在腊八这天，家家都熬腊八粥。→（老舍《北京的春节》）（叙述）

愿母亲在底下安息！→（朱德《回忆我的母亲》）（悲痛）

我希望这一生不要再见你。→（曹禺《雷雨》）（冷淡）

（四）曲调

声音先升后降，或先降后升，全句语调弯曲。常用来表示讽刺、厌恶、反语、意在言外等语气。这种语调可以提高说话的生动性，还可以渲染话语的感情色彩，增强感染力。如：

摆什么↗惊诧的臭脸孔呢？↘（鲁迅《"友邦惊诧"论》）（厌恶）

"怎么不珍惜呀？↗我每走一步，都想半天。"↘我不服气地说。（林夕《人生如下棋》）（怀疑）

这是何等地↘有责任心呀！↗（毛泽东《反对党八股》）（反语）

人类的作品飞上了太空，↗打开了一个个微观世界，↗于是人类沾沾自喜，以为揭开了大自然的秘密。↘（严春友《敬畏自然》）（讽刺）

综上所述，我们需要注意正确自如地处理语调变化。以自己的思想感情为依据，根据叙述的方式，语气灵活选用不同的句调，交替使用四种主要句调，使说话更加抑扬顿挫、活泼有趣。

读一读《普通话水平测试用必读轻声词语表》

读一读《普通话水平测试用儿化词语表》

观看中华经典诵写讲大赛视频，仔细品味有声语言表达的技巧。

观看历届齐越朗诵艺术节的获奖作品。

练习园地

朗读下列绕口令，注意其中发生的"一"的音变现象。

一个大，一个小，一件衣服一顶帽。一边多，一边少，一打铅笔一把刀。

一个大，一个小，一个西瓜一颗枣。一边多，一边少，一盒饼干一块糕。

一个大，一个小，一头肥猪一只猫。一边多，一边少，一群大雁一只鸟。

请找出下列段落的轻声字，并朗读段落。

"吹面不寒杨柳风"，不错的，像母亲的手抚摸着你。风里带来些新翻的泥土的气息，混着青草味儿，还有各种花的香，都在微微湿润的空气里酝酿。鸟儿将巢安在繁花绿叶当中，高兴起来了，呼朋引伴地卖弄清脆的喉咙，唱出宛转的曲子，跟轻风流水应和着。牛背上牧童的短笛，这时候也成天嘹亮地响着。（朱自清《春》）

朗读下面的句子和段落，注意灵活运用有声语言表达技巧：语速、停顿、重音、句调。

1. 今天的中国老百姓，坐着火车，可以去往九百六十多万平方公里土地上的天南地北，来到祖国东部的平原，到达祖国南方的海边，走进祖国西部的沙漠，踏上祖国北方的草原，去观三山五岳，去看大江大河……（舒翼《记忆像铁轨一样长》）

2. 在逃去如飞的日子里，在千门万户的世界里的我能做些什么呢？只有徘徊罢了，只有匆匆罢了；在八千多日的匆匆里，除徘徊外，又剩些什么呢？过去的日子如轻烟，被微风吹散了，如薄雾，被初阳蒸融了；我留着些什么痕迹呢？我何曾留着像游丝样的痕迹呢？我赤裸裸来到这世界，转眼间也将赤裸裸的回去罢？但不能平的，为什么偏白白走这一遭啊？（朱自清《匆匆》）

3. 当女主角穆桂英以轻盈而矫健的步子出场的时候，这个平静的海面陡然动荡起来了，它上面卷起了一阵暴风雨：观众像触了电似的迅即对这位女英雄报以雷鸣般的掌声。（叶君健《看戏》）

4. 那条白线很快地向我们移来，逐渐拉长，变粗，横贯江面。再近些，只见白浪翻滚，形成一堵两丈多高的水墙。浪潮越来越近，犹如千万匹白色战马齐头并进，浩浩荡荡地飞奔而来；那声音如同山崩地裂，好像大地都被震得颤动起来。（赵宗成、朱明元《观潮》）

第十章 演讲语言艺术

(1) 掌握演讲语言的基本表达技巧；
(2) 学会运用生动形象的词汇和修辞手法；
(3) 了解不同场合下演讲语言的特点；
(4) 通过实践练习，克服演讲中的语言障碍。

演讲语言艺术是一门极具魅力的学问。它不仅能让演讲者的观点清晰传递，更能引发听众的共鸣。在这一章，我们将深入探索演讲语言的奥秘，帮助我们掌握这一强大的沟通工具。

第一节 演讲的基本理论

一、演讲概述

（一）演讲的概念

演讲是一种在特定的时空环境下，演讲者通过有声语言和肢体语言，向听众传递信息、表达观点、引发共鸣，以实现特定目标的交流活动。

（二）演讲的构成要素

1. 演讲者：是演讲活动的主体，其个人素养、知识储备、表达能力等直接影响演讲的质量和效果。

2. 听众：是演讲的对象，他们的背景、需求、兴趣和反应对演讲的内容和方式有着重要的影响。

3. 演讲内容：是演讲的核心，包括主题、观点、论据、案例等，应具有针对性、逻辑性和吸引力。

4．演讲媒介：包括声音、语言、肢体动作、表情等，这些元素共同作用，增强演讲的表现力和感染力。

（三）演讲与其他交流方式的区别

1．与日常对话的区别：演讲通常具有更明确的主题、更严谨的结构和更正式的语言表达，而日常对话则更加随意、灵活。

2．与书面表达的区别：演讲是即时性的，需要通过声音和肢体语言来传递信息，而书面表达则可以经过反复修改和完善。

二、演讲的作用

（一）信息传递

演讲能够在短时间内将大量的信息传递给听众，使听众快速了解一个领域的知识、现状或未来发展趋势。

（二）思想引领

优秀的演讲者可以通过自己的思考和见解，引导听众形成新的观念和思维方式，激发听众的创造力和创新精神。

（三）情感共鸣

演讲者通过分享自己的经历、感受和故事，触动听众的内心，引发情感上的共鸣，从而增强人与人之间的情感联系和理解。

（四）激励行动

富有激情和感染力的演讲能够激发听众的积极性和行动力，促使他们采取实际行动去追求梦想、改变现状或解决问题。

（五）社交互动

演讲为人们提供了一个社交平台，让不同背景、不同经历的人聚集在一起，分享彼此的想法和经验，促进社会的交流与融合。

三、演讲的种类

（一）政治演讲

1．概念与特点

政治演讲是指政治人物为了宣传自己的政治主张、政策方针或竞选目标而进行的演讲。具有权威性、政策性和导向性等特点。

2. 案例分析

例如，美国总统林肯的《葛底斯堡演说》，通过简洁而有力的语言，阐述了民主、平等的理念，成为美国历史上的经典政治演讲。

（二）学术演讲

1. 概念与特点

学术演讲主要是学者、专家在学术会议、学术讲座等场合，向同行或公众介绍自己的研究成果、学术观点和创新理论。具有专业性、科学性和逻辑性等特点。

2. 案例分析

例如，物理学家霍金的《宇宙的起源》，以通俗易懂的语言讲解了深奥的宇宙学知识，激发了公众对科学的兴趣。

（三）商务演讲

1. 概念与特点

商务演讲通常在商务会议、产品发布会、企业培训等场合举行，旨在推广产品、服务，提升企业形象，促进商务合作。具有实用性、针对性和效益性等特点。

2. 案例分析

例如，苹果公司的创始人史蒂夫·乔布斯在新品发布会上的演讲，以其独特的风格和精彩的演示，成功引起了消费者的关注，推动了产品的销售。

（四）励志演讲

1. 概念与特点

励志演讲旨在激发听众的斗志和勇气，帮助听众树立信心，克服困难，追求成功和幸福。具有激励性、情感性和启发性等特点。

2. 案例分析

例如，尼克·胡哲的演讲《我和世界不一样》，他用自己身残志坚的经历，鼓舞了无数人勇敢地面对生活的挑战。

（五）礼仪演讲

1. 概念与特点

礼仪演讲包括欢迎词、答谢词、祝酒词等，主要用于社交礼仪场合，表达友好、感激、祝福等情感。具有规范性、简洁性和礼貌性等特点。

2. 案例分析

在国际会议的开幕式上，主办方发表的欢迎词，营造出友好、和谐的氛围。

四、演讲的语言特点

（一）准确性

1. 概念

演讲语言的准确性是指用词恰当、语法正确、逻辑严密，能够清晰、准确地表达演讲者的思想和意图。这是演讲的基本要求，避免产生误解和歧义。

2. 案例分析

例如，马丁·路德·金在《我有一个梦想》的演讲中说道："我梦想有一天，这个国家会站立起来，真正实现其信条的真谛：'我们认为这些真理是不言而喻的，人人生而平等。'"这句话语言准确，表达了对平等的坚定追求。

（二）简洁性

1. 概念

演讲语言的简洁性是指能够突出重点，避免冗长和烦琐，使听众更容易理解和记住演讲的核心内容。

2. 案例分析

例如，美国总统林肯的《葛底斯堡演说》，全文仅 272 个单词，却深刻阐述了民主的意义，"民有、民治、民享的政府永世长存。"这句简洁有力的话成为经典。

（三）生动性

1. 概念

生动的演讲语言能够通过形象的比喻、拟人、排比等修辞手法，以及富有感染力的声音和肢体动作，使演讲更具吸引力。

2. 案例分析

例如，丘吉尔在演讲中说道："我们将战斗到底。我们将在法国作战，我们将在海洋中作战，我们将以越来越大的信心和越来越强的力量在空中作战，我们将不惜一切代价保卫本土，我们将在海滩作战，我们将在敌人的登陆点作战，我们将在田野和街头作战，我们将在山区作战。我们绝不投降。" 通过排比的修辞手法，展现了坚定的战斗决心，极具感染力。

（四）口语化

1. 概念

演讲语言的口语化是指贴近生活，自然流畅，让听众感到亲切和易于接受。

2. 案例分析

例如，马云的演讲风格通常较为口语化，"今天很残酷，明天更残酷，后天很美好，

但绝对大部分人会死在明天晚上。"语言通俗易懂，深入人心。

（五）节奏性

1．概念

演讲语言的节奏性包括语速的快慢、语调的高低、停顿的长短等，能够增强演讲的表现力和情感传达。

2．案例分析

有的演讲以其强烈的节奏性著称，通过快速的语速、激昂的语调，调动听众的情绪。

1．思考一下，在你听过的演讲中，哪一个演讲给你留下了最深刻的印象？为什么？
2．分析不同种类的演讲在语言风格和表达方式上的差异，请举例说明。
3．结合自己的经历，请谈一谈如何在演讲中运用好语言特点，以达到更好的效果。

第二节　演讲技巧

一、演讲准备

（一）明确演讲目的

确定你希望通过演讲传达的核心信息或实现的目标，如说服听众、提供信息、激发情感等。

（二）了解听众的需求

分析听众的背景、兴趣、知识水平和期望，以便更好地与他们建立联系并满足他们的需求。

（三）收集和整理资料

围绕演讲主题，收集相关的事实、数据、案例、故事等支撑材料，使演讲内容更具可信度和吸引力。

（四）构建演讲框架

设计清晰的开头、主体和结尾。开头要引起听众的兴趣，主体部分要有逻辑地展开论述，结尾要进行总结和升华。

（五）撰写演讲稿

用简洁明了的语言表达观点，注意语言的流畅度和连贯性。演讲稿应进行多次的修改和完善,确保内容准确、生动。

(六)练习演讲

多次大声朗读演讲稿,注意语速、语调、停顿等;可以对着镜子自己练习或给他人试讲,进一步熟悉演讲内容并改进表现。

(七)准备辅助工具

如 PPT、道具等,但要注意不要因辅助工具过于复杂而分散了听众的注意力。

(八)提前到达演讲现场

熟悉场地环境,检查设备是否正常,调整自己的状态。

二、演讲的语言技巧

(一)清晰表达

发音准确,避免模糊不清或语速过快,让听众能够轻松地理解自己的演讲内容。

(二)简洁明了

避免冗长复杂的句子和词汇,简洁地传达核心思想。

(三)运用生动的语言

使用形象、具体的词汇,以及比喻、拟人、排比等修辞手法,增强语言的感染力。如"时间就像一把无情的刻刀,在我们的脸上刻下岁月的痕迹。"

(四)学会讲故事

通过讲述有趣、感人或引人入胜的故事来阐述观点,吸引听众的注意力并为听众留下深刻的印象。例如,一位演讲者在讲述坚持的重要性时,分享了自己如何克服重重困难来实现梦想的真实故事。

(五)引用名言警句

增加演讲的可信度和说服力。如"正如鲁迅先生所说:'希望是附丽于存在的,有存在,便有希望,有希望,便是光明。'"

(六)设置悬念

引起听众的好奇心,使他们更有兴趣听下去。如"在接下来的几分钟里,我将揭示一个可能会改变你们生活的秘密……"

(七)注意语音、语调的变化

根据演讲内容的情感和重点,适时调整音量、语速、语调的高低、语气的轻重和缓急，增强表现力。

三、演讲的非语言技巧

（一）肢体语言

保持良好的姿势，身体挺直但放松；运用自然而适度的手势来强调重点、增强表现力，但不要过于夸张或频繁；与听众保持眼神交流，展示自信和亲和力。

（二）面部表情

根据演讲内容展现出相应的表情，如微笑、严肃、激动等，以增强与听众的情感共鸣。

（三）舞台移动

适当移动位置可以吸引听众的注意力，但要注意步伐稳定、自然。

（四）着装得体

根据演讲的场合和主题选择合适的服装，展现专业和自信。

（五）运用沉默

在适当的时候停顿，可以引起听众的注意，强调重要观点或给听众留出思考的时间。

四、演讲的应变技巧

（一）应对忘词

如果突然忘记接下来要说的内容，不要慌张，可以稍作停顿，通过回忆演讲的逻辑主线或查看笔记来找回思路；也可以用一些过渡性的话语，如"让我们回到刚才的话题""正如我之前所说"等，为自己争取时间。

（二）处理设备故障

如遇到麦克风无声、PPT无法播放等情况，保持镇定，向听众说明情况并尽快解决问题，或者在没有设备辅助的情况下继续演讲。

（三）应对听众提问或干扰

对于听众的提问，要认真倾听，理解问题后给予清晰、准确的回答；如果遇到干扰或听众有不礼貌的行为，保持冷静和礼貌，尽量避免发生冲突，可以用幽默或巧妙的方式化解尴尬。

（四）调整演讲节奏

如果发现听众的反应不如预期热烈，可能需要适当调整演讲的节奏，增加一些互动环节或故事，以吸引听众的注意力。

（五）时间控制

如果演讲时间有限，而内容还未讲完，要果断地对内容进行精简，突出重点；如果时间充裕，可以适当增加一些案例或细节，使演讲更加丰富。

练习园地

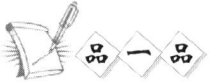

请指出下面作品的写作手法与特点。

梦想的力量

尊敬的各位听众：

大家好！今天，我非常荣幸能够站在这里，与大家分享一个关于梦想的故事。

在我们生活的这个世界上，每个人都怀揣着属于自己的梦想。梦想，就像夜空中最璀璨的星星，照亮我们前行的道路；梦想，又如同激昂的乐章，激励着我们不断追求卓越。

我想先问大家一个问题：你们还记得自己最初的梦想吗？或许是成为一名科学家，探索未知的世界；或许是成为一名艺术家，用画笔描绘出美丽的画卷；又或许是成为一名教师，培育祖国的花朵……无论梦想是什么，它都是我们心中最宝贵的财富。

在这里，我想和大家分享一个真实的故事。有一个小男孩，他生活在一个非常贫困的家庭。他的父母都是普通的农民，每天辛勤劳作，却只能勉强维持生计。然而，这个小男孩心中却有一个大大的梦想——他渴望成为一名宇航员，飞向浩瀚的宇宙。

面对家庭的贫困和生活的艰难，他没有放弃自己的梦想。他每天努力学习，利用一切可以利用的时间阅读关于宇宙和航天的书籍。他的房间里贴满了各种各样的宇宙飞船和星球的图片，这些图片成为他前进的动力。

终于，有一天，他迎来了一个改变命运的机会。一所知名的航天学校在全国范围内选拔优秀学生，他毫不犹豫地报了名。经过层层筛选和激烈的竞争，他凭借着扎实的知识和坚定的信念，成功地脱颖而出，获得了进入这所学校学习的资格。

在学校里，他面临着巨大的挑战和压力。学习任务异常繁重，课程难度也非常高。但他始终没有忘记自己的梦想，他咬牙坚持着，不断努力着。他知道，只有付出比别人更多的努力，他才能够实现自己的梦想。

经过多年的刻苦学习和训练，他终于实现了自己的梦想，成了一名优秀的宇航员。他乘坐着宇宙飞船，飞向了那片他曾经无数次幻想过的浩瀚宇宙。

这个故事告诉我们，梦想有着无穷的力量。只要我们拥有梦想，并为之努力奋斗，就没有什么能够阻挡我们前进的步伐。

梦想，可以让我们超越平凡，走向辉煌；梦想，可以让我们在困境中找到希望，在黑暗中看到光明。

朋友们，无论你们现在身处何方，无论你们面临着怎样的困难和挑战，都请不要忘记自己的梦想。让我们怀揣着梦想，勇敢地去追求，去拼搏！因为，只有不断地追逐梦想，我们的人生才会更加精彩！

谢谢大家！

演讲稿的优点：

1．主题明确：紧紧围绕"梦想的力量"这一主题展开，通过讲述小男孩的故事，生动地阐述了梦想的重要性和影响力。

2．引人入胜：以提问开场，引发听众的兴趣和思考，接着讲述故事，以故事情节吸引人，容易引起听众的情感共鸣。

3．语言生动：运用比喻的修辞手法，如"梦想，就像夜空中最璀璨的星星""梦想，又如同激昂的乐章"，使抽象的梦想变得具体可感。

4．结构清晰：开头提出主题，中间讲述故事并进行论证，结尾呼吁大家不要忘记梦想，层次分明。

5．情感真挚：能让听众真切地感受到演讲者对梦想的热情和执着，具有很强的感染力。

请找出下面作品中的错误并加以改正。

环保的重要性

亲爱的朋友们：

大家好！今天我想和大家谈谈环保的问题。

现在的环境真的很糟糕啊，到处都是污染。空气不干净了，水也不干净了。

我们应该保护环境，要多种树，少开车。要垃圾分类，不能乱丢垃圾。

工厂也不能随便排放污水和废气，要采取措施减少污染。

大家都要行动起来，从自己做起，从身边的小事做起。

只有这样，我们的环境才能变好。

谢谢大家！

1．内容空洞：只是简单地列举了一些环保的做法，缺乏具体的数据、案例或深入的分析，难以让听众深刻认识到环保的紧迫性和重要性。可以增加一些具体的数据，如每年因环境污染导致的疾病发生率、资源浪费的数据等；讲述一些因环境污染带来严重后果的

案例；分析环保对人类健康、经济发展等方面的影响。

2. 语言平淡：表述较为平淡，缺乏感染力。可以使用一些形象生动的语言，如"地球已被污染的阴霾所笼罩，我们的蓝天白云正逐渐失去它们原本的色彩"；引用一些与环保有关的名言警句，如"大自然是善良的慈母，同时也是冷酷的屠夫"；运用排比的修辞手法，如"多一份绿色，地球就多一份生机；少一点污染，环境就少一份危害；多一些行动，未来就多一些希望"。

3. 缺乏互动：与听众的交流较少。可以适当增加一些提问，如"大家想想看，我们身边有哪些污染环境的行为呢？""我们能为环保做些什么力所能及的事情呢？"来引导听众思考和参与。

4. 结尾简单：结尾比较仓促，可以进一步升华主题，如"让我们携手共进，为了地球的未来，为了子孙后代的幸福，积极投身到环保行动中去吧！"

环保的重要性

亲爱的朋友们：

大家好！今天，我怀着沉重的心情站在这里，和大家探讨一个关乎我们生存与未来的重要话题——环保。

如今，地球已被污染的阴霾所笼罩，我们的蓝天、白云正逐渐失去它们原本的色彩。大家想想看，那原本清澈见底的河流，如今变得浑浊不堪，散发着难闻的气味；曾经清新的空气，也被各种各样的污染物侵蚀，雾霾天气频繁出现。据统计，每年因环境污染导致的疾病发生率在不断攀升，这是多么触目惊心啊！

还记得那个被工业废水污染的小村庄吗？原本肥沃的土地变得贫瘠，村民们失去了赖以为生的家园，这就是环境污染带来的惨痛后果。

大自然是善良的慈母，同时也是冷酷的屠夫。如果我们继续对环境问题视而不见，那么等待我们的将是更加严峻的考验。

我们应该怎么做呢？首先，多种树是非常必要的，树木是大自然的"空气净化器"，它们能吸收二氧化碳，释放氧气。少开车，尽量选择绿色出行方式，这样可以减少尾气排放。同时，垃圾要分类，不能乱丢，这小小的举动却能为环保做出大贡献。

而工厂更不能随便排放污水和废气，必须采取有效的措施来减少污染。这不仅是企业的社会责任，更是关乎我们每个人生存的关键。

大家能为环保做些什么力所能及的事情呢？例如，减少使用一次性塑料制品，自带环保袋；随手关闭电器电源，节约能源；积极参与环保宣传活动，让更多的人了解环保的重要性。

让我们携手共进，为了地球的未来，为了子孙后代的幸福，积极投身到环保行动中去

吧！从自己做起，从身边的小事做起，多一份绿色，地球就多一份生机；少一点污染，环境就少一份危害；多一些行动，未来就多一些希望！

谢谢大家！

根据下面材料，写一篇演讲稿。

材料：在当今数字化时代，社交媒体已经成为人们生活中不可或缺的一部分。它为人们提供了便捷的交流方式，让人们能够与世界各地的朋友和家人保持联系；它也是信息传播的重要平台，新闻、知识和文化可以快速传播；然而，社交媒体也带来了一些负面影响，如虚假信息的泛滥、沉迷社交媒体会影响现实生活等。

社交媒体——一把双刃剑

尊敬的各位听众：

大家好！

在这个飞速发展的数字化时代，社交媒体如同一股汹涌的浪潮，席卷了我们的生活。它已经成为我们生活中不可或缺的一部分。

社交媒体为我们带来了极大的便利。它打破了时空的限制，让我们能够与远在天涯海角的朋友和家人随时保持密切的联系。只需轻轻点击屏幕，我们就能分享生活的点滴、传递思念之情，仿佛他们就在身边。

同时，社交媒体也是信息传播的媒介，新闻、知识和文化能够以惊人的速度在这个虚拟的世界中传播。我们可以轻松地了解到全球各地的动态，拓宽自己的视野，丰富我们的思想。

然而，我们不能忽视社交媒体带来的负面影响。虚假信息在其中泛滥成灾，常常让人难辨真伪。这些虚假信息可能会误导我们，甚至对个人和社会造成不良影响。

而且，很多人沉迷于社交媒体，忽略了现实生活中的人际交往和真实体验。他们沉浸在虚拟的世界里，与身边的人渐行渐远，影响了自己的学习、工作和身心健康。

社交媒体就像是一把双刃剑，既给我们带来了便利，又给我们带来了挑战。我们应该如何正确对待它呢？

首先，我们要保持理性和批判性思维，不盲目相信和传播，学会辨别真假，让真实的信息得以传播，减少虚假信息的危害。

其次，要把握好使用社交媒体的度。不要让它完全占据我们的生活，而是将其作为一种辅助工具，更多地关注现实中的人和事，积极参与真实的社交活动。

最后，我们要利用社交媒体的优势，传播正能量。分享有价值的知识和经验，帮助他人成长；倡导积极向上的生活态度，营造良好的网络氛围。

朋友们，让我们以正确的方式使用社交媒体，让这把双刃剑发挥出它的积极作用，为我们的生活增光添彩，而不是被它左右。

谢谢大家！

优秀演讲视频推荐：TED 演讲平台上有许多优秀的演讲视频，涵盖了多种主题和领域。例如，肯·罗宾逊（Ken Robinson）的《学校扼杀创造力？》（Do Schools Kill Creativity?），他以幽默风趣的语言和生动有趣的案例，探讨了教育体系中对创造力的忽视，并强调了培养创造力的重要性；西蒙·斯涅克（Simon Sinek）的《伟大的领导者如何激励行动》（How Great Leaders Inspire Action），通过"黄金圈法则"，阐述了激励人们行动的关键因素等。

你可以通过访问 TED 官方网站搜索相关演讲视频，进行观看和学习。演讲者在演讲技巧的运用上都非常出色，能够给你带来很多启发和灵感。同时，你还可以观察他们的肢体语言、语言表达、与观众的互动等方面，进一步提升自己的演讲能力。

第十一章 日常社交语言艺术

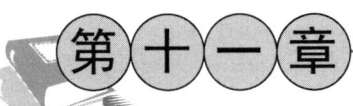 学习目标

（1）了解称呼与介绍的方法；
（2）掌握感谢与道歉的方式；
（3）掌握赞美与批评的方式。

 本章导语

人是群体性动物，有着强烈的归属感。在社会关系网络中，每个人都渴望成为社会一员，这就是所谓的"社会化"。美国心理学家马斯洛曾把人的各种需求归纳为五个层次：第一层次为"生理需求"（Physiological needs），第二层次为"安全需求"（Safety needs），第三层次为"爱和归属感"（Love and belonging），第四层次为"尊重"（Esteem），第五层次为"自我实现"（Self-actualization）。由此可见，在满足了生理和安全需求之后，人就有了交际的需要，通过人与人、人与群体的交际获得认同感和归属感。

苏格拉底说："世间有一种能力可以使人很快完成伟业，并获得世人的认可，那就是令人喜悦的讲话能力。"人际关系学家卡耐基也曾说："一个人的成功，15%靠技术知识，85%靠口才艺术。"良好的口语交际能力，是每一个社会人必须拥有的能力。事实上，良好的语言能力，可以维护和强化社会关系、塑造个人的理想形象，帮助每一个人在社会生活中实现个人目标。

第一节 称呼与介绍

一、称呼

称呼，指人们在日常交往应酬的过程中采用的彼此之间的称谓用语。人际沟通从称呼开始，称呼给人们的交流沟通奠定了基调。古人十分讲究称呼，通常情况下，对他人及他人的家属使用尊称，对自己及自己的家属使用谦称，如表 10.1 所示。现代社会虽然没有了

古代的严格限定，但选择适当得体的称呼，同样能够反映自身的教养，体现对对方的尊重；能够迅速拉近与对方的关系；有助于顺畅交流、成功交往。

表 10.1　尊称和谦称

称呼对象	尊称对方	谦称己方
本人	尊驾、阁下、足下	鄙人、敝人、不才
妻子	令阃、尊夫人	贱内、拙荆
父亲	令尊、令严、尊上、尊公	家父、家严、家尊、家君
母亲	令堂、令慈、尊堂	家母、家慈、萱堂
儿子	令郎、公子	犬子
女儿	令爱、千金	小女

（一）社会性的大众称呼

社会性的大众称呼指的是一定社会环境里长期存在的、广泛的、非亲属性称呼。社会性的大众称呼根植于不同的社会环境，受到整个社会文化的影响。不同的文化产生不一样的称呼，但即便是在同一文化环境中，称呼也会因为文化本身的变化而变化。因此，一方面，社会性的大众称呼会随着历史文化的变迁而改变；另一方面，也因为文化的稳定性而保持着一定程度的传统遗留。

1. 传统式的亲属性称呼

传统式的亲属性称呼是以"亲属称呼"代替"非亲属称呼"，是大众表示亲近、表达善意的称呼方式。例如，乡里乡亲之间即便不存在亲属关系，也都可以按照年龄和性别冠以"亲属性称呼"。称呼年长男性为"大爷""大伯""大叔""大哥"等；称呼年长女性为"大娘""大婶""大姨""大姐"等；称呼年纪较轻的男性为"小弟""阿弟"等；称呼年纪较轻的女性为"小妹""阿妹"等。同时，为了区别不同身份，非亲属的亲属性称呼还可以在称呼之前加上被称呼人的姓氏，如"王大伯""张大姐""刘婶儿"等。这种称呼方式不仅能够迅速拉近不熟识的人之间的关系，更重要的是表达了礼节和善意，能帮助营造良好的社交氛围。

2. 现代社会通用性称呼

现代社会通用性称呼是一种普遍性称呼，是对广大人民群众的普适性称呼。其受到历史文化的影响，同时也会随着时代的变化而变化。20 世纪上半叶，人们互称"同志"，这是对彼此信仰的认同，是一同携手共进的信任。新中国成立以后，社会经济发展，大众尊重有技能的劳动者，于是"师傅"这一称呼大行其道。到了 20 世纪八九十年代，随着经济的发展，"老板"这个称呼开始盛行。同时，大众称呼也借鉴了西方的称谓，开始称呼"先生""小姐"，"小姐"这一词后来又被"女士"所替代。直至现在，"先生""女士"依然是正式场合的主要称呼。到了 21 世纪，大众对审美的要求不断提高，于是"帅哥""美女"这一类称呼开始流行。总之，社会通用性称呼有其自身的稳定性和变化性。

（二）交际性的个人称呼

在日常交际过程中，针对个人的称呼必须根据不同的社会关系进行选择。选择正确、适当的称呼，不仅反映了自身的教养、对对方尊敬的程度，更是双方顺畅交流的开始，是营造良好社交氛围的基础条件。

1. 亲属称呼

在日常交往过程中，如果交际双方具有亲属关系，需要以"亲属称呼"为先。亲属关系分为姻亲和血亲。血亲指有血缘关系的亲属，是以具有共同祖先为特征的亲属关系。如祖父母、外祖父母、父母、兄弟、姐妹、姑舅、叔伯等。姻亲指以婚姻关系为媒介而产生的亲属关系。如岳父母、姐夫、嫂子、妻弟等，如图10.1所示。

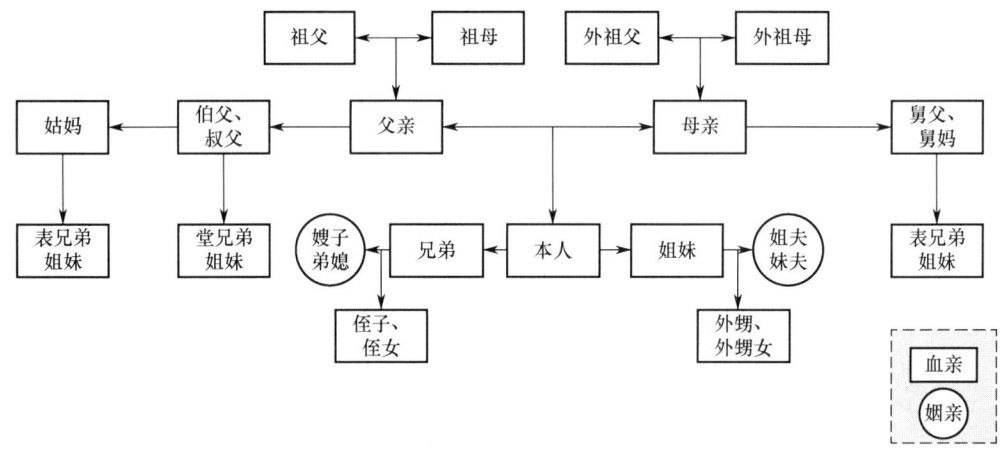

图 10.1　姻亲和血亲示意图

2. 姓名称呼

在非正式的场合，相熟的人之间，如朋友、同事之间可以采用"姓名称呼"的方式。"姓名称呼"不仅可以表达亲近、维系友谊，也可以营造轻松自在的社交氛围，提高社交的效率。"姓名称呼"的结构为称姓或称名。称姓是直接称呼对方的姓，如"老张""小陈""大刘"；称名为免姓直接称呼对方的名，如对"王美花"的称呼为"美花"，对"徐兰"的称呼为"小兰"或者"阿兰"等。在日常社交过程中，姓名称呼还会受到关系远近、语言习惯、方言特点等因素的影响，在使用过程中较为灵活。

3. 职业称呼

职业称呼也是行业称呼，是指称呼对方所从事的职业名称。可以直接称呼职业，也可与对方的姓名结合，常见的形式包括"姓氏+职业""姓名+职业"等形式。如"陈老师""张医生""王梅护士""张伟律师"等。在社会交往之中，人们彼此之间的称呼是因身份、关系的不同而不同的，务必庄重、规范。职业称呼代表了对对方职业的尊重。

4. 职称称呼

职称称呼指在工作场合或者正式场合中，对于具有职称者，尤其是具有高级、中级职称者，以其职称相称。人们可以只称"职称"，也可以采用"姓氏+职称"的形式，还可以采用"姓名+职称"的形式，如"教授""李教授""李诚教授"。以上称呼之间存在着庄重程度不同的细微差别，应根据不同的语境选择不同的称呼方式。

5. 职务称呼

职务称呼是以对方的职务相称，以示身份有别、敬意有加。这种称呼方式适用于十分正式的工作场合。与职业称呼、职称称呼一致，职务称呼也包括三种形式："职务""姓氏+职务""姓名+职务"，如"局长""黄局长""黄颂局长"。职务称呼一方面可以体现对交流对象职务的尊重，另一方面也可以暗示主体与对象的行政关系。

二、介绍

在日常生活中，难免遇到当双方互不认识时，必须由一个人作为第三方替大家介绍的情况。这种介绍方式就是第三方介绍或居间介绍。第三方介绍可以根据双方的身份地位、场合的正式程度进行不同的处理。例如，在双方地位相近的非正式场合中，第三方介绍可以采用较为简单的方式，介绍人简单地说明"我来给大家介绍一下"，然后直接说出双方的名字即可。在正式场合或者双方身份地位不对等的非正式场合中，第三方介绍必须遵循人际交往的规则，否则会被认为失礼。

总而言之，在介绍过程中，必须注意："谁当介绍人""采用什么顺序""介绍的内容是什么"这三个问题。

1. 谁当介绍人

谁当介绍人是介绍过程中首先要考虑的问题。一般情况下，在日常社交的非正式场合中，如果被介绍的双方有共同熟识的人，那么这个人就应该作为第三方介绍人，负责向双方介绍对方。这时候介绍人正是双方人际关系的交集，由他来打开局面，构建关系。例如，在运动馆遇见了同年级的朋友，由熟识双方的人进行简单的介绍即可。在较为正式的场合，介绍人的选择则不以熟识程度为先，而应该以身份为先。如家庭会客，应该由家中主人，如家中的男主人或女主人，进行逐一介绍。在比较正式的场合中，如会议、演讲、会谈等，则应该由专业主持人进行集体介绍。若主持人的人数超过一人，则应该在介绍前进行分工，制订介绍的计划。

2. 采用什么顺序

第三方介绍的介绍顺序应该遵循的原则是"尊者居后"，即让尊者优先了解对方的情况，以表示对尊者的尊重。个人介绍的具体情况包括：先将晚辈介绍给长辈，再把长辈介绍给晚辈；先把地位低的人介绍给地位高的人，再把地位高的人介绍给地位低的人；先把男士介绍给女士，再把女士介绍给男士等。而集体介绍则分为两种情况：其一，如果双方都是集体，则要求介绍双方集体时，先介绍地位高的一方，再介绍地位低的一方；其二，如果一方是集体，另一方是个人，则可以只介绍个人，集体的一方则以"集体"名义介绍或者是不介绍。

3. 介绍的内容是什么

因为双方互不相识或者互不熟悉，因此介绍人的介绍内容十分重要，这不仅是在第一时间给双方打造对彼此的"第一印象"的重要步骤，也是建造两人沟通桥梁的第一环节。第三方介绍的内容至少包括三个部分。其一，介绍人与双方的关系。如果是非正式场合，采用简洁的方式概括说明即可，如"这是我的朋友""这是我的同学""这是我的堂哥"等。如果是较为正式的工作场合，则需要在介绍时说明对方的身份地位，如"这位是我们销售部的经理""这是我们文学院的院长"等。其二，介绍双方的姓名。其三，介绍他们认识的目的，同时可以结合适当的赞美。如"他打羽毛球可厉害了，这次喊他组队，我们赢定了""这次咱们一起旅游。他可幽默了，一路上肯定很有趣"。当然，介绍的内容并不限于以上内容，我们需要根据实际情况来添加和调整。需要注意的是，无论如何，都应该维护双方的形象，打造良好的沟通环境，不能因为自己处于"全知"的优势位置而主观地影响双方的判断。

第二节 感谢与道歉

一、感谢

感谢，是日常生活中的重要部分。面对父母的照顾、师长的教导、朋友的帮助等，我们都应该表达感谢。感谢可以拉近人们的关系，建立友谊，团结彼此。如何表达感谢也是一门学问。不情不愿、唯唯诺诺的感谢会适得其反，语言表达不当的感谢也可能会被认为是阴阳怪气、言有他意，造成人际关系的紧张。学会感谢会让我们在社交场合显得彬彬有礼，能够给人留下好印象。人际交往是一场互动，我们的真诚也会引起对方的善意，如此一来，人际关系就会进一步融洽。

（一）感谢的原则

1. 真诚且无保留

人际交往的首要原则是真诚，感谢亦如此。真诚的感谢要发自内心，不欺骗，不虚伪，这样才能真正地打动人心。敷衍、虚假的感谢不仅无法正确地向对方传达心意，还会营造尴尬的气氛，让他人感到不适。真诚同样意味着无保留。有的人羞于表达感谢，不愿承认自己需要他人的帮助，因而在感谢时遮遮掩掩，这就使感谢的效果大打折扣。

不真诚的感谢如网络上流行的"我谢谢你啊""我谢谢你全家",这在特定语境中带有调侃甚至攻击的意味,不建议使用。

2. 适度且合理

感谢要把握好分寸,要做到适度且合理。过分的感谢会让人感到不适,难以接受,甚至是产生怀疑。压抑不住的感谢,会让人觉得不被重视,不被尊重。适度且合理的感谢,需要根据对方的付出、自己的获得、对方的个性和文化程度等多个方面来考量。具体表现在语言上,就应该注意语言的表达程度以及表达的次数。有些感谢的话语需要在公开场合表达,有些则不然。同样地,有些感谢的话语言简意赅即可,有些则不然。

3. 及时且主动

虽然许多帮助不求回报,但作为受惠的一方,还是应该及时主动地表达感谢。及时,指的是时间上的不拖延。当下表达感谢的效果比较好,可以直接让对方感受到自己的重视,说明自己十分尊重他人的帮助。主动,是指主观态度上的积极,主动去表达。这可以说明感谢是发自内心的,出于真心,而非被他人或者形势所迫。同样需要注意的是,主动代表着重视,应该是做好准备的,而不是随时随地、突如其来的。

(二)感谢的方法

1. "组合环节"的感谢方法

感谢忌空洞,有些人不擅长表达,在接受了他人的帮助之后,虽然内心感激不尽,口头表达出来的却只有"谢谢"两个字。这种表达虽然也是出于真心,但程度不够,有可能会让对方感到失望。因此,我们在感谢的过程中,需要尽可能地丰富信息,饱含感情。"组合环节"的感谢方法是指将"感谢"的语言表达分成若干个环节,通过组合环节,提供更多的信息,使情感饱满的同时,也能够做到语言合理。具体来说,表达感谢的环节包括:简述事实、肯定帮助、述说感受、表示执行。以上四个环节可以通过自由组合的方式,构成感谢的句式,表达感谢之情。

【案例】①"简述事实+肯定帮助+述说感受":要不是您帮忙改好了我的论文格式,我真的来不及交稿了。我简直舒了一口气啊,太谢谢您了。②"简述事实+肯定帮助+表示执行":非常感谢您针对我的论文提出的三条建议,非常中肯有效,我马上就去修改。③"肯定帮助+述说感受+表示执行":您的建议非常有效,我太开心了,我一定认真修改。④"简述事实+述说感受+表示执行":您建议我在论文中添加数据,我都添加了,现在我觉得自己的文章严谨多了,我太开心了,真地很感谢您。

2. 因人而异的感谢方式

人际沟通,是主体与客体的互动。表达感谢,是主客体之间情感的交流,是一次双向的互动。在表达感谢的时候,一方面要跳出主体的自我局限,不能自以为是,把自己认为"最好的"强加于人。同样,表达感谢也不能完全聚焦于"客体"而忽略了主体,使得主体"置身事外"。如此一来,不仅达不到感谢的目的,反而会弄巧成拙。因此,表达感谢可以从两个角度出发。其一,主体角度。在这个层面,可以将语言表达集中于"自我谦虚",即主要向对方传达一个信息——我自己无法解决问题,幸好有你。这种表达,可以暗示客体在主体中的重要位置,体现其重要性。其二,客体角度。在这个层面,可以将语言表达集中于"赞美对方",即主要向对方传达一个信息——你可以解决问题,你很优秀。不同于前一种,这种表达更多的是直接的赞美,在一定程度上可以消除对对方的期待,让对方在帮助自己的同时不会产生"下次我还得帮忙"的心理负担。

【案例】凌华爱好文学,课余时间会写写小说。他希望能够快速提升写作技巧,于是经常向文学院的童辰学长请教。一次童辰用了一个晚上的时间帮助凌华修改文章,还帮他投稿,最终稿件被学校报社录用了。凌华十分感激,同时也十分佩服童辰的文字表达能力。他脱口说道:"谢谢学长!这对你来说十分容易吧。"童辰听了这话面露不快,直言不讳地说道:"你应该去学习一下如何正确地表达感谢。"凌华涨红了脸,连忙道歉。童辰这才缓和了神色,耐心说道:"我知道你想要通过赞美来表达感谢,但是你的赞美应该是正向的,而不应该是反向的。"凌华想了想,说道:"谢谢学长!你太厉害了,这对我来说很困难,但你却做得又快又好。"

3. 出人意料的感谢

感谢出于真诚,但在现代的社会交往中,有些人的感谢充满了功利性和目的性,他们认为只有能够确定取得成效的帮助才值得表达感谢。这是一种非常错误且不友好的观点。实际上,在一些毫无功利化的、旁人认为无关紧要的小事情上表达道谢,往往更能打动人心。这是一种出乎意料的感谢,对于那些被感谢的人来说,就是一种意外之喜。这种情况下,我们不用进行长篇大论的感谢,也不用进行太过正式的感谢。可能只是一句简单的道谢短信,也可能只是在分享食物时一个简单的谢谢。无论采用哪种的感谢方式,真诚且能够直接顺畅地表达即可。

【案例】应届毕业生小罗到一家上市公司面试。面试过程中,主考官宋经理曾经给她一些职场上的建议。初试结果是小罗没有被录取。虽然小罗感到十分沮丧,但她认为自己确实在这一场面试中获得了一些经验。于是,她给宋经理写了一封电子邮件。在邮件中,她表达了自己的感谢,感谢公司给了自己面试的机会,更感谢了宋经理给自己的指导。在邮件的最后,她还说道,虽然自己没有被录取,但这是一次宝贵的经验,她会在此基础上继续努力。原本对小罗毫无印象的宋经理在收到这封邮件后,立即决定邀请小罗再次参加面试。

二、道歉

人非圣贤,孰能无过。在日常社交中,道歉难以避免。但是对于许多人来说,道歉并非易事。日常生活中,有的人明明知道自己做错事,应该向对方表达歉意,但却因为自尊心太强、面子太薄,耻于道歉;也有的人因为缺乏语言表达能力,在道歉的时候过于生硬或者过于委婉，导致无法正确地传达歉意；还有的人明明在内心已经承认自己的错误，但还是会给自己找各种各样的借口，只想凭借一句简单的"对不起"来解决矛盾。这些情况都会影响我们的日常社交，甚至会影响日常生活。因此，"学会道歉"是我们每一个人必须学习的社交环节。

（一）道歉的原则

1．真诚，是真心实意，坦诚相待。在人际交往过程中，面对自己的错误，诚恳地对对方表达歉意或遗憾，不隐瞒自己的动机，不夸大自己的行为，不为自己狡辩，坦诚相待才能获得对方的谅解。敷衍了事的道歉会激化矛盾，使问题不断扩大。

"对不起，我不过就是迟到了半小时，你也用不着一直生气吧。"如此道歉，实质上仍是为自己狡辩，这只会让矛盾更激烈。

"对不起，我确实迟到了半小时，耽误你的时间了，真的很抱歉。"

2．及时，是把握时机，不早不迟。在人际交往过程中，需要把握道歉的最佳时机。如果对方正在气头上，情绪已经失控，此时道歉不一定是最佳时机，需要等待时机，见其态度缓和后再与对方沟通。但如果道歉的时间一拖再拖，同样也会浪费最佳机会，使道歉的效果大打折扣。两人之间的矛盾就会永远成为彼此心中无法消磨的一根刺。

3．客观，是依据事实，不带偏见。道歉是因为意识到自己的错误，需要向对方表达歉意，但有的人在道歉的时候不能客观地对待彼此之间的矛盾，无法客观分析双方之间产生矛盾的根源，使得自己虽有心道歉，但无力纠偏。客观的原则要求当事人不夸大其词，亦不为彼此隐瞒，犯了错就该道歉改正，但不属于本人的错误，也没有必要为了息事宁人而自揽其责。

（二）道歉的方式

1．希望得到谅解

【案例】1754年，上校华盛顿率部驻守在亚历山大市。他因为选举问题与威廉·佩思发生了争吵，他说了一些冒犯佩思的话。佩思打了华盛顿一拳。华盛顿的部下当场就要为长官一雪前耻，却被华盛顿劝阻了。第二天，华盛顿约佩思见面。佩思本以为迎接自己的是一场决斗，没想到华盛顿却说道："佩思先生，犯错乃人之常情，纠正错误是光荣的事。我相信昨天我是不对的，你已经在某种程度上得到了满足。如果你认为到此可以解决的话，那么请握我的手——让我们交朋友吧。"从此以后，佩思成了华盛顿的拥护者。

【讨论】真正的道歉不仅仅是承认自己的错误，同时还要修补与对方的关系。获得谅解，是矛盾双方走向和平的必要途径。这就意味着语言表达不能是单项输出，而应该是互动型、交流型的。通俗来讲，就是"打破僵局，更进一步"。

2．表达担负责任

【案例】第二次世界大战期间，纳粹德国犯下累累罪行。1970年12月7日，时任联邦德国总理的威利·勃兰特来到华沙犹太隔离区起义纪念碑前敬献花圈。令人没想到的是，当他垂首致意时，他突然弯下双膝，跪在了冰冷的石阶上。这一幕震惊了全世界。勃兰特是在为自己的民族赎罪，这就是具有划时代意义的"华沙之跪"。勃兰特说道："我认为光凭一个花圈，并不能完全表达我们的歉意。我觉得将纳粹的罪孽归咎于现在的德国百姓并不公平，可身为总理的我，有责任为前人赎罪。""华沙之跪"被认为是德国彻底反省战争罪责的代表姿态，推进了德国与波兰等国实现战后和解。

【讨论】道歉应该让对方明白，自己已经知道错了，并且愿意担负责任。道歉若是仅停留在语言道歉的层面，会让人感觉不痛不痒，不能快速地平息对方的怒火。因此在语言表达上，需要注意传达"我愿意负起责任，将我的道歉付诸实践"的意思，这种表达方式能够提高沟通效率，促使两人共同面对矛盾冲突，有助于最终解决问题。

3. 努力重建信任

【案例】春秋时期，秦国、晋国欲联合攻打郑国，郑国处境危险。郑国大夫佚之狐向郑伯建议，派遣烛之武出使秦国，游说秦君，必可解郑国之困。郑伯同意了。但烛之武却辞谢道："我在壮年的时候，尚且不如别人；现在老了，无能为力啊。"郑伯听出他的言外之意，烛之武是对这些年来自己被忽视而感到不满。郑伯连忙说道："我不能早早任用您，直到现在国家情况危急了，才来求助您，这是我的过错。但若是郑国亡了，对您也是不利的啊。"于是，烛之武出使秦国，面见秦君，力陈利弊，终于解了郑国之围。

【讨论】烛之武对郑伯长年弃之不用感到愤懑，实属人之常情。在烛之武看来，郑伯并不信任他，两人之间存在信任危机。而郑伯的一番言语十分诚恳，郑伯承认自己对烛之武置之不理的过错，同时也表达了国家危难关头自己对烛之武的信任。这对于长年不受赏识的烛之武而言，是一份重于泰山的信任。

第三节 赞美和批评

一、赞美

美国机能主义心理学派创始人之一威廉·詹姆斯教授曾说："人性中最深切的禀赋，是被人赏识的渴望。"赞美能够引起别人的好感，能有效地缩短人与人之间的心理距离。赞美时要能够抓住被赞美的人或者事物的实质，语言到位，一语中的，这样才能够让被赞美者感到赞美的真诚，真正地达到赞美的效果。不是每一个人都天生会赞美他人，有些人的赞美词不达意，有些人的赞美平平无奇，有些人的赞美甚至会让对方觉得虚假、心生不快。在大多数时候，赞美是需要不断地练习的，这样才能够慢慢掌握技巧，达到预期效果。

（一）赞美的原则

1. 真诚

赞美要真诚，发自内心。有些时候，因为形势所迫，有些人不得不赞美他人，却又因为不是发自内心的，所以显得唯唯诺诺、虚假做作。这种赞美不仅不能达到效果，反而会弄巧成拙。真诚的赞美发自内心，因此我们首先要有一双能够发现美的眼睛，相信任何人都有值得赞美之处。发现了对方的优点，赞美便会发自内心，出于真诚。同时表达在外就是落落大方、毫不做作，这时候赞美就能够直达人心，积极推动两人之间的关系。

2. 适时

适时的赞美是指把握赞美的时机，不在于发出赞美的"速度"，而在于赞美时机的"准确"。其一，锦上添花的赞美。在对方获得荣誉、取得成绩、表现优异的时候进行赞美，如果无法做到当面赞美，可以采用电子通信的方式。时过境迁的赞美不一定能引发对方的好感，反而可能会造成尴尬局面。其二，雪中送炭的赞美。人生际遇变化不断，暂时陷入低谷的人更需要他人的赞美。此时的他们感受到的赞美效果比其他时间更强烈，会感受到更多的欣喜和鼓舞。雪中送炭的赞美能够快速拉近两人之间的关系。

3. 适量

赞美能够引起对方的好感，能够愉悦氛围，但并不是越多越好。吝啬赞美固然会使人际关系僵硬冰冷，但过量的赞美也会造成不良的影响。有的人急功近利，想要迅速地与他人建立良好关系，于是不吝赞美，甚至夸大言辞。这种超越现实需求的赞美不仅会给人虚伪浮夸的印象，更会在人际交往之中造成第三方的不适，影响与其他人的关系。适量的赞美要求我们审时度势，应行则行，应止则止。

（二）赞美的方法

1. 赞美细节，夸奖具体落在实处

许多人认为赞美一定得出于他人的突出之处，其实不然，细枝末节的赞美同样能够直达人心。赞美细节是指赞美不能空洞宽泛、笼统概之，要能够落到实处。当然，这种细节必须出于真实，任何来自虚假的细节不仅不能达到理想效果，反而会适得其反。例如，朋友穿了新衣服，你不住地赞美"好看！"；日常工作中，你夸赞同事"人好！"；这些表达可能是出于真心，但在对方听来却似乎是礼貌敷衍多于真挚诚恳。赞美细节，要求我们留心生活的方方面面，找到容易被忽略的细微之处。同样是朋友穿新衣服，试着赞美细节："你真适合这件衣服，V领刚好搭你的项链，显得非常端庄。"再如同事之间的日常交际，试着赞美："他又温暖又贴心，上次开会看见我脸色不好，散会了还特意给我送止疼药。"将赞美的言辞与对象本身的细节相联系，对方会容易感受到你的真诚，也更容易接受赞美。

【案例】1971年7月29日，美国前国务卿基辛格访华，周恩来总理在钓鱼台国宾馆会见了基辛格一行。初次见面，周总理亲切地与代表团一一握手，并且对每个人说出了不一样的欢迎词。他握住霍尔德里奇的手，说："我知道你会讲北京话，还会讲广东话。连我都讲不好广东话，你是在香港学的吧！"他对斯迈泽说："我读过你在《外交季刊》上发表的关于日本的论文，希望你也写一篇关于中国的。"他对洛德说："小伙子，好年轻，我们该是半个亲戚，我知道你的妻子是中国人，她在写小说。我愿意读她的书，欢迎她回来访问。"周总理的欢迎实际上就是赞美。他注意到了每个人不同的经历，从细节入手，赞美到实处，既亲切又得体，表达了中国人民的友好态度和欢迎之情。

2. 精准赞美，找到对方引以为荣的地方

人际交往过程中，过多的赞美、夸张的赞美都会被认为是吹捧和奉承，不会受到欢迎的。如何在适量的赞美中达到最好的效果？这就要求我们找准赞美的落脚点，赞美他人引以为荣的事情。一般情况下，想要获知对方引以为荣的事情，可以通过日常生活的观察得到。例如，言语之间的细枝末节——"我读大学的时候，参加过××比赛……""我们组了一个乐队……"；或是行为表现的热衷程度——"每次在KTV他都会唱××歌""他只参加公司的篮球赛"。这些都可以判断出对方引以为荣的事情。从另一个角度来说，身份职业也会是所有人在意的事情，同样也会因为他人赞美自己的职业而感到开心。因此，我们可以从对方的职业、年纪、从业地点来大致判断，进行赞美。例如，对于上了年纪的教师，可以赞美他"多年教书育人，已是桃李满天下"；对于技术高明的医生，可以赞美他"医术和医德一样让人敬佩"等。

【案例】1960年，法国总统戴高乐访问美国。在一次宴会上，尼克松夫人精心布置了鲜花展台，鲜艳的热带花朵衬托着一个精致的喷泉。戴高乐一眼就看出这是为了欢迎他而特意准备的，立刻称赞道："女主人为举行一次正式的宴会，要花很多时间来进行如此漂亮雅致的布置。"尼克松夫人听后十分开心，说道："大多数来访的大人物要么不加注意，要么不会为此向女主人道谢，而他注意到了还讲到了。"

3. 背后赞美，效果翻倍

背后赞美是指在第三方面前赞美另一个人，通过第三方转述，赞美的效果会比直接赞美更加显著。其中的心理因素在于，背后赞美会减少目的性和功利性，摒除对方认为是恭维或者应酬的疑心，比直接赞美显得更加真诚。在职场上，作为上司需要常常劝勉下属，而在多数人眼中，这不过是职场之上的常见激励手段，见多不怪，难以触动，也就很难达到激励的效用。但若是下属从第三方处听到了上司对自己的赞赏后，便会认为上司不是为了劝勉自己努力工作，而是真正地赏识自己。这样一来，反而会更加努力的工作。由此可见，上司不间断地当面劝勉，或许不及一次背后的赞美。

【案例】《红楼梦》里有一段故事：史湘云劝贾宝玉去会会这些为官做宰的人们，谈谈讲讲些仕途经济的学问。贾宝玉一听，大为反感，即刻下了逐客令。袭人也连忙劝史湘云"莫说这话"，还道之前薛宝钗也曾劝过宝玉，也被宝玉无视，扫了面子。袭人感叹薛宝钗涵养好，若是林黛玉后果就严重了。宝玉闻言，脱口而出道："林姑娘从来说过这些混账话不曾？若她也说过这些混账话，我早和她生分了。"正巧，这话被门外的林黛玉听见了，她又惊又喜、又悲又叹，心中便知两人已为知己。

二、批评

批评，不是为了向对方宣泄愤怒，而是要指出对方的缺点和不足，帮助其自我改正。批评是人与人之间互动的过程，不是一方的输出。相比赞美，人们对于批评的接受程度比较低，甚至是有些抵触和排斥，因此对于不得不做出批评的一方来说，掌握批评的方法尤其重要。成功的批评是人际交往的融合剂，不仅能让对方意识到自己的不足，积极改善，还能够让对方不排斥，甚至乐于接受、表达感激。

（一）批评的原则

1. 少批评，但不是不批评

赞美固然令人开心，但批评亦是苦口良药。在人际交往过程中，若是只求和谐共处，不批评、不指责，反而是在一定程度上认可了对方的错误行径，助长了他们的错误行为，有错不改，是继续犯错，最终可能导致更大的错误。一个小错误可能会被周围忽略，但若这个小错误引起了大错误则追悔莫及了。少批评可以营造和谐的氛围，但不批评却是不可行的。因此，在人际交往过程中，要注意批评适量，少批评，不是不批评。

2. 只对事，不对人

批评必须建立在尊重他人的基础上。批评一般是上级对下级、长辈对晚辈、老师对学生，反之则不适合。但即便如此，批评者也不能倚仗自己的身份和地位，肆无忌惮地给对方施加额外的压力。更不应该在言语间、姿态上轻视对方、嘲弄对方，甚至侮辱对方的人格。如此行为不仅不能达到批评的目的，反而让对方感到压抑反感，破坏人际关系。因此，在人际交往过程中，批评需要注意就事论事，只对事，不对人。

3. 看清场合，找准时机

一个恰当的场合，可以帮助对方接受批评意见。众所周知，不同的场合，会营造不同的语言环境，在此基础上进行的人际沟通也会产生不同的效果。例如，公开场合的批评会增加对方的羞耻感，非正式的娱乐场合的批评容易被人忽略，一对一的批评效果较好，但也容易导致对方尴尬。批评本就因为其可能伤害对方情绪而不易施行，因此，在选择场合的时候必须慎之又慎。一般情况下，要根据批评的内容、对方的个性以及想要达到的效果，来判断场合，找准时机，使得对方在情绪上容易接受，然后再开始进行批评。

（二）批评的方法

1. 先责己，再责人

卡耐基曾经忠告过："如果批评者在谈话开始时就先谦逊地承认自己也不是无可指责的，然后再指出别人的错误，那么情形就会好得多。"创造气氛缓和的批评语境，将自己和对方置于同样的条件下，将心比心，这样一来批评的意见会更加容易被对方接受。"先责己"是告诉对方人人都会犯错，消除对方的羞耻感，快速与自己建立内心联系；"再责人"则是目的，需要快速找到重点，继而展开批评。需要注意的是，"责己"和"责人"不能有巨大的落差，以至于让人怀疑"责己"是在作秀。

【案例】《红楼梦》中宝钗批评黛玉不该看杂书时，没有直接冠以礼仪道德，而是拉她坐下吃茶，款款地告诉她："你当我是谁，我也是个淘气的。从小七八岁上也够个人缠的。我们家也算是个读书人家，祖父手里也极爱藏书。先时人口多，姊妹弟兄也在一处，都怕看正经书。弟兄们也有爱诗的，也有爱词的，诸如这些《西厢》《琵琶》以及《元人百种》，无所不有。他们是偷偷的背着我们看，我们却也偷偷的背着他们看。后来大人知道了，打的打，骂的骂，烧的烧，才丢开了。所以咱们女孩儿家不认得字的倒好。男人们读书不明理，尚且不如不读书的好，何况你我……"宝钗从自身的经历出发，并没有居高临下指责黛玉，最终说得黛玉"垂头吃茶，心下暗服"。

2. 间接批评

一般情况下大多数人都难以接受直截了当的批评，尤其是在公开的场合。间接批评比直接批评委婉温和，可以将对方从事件的中心抽离出来，以第三方的立场看待自己错误，不会使对方感到尴尬，更加容易使对方接受。间接批评的具体方式包括：虚拟故事、引用寓言、借景抒情、点名他人等。这种方法能够适用于所有人，尤其是对待心理脆弱、性格不稳定、容易受到刺激的人群，间接批评不仅能够达到批评的目的，也是在一定程度上对自己和对方的保护。

【案例】《宋史·寇准传》中记载了一个故事。北宋名臣张咏是寇准的前辈，寇准对他也十分尊重。张咏私下认为寇准虽然才堪大任，但"学术不足"，也就是在学问上有些欠缺。可当寇准当面问他对自己的建议时，张咏却没有直言，而是简单地告诉他："《霍光传》不可不读也。"这就是在暗示他去看历史，发现自己的问题。果然，寇准在看到《霍光传》中"不学无术"四个字的时候，他立刻明白了张咏的暗示，笑着说道："此张公谓我矣。"

3. 先批评，再赞美

结合赞美，能够营造和谐轻松的谈话氛围，缓解批评给对方带来的心理负担，消解不良影响。曾经有心理学家以美国明尼苏达大学的 80 名学生为实验对象进行实验，他们发现比起"从称赞开始，以指责结束"，"从指责开始，以称赞结束"的好评度更高。这是因为"先赞美"就会让对方有连续称赞的期待，一旦落空，会导致心理偏差，反而影响批评的效果。而"先批评，再赞美"，可以向对方传达"虽然批评你，但没有失去对你的信任"，如此一来，对方不仅会接受批评意见，也会对其产生好感。

【案例】松下幸之助曾经因为下属后藤清一犯了错而非常生气，将他叫到办公室大骂了一顿。松下一边骂还一边拿着一只火钳往桌面拍击，简直气急败坏。被批评的后藤感到非常不是滋味，正要离开时，松下却喊住了他，说道："等等，因为我刚才太生气了，不小心把火钳弄弯了，麻烦你费力把它弄直，好吗？"后藤十分无奈，但也只能遵命，拼命敲打火钳。当他把敲直了的火钳交还给松下，松下看了看，笑着赞扬道："比原来的还好，你真不错！"后藤得到了松下的赞美，知道自己并没有失去他的信任，刚刚的郁闷一扫而光。

练习园地

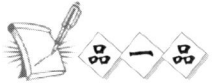

请你针对以下案例，说一说你的感想。

××公司的宋经理的秘书小杨，平日工作很积极，但时常马虎，处理文件的时候经常出错。一日，宋经理看见小杨穿了件漂亮的套装，于是对她说道："你今天穿的衣服非常漂亮，正适合你这样年轻漂亮的小姑娘。"秘书小杨受宠若惊。这时宋经理话锋一转，继续说道："我希望，以后你的公文处理也能和你本人一样漂亮。"

请问以下案例中小飞和小乐的沟通存在什么问题？

小飞和女友小乐一起去图书馆上自习。到了图书馆自习室却没有找到相邻的位置，小乐提议两人去教室自习，小飞却认为去教室也不一定会有相邻的座位，不如就在图书馆自习。

小乐说："教室肯定有位置，每天都有，你又不是不知道。"

小飞说："我觉得没必要，图书馆有什么不好的，非得去教室吗？"

小乐有点不开心了，说道："你就是不想跟我坐一起。"

小飞无奈道："我没有。"

小乐说："那你跟我一起去教室。"

小飞也生气了，说道："我就是不去！你爱去你自己去！"

两人不欢而散。

你认为人和人之间交往的"度"在哪里？

第十二章 辩论语言艺术

（1）掌握辩论的基本技巧和策略；
（2）学会分析辩题，准确把握论点和论据；
（3）培养清晰的逻辑思维和敏捷的语言反应；
（4）增强在辩论中的说服力和感染力。

辩论，是思想的交锋，是语言的艺术。在这个充满观点碰撞的舞台上，每一句话都承载着思考的重量。通过这一章，我们将深入探究辩论的奇妙世界，了解如何巧妙组织语言，如何敏锐洞察对方漏洞，如何以理服人、以情动人。让我们一起开启这场智慧与口才的精彩之旅，在辩论中展现自我，提升自我，用语言的力量点亮思维的火花。

第一节 辩论的基本理论

一、辩论概述

（一）辩论的概念

辩论是指持有不同观点的双方，通过阐述理由、反驳对方观点，以说服对方或达成共识的一种语言交流活动。

（二）辩论的要素

辩论的要素包括辩题、辩手、辩论规则、评判标准等。

（三）辩论的本质

辩论的本质是对观点的论证和反驳，旨在通过理性的思考和有效的表达来揭示真理。

二、辩论的目的与作用

（一）目的

1. 追求真理：通过双方的交锋和探讨，更接近事物的本质和真相。
2. 说服对方：使对方接受自己的观点或改变原有的看法。
3. 展示才华：展现辩手的思维能力、语言表达能力和知识储备。

（二）作用

1. 培养批判性思维：促使人们深入思考问题，分析不同观点的合理性和局限性。
2. 提高沟通能力：学会清晰、准确地表达观点，以及有效地倾听和回应他人。
3. 促进社会进步：推动公众对重要问题的关注和讨论，为政策制定和社会发展提供参考。

三、辩论的类型

学术辩论：围绕学术问题展开，强调理论依据和逻辑推理。
政策性辩论：针对政策的制定、实施和最终效果进行辩论。
日常辩论：常见于生活中的讨论和争论，如朋友间关于一个话题的分歧。
法庭辩论：在法律诉讼过程中，双方律师就案件事实和法律适用进行辩论。

四、辩论的语言特点

1. 准确性：用词精准，避免模糊不清或产生歧义。
2. 逻辑性：观点阐述有条理，论证过程严谨，符合逻辑规则。
3. 简洁性：语言简洁明了，避免冗长复杂的表述。
4. 攻击性：通过有力的反驳和质疑，攻击对方观点上的漏洞。
5. 感染力：运用情感、语气等手段增强语言的吸引力和影响力。

案例：在一场关于"人工智能是否会取代人类工作"的辩论中，正方的观点是人工智能的发展会导致大量工作岗位被取代，反方则认为人工智能会创造新的工作机会，并且人类的创造力和情感等特质是无法被取代的。

正方：随着人工智能技术的不断进步，许多重复性、规律性的工作已经可以被机器高效地完成，如工厂的流水线作业、数据录入等。这无疑会导致大量从事此类工作的人员失业。

反方：但我们不能忽视，人工智能的发展也催生了新的职业，如数据分析师、人工智能训练师等。而且，人类的想象力、创造力和同理心等是人工智能无法模拟的，这些特质在许多领域，如艺术、教育、医疗等，至关重要。

# 想一想

1. 回忆一次自己参与或旁观的辩论经历，分析其中的优点和缺点。
2. 思考在辩论中如何更好地控制情绪，以避免情绪化的表达影响辩论效果。
3. 探讨在面对强大对手时，如何保持自信并有效地组织自己的论点和论据。

第二节 辩论技巧

一、辩论的准备

（一）深入研究辩题

1. 明确辩题的含义和范围，确定关键概念。
2. 分析辩题的背景和相关的社会、文化、历史等因素。

（二）收集资料

1. 查阅书籍、论文、报告等权威资料。
2. 搜索网络资源，获取最新的信息和观点。

（三）制定论点

1. 确定核心论点，并围绕核心论点构建论证框架。
2. 考虑论点的可行性和说服力。

（四）预测对方论点

1. 站在对方的立场思考可能的论点和论据。
2. 准备针对性的反驳策略。

（五）组织团队讨论

1. 与队友交流想法，完善论点和论据。
2. 进行模拟辩论，发现问题并及时调整。

（六）撰写辩论稿

1. 清晰地阐述论点和论据，注意逻辑结构。
2. 语言简洁明了，避免冗长和复杂的表述。

二、辩论的语言技巧

（一）表达清晰

1. 发音准确，语速适中，让听众能够轻松理解。

2. 避免使用模糊或含混的词汇。

（二）逻辑严密

1. 运用合理的推理方法和论证方法，如归纳法、演绎法。
2. 保持论证的连贯性和一致性。

（三）巧妙设问

1. 通过提问引导对方陷入思考，以暴露其论点上的漏洞。
2. 用反问增强语气，强调自己的观点。

（四）引用权威

1. 引用专家、学者的观点或权威数据来支持自己的论点。
2. 增加论证的可信度和说服力。

（五）幽默风趣

1. 适当运用幽默的语言缓解紧张气氛，吸引听众。
2. 要注意避免过度幽默而偏离主题。

三、辩论的非语言技巧

（一）肢体语言

1. 保持良好的姿态，展现自信和专注。
2. 运用适当的手势增强表达效果，但不要过于夸张。

（二）眼神交流

1. 与评委、观众和对方辩手进行眼神交流，增强互动。
2. 避免眼神游离或盯着地面。

（三）面部表情

1. 根据表达的内容展现相应的表情，如严肃、微笑等。
2. 表情要自然真诚，不要过于做作。

（四）声音控制

1. 调整音量和语调，突出重点和强调论点。
2. 注意语速的变化，避免单调。

四、辩论的应变技巧

（一）应对意外出现的论点

1. 保持冷静，迅速分析对方论点的合理性。

2．寻找对方论点中的漏洞或矛盾进行反击。

（二）处理失误

1．若自己出现失误，及时承认并进行修正。
2．巧妙地将失误转化为进一步阐述观点的机会。

（三）应对挑衅

1．保持理智和风度，不被对方的挑衅激怒。
2．用理性的语言回应，避免陷入情绪化的争吵。

（四）时间管理

1．合理分配时间，确保在规定时间内充分阐述观点。
2．注意时间限制，避免因超时导致的扣分。

案例：辩论的题目是"网络使人更亲近还是更疏远"。

正方：网络让我们能够跨越时空的限制，与远方的亲朋好友随时保持联系，分享生活的点滴。通过视频通话，我们仿佛就在彼此的身边，感情更加深厚。

反方：然而，过度依赖网络会让人们忽略现实中的交流。大家在饭桌上都只顾玩手机，面对面却无话可说。网络上的虚拟交流无法替代真实的情感互动，反而使人与人之间更加疏远。

练习园地

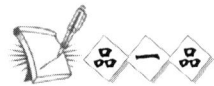

指出下面作品的特点。

顺境更有利于人的成长

尊敬的评委、亲爱的对方辩友：

大家好！我方的观点是顺境更有利于人的成长。

首先，让我们明确什么是顺境。顺境并不是指不经历任何挫折和困难，而是指在个人成长过程中，拥有相对良好的环境和条件，包括物质的充裕、教育资源的丰富、家庭的温暖以及社会的支持等。

在顺境中，人们能够获得更多的发展机会。例如，一个孩子生长在教育资源丰富的地区，他可以接触到更优质的教育，学习到更先进的知识和技能。这为他未来的发展打下了坚实的基础，使他能够更容易实现自己的梦想。

顺境还能培养人们积极乐观的心态。在充满关爱和支持的环境中成长，人们会感受到世界的美好，从而拥有自信和勇气去面对生活中的挑战。这种积极的心态将伴随他们一生，成为他们克服困难的强大动力。

对方辩友可能会说，逆境能够锻炼人的意志。但我们要看到，逆境往往伴随着巨大的压力和痛苦，很多人在逆境中会感到迷茫和绝望，甚至一蹶不振。而顺境则能够让人在相对轻松的氛围中成长，减少不必要的挫折和痛苦。

当然，我们并不否认逆境中也有人能够脱颖而出，但这只是少数。从整体来看，顺境为大多数人提供了更好的成长条件和机会。

综上所述，我方坚定地认为顺境更有利于人的成长。

特点：

1. 定义清晰：明确了顺境的概念，避免了在辩论过程中因概念模糊而产生的误解。

2. 论点明确：提出了顺境可以提供更多发展机会，同时可以培养人们积极乐观的心态两个主要论点，条理清晰。

3. 逻辑严谨：通过对比顺境和逆境的不同影响，有力地支持了自己的论点。

4. 回应有力：预见到对方可能提出逆境锻炼意志的论点，并进行了有效的反驳。

请找出下面作品的错误并加以改正。

读书无用论

尊敬的评委、对方辩友：

我方认为读书无用。

现在很多大学生毕业后找不到工作，还不如那些没读过书早早出去打工的人赚得多。而且，读书学的那些知识在实际生活中根本用不上。

很多成功的企业家也没读过多少书，不也照样成功了吗？如某企业家××，他小学没毕业就出去闯荡，现在事业做得风生水起。

所以，读书根本没用。

谢谢！

1. 论据单薄：仅以部分大学生就业难和个别成功企业家学历低为例，缺乏全面性和代表性，难以有力地支持论点。应补充更多相关数据和案例，如不同学历人群的平均收入对比、不同行业对学历的要求等。

2. 逻辑混乱：没有对"读书无用"这一论点进行深入的分析和论证，只是简单罗列现象。应从教育的本质、知识的价值、个人发展的长远性等方面进行阐述。

3. 视野狭窄：只看到了眼前的利益和个别现象，忽略了读书对个人综合素质、思维能力、价值观等方面的深远影响。改正时应拓宽视角，全面看待读书的作用。

读书有用论

尊敬的评委、对方辩友：

我方认为读书无用这一观点存在诸多误区。

首先，我们不能以部分大学生毕业后暂时的就业困难就断言读书无用。事实上，从整体数据来看，高学历人群的平均收入普遍高于低学历人群。而且，随着社会的发展，越来越多的高端职位对学历的要求越来越高，没有良好的教育背景，很难获得这些机会。

其次，个别成功企业家学历低并不代表读书无用。这些成功案例往往是特定时代和特定环境下的少数现象，不具有普遍性。而且，这些企业家在创业过程中也面临着诸多困难和挑战，如果他们具备更多的知识和技能，可能会取得更大的成就。

再者，读书的价值不仅仅体现在物质层面的收入上。读书能够培养我们的思维能力、逻辑推理能力、语言表达能力等，这些能力在我们的生活和工作中都起着至关重要的作用。读书还能丰富我们的精神世界，提升我们的审美水平和道德修养，让我们成为有内涵、有品质的人。

综上所述，读书对于个人的成长和发展具有不可替代的重要作用，读书无用论是站不住脚的。

谢谢！

根据以下材料，写一篇反方辩论稿。

材料：有人认为年轻人应该选择稳定的工作，也有人认为年轻人不应该选择稳定的工作，请选择反方论点进行陈述。

年轻人不应该选择稳定的工作

尊敬的评委、亲爱的对方辩友：

大家好！我方观点是年轻人不应该选择稳定的工作。

首先，稳定的工作往往意味着较少的挑战机会和创新机会。年轻人正处于充满活力和创造力的时期，他们应该勇敢地去迎接新的挑战，不断突破自己的舒适区，这样才能更好地挖掘自身的潜力，实现个人价值的最大化。如果过早地选择稳定的工作，可能会陷入一种安逸的状态，逐渐失去对新事物的探索欲望。

其次，当今社会变化迅速，行业发展日新月异。稳定的工作可能在一段时期内看起来不错，但很难保证在未来不会受到市场变化和技术进步的冲击。相比之下，选择具有一定风险但更具发展潜力的工作，能够让年轻人紧跟时代潮流，不断提升自己的适应能力和竞争力，从而在变化的职场中占据主动地位。

再次，选择稳定的工作可能会限制年轻人的视野和职业发展空间。在稳定的工作环境中，接触到的人和事相对较为单一，难以获得多元化的经验和知识。而勇于尝试不同类型的工作，能够拓宽人脉资源，积累丰富的经验，为未来的职业发展打下更坚实的基础。

最后，从人生发展的角度来看，年轻时正是勇敢追梦、大胆尝试的阶段。如果一味地追求稳定，可能会错过许多宝贵的机会，留下遗憾。只有勇敢地去闯荡，去尝试不同的可能性，才能让人生更加丰富多彩。

综上所述，我方坚定地认为年轻人不应该选择稳定的工作。

谢谢大家！

优秀辩论视频推荐：国际大专辩论赛，"金钱是不是万恶之源"的辩论堪称经典。另外，许多辩论综艺节目也十分精彩，辩手们思维敏捷、语言幽默，会给你带来很多辩论的启发。

第十三章 营销口才

(1) 了解营销口才的概念；
(2) 熟悉营销语言的特点；
(3) 知道如何接近客户；
(4) 进行有效说服；
(5) 有效地解决在销售过程中遇到的难题。

对于现代企业来说，营销是生存的法则之一。没有营销，企业就无法生存；若是没有销售人员与客户的沟通，营销便无法进行。美国成功学导师安东尼·罗宾曾说："销售没有成功，不是客户有问题，而是我们的说服力有问题。"由此可见，营销口才的重要性。对于营销人员来说，好的口才就是制胜的法宝。营销口才是销售人员在销售场合与客户进行沟通的语言技巧，也是一门语言艺术。实际上，现代社会正处在各种贸易关系中，我们每个人都是贸易网络上的一环，无时无刻不在做着"营销"的准备。人际交往是在向周围的人"推销自己"，求职面试是在向陌生人"推销自己"。日常生活中，向朋友们推荐自己喜爱的书籍、电影、歌手、演员都是在向他人进行推销。由此可见，需要营销口才的场景普遍存在。

第一节 接近顾客

一、营销语言的要点

美国心理学家洛钦斯提出了"首因效应"，它是指人际交往中给人留下的第一印象至关重要，第一印象会成为日后对他人认知和评价的重要根据。销售要求销售人员主动接近客户，这就存在唐突对方的风险，容易引起对方的警惕，可能会招致对方的反感，遭到拒绝。因此，如何打造第一印象，如何通过语言给目标客户留下良好的印象，对于销售人员来说这些问题至关重要。

（一）营销语言沟通要掌握策略

销售沟通是引导和说服顾客接受销售人员的观点、产品、服务的过程。在这个过程中，需要销售人员掌握良好的沟通技巧，使用合适的沟通策略，这样才能够达到最终目的。实际上，在销售的任何一个阶段，无论是接近客户、引起客户的注意，还是介绍产品、克服销售障碍等，都是在考验销售人员的语言能力。因此销售人员要做到心中有数，审时度势，把握沟通交流的主动权，引导顾客的行为。当然，沟通技巧和沟通策略不是死记硬背的理论条目，而是需要在实践中逐步完善的。卡耐基曾经说过："口才并不是一种天赋的才能，它是靠刻苦训练得来的，销售口才也是如此。"作为一名销售人员，必须掌握技巧和策略。

（二）营销语言沟通要因人而异

营销的目的明确清晰，很多销售者会有既定的"话术"，也就是通过学习掌握沟通技巧和沟通策略。这本是最基础的要求，但需要注意的是，在营销过程中遇到的客户却是形形色色的，惯常的"话术"可以解决一般性的问题，但终究不是十全十美的。因此，销售人员需要在技巧和策略的基础上，针对不同的客户，抓住不同的特点，进行灵活的语言调整。例如，面对理智型的顾客，需要讲清楚产品的优劣性，帮助顾客自己做决定；面对冲动型、挑剔型的顾客，需要语言简洁，避免长篇大论；面对斤斤计较型的顾客，可以在沟通过程中强调产品的性价比、优惠力度或者赠品等。

（三）营销语言沟通要注意互动

销售过程需要销售人员和顾客的共同合作才能完成，这就意味着，销售人员需要注意避免长篇大论，不可过分地以自我为中心，认为只要把商品的优势表达清楚就可以。在这个层面上，首先，就需要注意观察顾客的反应，顾客对销售人员表达的哪一方面信息表露出兴趣，对哪一方面信息态度冷淡，这时候就应该立即聚焦顾客的兴趣点。其次，不仅是自我的表述，还应该倾听顾客的意见，听取他们对产品的评论、对竞品的评论。当然，更为重要的是要去听顾客的弦外之音，判断是推辞还是另有意图。在全面了解顾客的基础上进行沟通，才能进行良好的互动，达到营销目的。

二、接近顾客的语言技巧

（一）简单的自我介绍和明确的了解

在一对一的销售过程中，销售人员需要向客户简单地介绍自己，借用自我介绍赢得客户的好感。自我介绍应该言简意赅，明确说出自己的名字、职业即可，如果有必要介绍自己的经历，应该客观地陈述，切忌带着自我夸耀的心态将自己的荣誉一一描述。简单的自我介绍可以在一定程度上打消初次见面的陌生感，但表达对客户的熟知程度才是迅速地拉近两者关系的有效方式之一。例如，如果在第一次会面时，销售人员能够准确地说出类似"××先生，我看过您的××文章，您对××方面一直很有研究""我有关注您的社交账号，看过您的视频"等，客户肯定会感到喜悦和感动。需要注意的是，这种方法不适用于随机的推销，这时候销售人员可以通过观察来判断对方的身份，找到有效沟通的渠道。

【案例】乔·吉拉德（Joe Gilad）是世界上伟大的推销员之一，他连续12年荣登世界吉尼斯记录"世界销售"第一的宝座，创下了连续12年平均每天销售6辆车的业绩。他曾说过："我有系统的档案，里面是我所有认识的人的基本情况。平均每个月我都要发出两万张贺卡，不管他们是否购买我的车，凡是跟我有过交集的，我都会让他们知道我记得他们。"乔·吉拉德重视客户，关注客户，并且能够通过合适的方式来表达，即便当下客户没有销售的需要。这是他成功的原因之一，也是值得所有销售人员学习的有效方法。

（二）真诚的赞美

赞美是人和人关系的粘合剂，也是销售成功必备的细节。赞美不仅能够缓和氛围，还能够快速地在两人之间建立联系，让对方更加信任自己。一般情况下，能够巧妙利用赞美的销售人员不会在沟通过程中遇到麻烦，销售沟通的效率较高；但虚假敷衍、过于功利的赞美不但不能锦上添花，反而有可能给自己带来麻烦。赞美顾客需要注意以下三个方面的内容：其一，赞美应该落在细节，善于发现他人容易被忽略的细节点。同时如果是经常见面的客户，还要注意对方的细微变化，给予赞美。其二，赞美应该巧妙地融合到沟通的过程中，从赞美转入正题，不能过于突兀生硬。其三，赞美不能过多地涉及客户的隐私，不要过多关注客户工作以外的情况。

【案例】赞美对方的长相、气质，如"您的眼睛很亮，很有朝气""您的头发很浓密又有光泽"。赞美对方的穿着，如"这件大衣和围巾的搭配非常协调，您真是眼光好、品位高。"赞美对方的语言表达，如"我很少遇见像您这样语言表达清晰、逻辑缜密的客户，和您合作那真是十分舒服。"赞美对方的性格，如"在这一方面，您真是果断有魄力，我很佩服。"

（三）以客户感兴趣的话题开始

人们往往会青睐与自己有着相同爱好的人。以客户感兴趣的话题开启谈话，可以活跃气氛，减少因为过于明显的目的而出现的尴尬，增加与客户继续沟通的可能性。客户即便对销售人员不感兴趣，也会因为对话题的好奇而进入谈话。这样往往会比直接进入销售的主题更有成效。一般情况下，客户感兴趣的话题会与自身的职业身份有关，销售人员可以根据观察，收集信息再进行判断，如与教师谈论教育话题，与医生谈论医疗问题等。如果因为职业限制难以准确切入话题，可以试着谈论当下热度较高的新闻，再巧妙地转入正题。

【案例】周六下午，陈先生走进了××汽车店。他饶有兴趣地看着车，但是当销售人员为他简要推销时，他一直态度漠然，似乎不太愿意与之搭话，销售难以进行。这时销售人员王序一眼看见了陈先生的棒球帽上有××徒步赛事的标志，还有他手机亮屏时闪过的攀岩的壁纸。王序笑着上前与陈先生打了招呼，开始向他介绍本店的一款越野型汽车。一面介绍汽车的各项参数，一面又提到了从前有一位喜欢攀岩、徒步的客户也买了这一款汽车，实用方便。这时陈先生表现出了一点交谈的兴趣，王序就继续说起了一些户外活动的赛事，还特意提到了陈先生棒球帽上的那次比赛，终于成功地打开了场面。

林宜进入××公司销售部，上司安排他到A公司推销本公司新出的产品。林宜十分认真地做了功课，不仅将本公司的情况以及产品的功能特性熟记于心，而且还了解了A公司的基本运营情况，甚至是负责采购的宋经理的履历。但首次出征的他，还是感到了压力和紧张。到了推销当日，当他忐忑不安地踏入A公司的电梯时，他一眼就看见了同乘电梯的宋经理。这时候，他应该怎么办呢？

第二节　有效说服

一、叙述的技巧

（一）通俗生动的语言表达

营销过程中，叙述语言尽量要做到通俗易懂、生动形象，尽可能准确地传递产品信息，并且引起顾客的兴趣。通俗易懂的第一点要求是使用普通话，口齿清晰，表达明确。第二点要求是用接地气的语言解释专业性的词语，帮助顾客领会和理解。第三点要求是用语朴实简单，不要为了追求文采而大量使用华丽的辞藻，避免让顾客产生距离感。通俗易懂的同时也要注意生动形象。生动形象是指可以采用一些简单的比喻或者实例来为商品、服务进行注解。生动的语言还可以营造轻松诙谐的氛围，拉近销售人员与客户之间的距离，让客户感受到坦率和亲切。

【案例】美妆销售人员小葛平日里喜欢"掉书袋"，每次为客户推荐产品的时候总是说道："这款面霜的保湿成分很丰富，有丙二醇、聚乙二醇、透明质酸、荷荷芭油、氨基酸、水解胶原蛋白等，当然也含有美白成分，如维他命B3、维他命C、果酸、曲酸、乳酸、鞣花酸等，这些都能产生很好的效果，可以让你的皮肤不干燥，还越来越……"没等他说完，客户就已经离柜走远了。他很纳闷，不知道哪里出了问题。

（二）专家式解说

在销售过程中，赢得客户好感的重要方法之一是"像专家一样介绍产品"。想要真正地打动客户，销售人员必须全面掌握商品、行业的信息，以致客户能够从销售人员这里得到最佳的建议。业务能力是销售人员的生存的基础，也只有真正了解产品、行业，才能对客户所提出的问题做到心中有数、应对自如。同样，专家式解说的营销模式如今常见于网络直播销售中，许多网络主播都会选择把自己打造成行业达人的形象，在销售中讲解一些行业知识，为顾客提供个性化的建议，如衣服销售会提供穿搭建议，美妆博主会讲解化妆品成分，书籍销售会介绍作品内涵等等。专家式的解释要求销售人员全面了解自己的产品及行业情况，但同时需要注意：其一，及时更新行业信息，落后过时的介绍会适得其反；其二，采用数据，直观的数据更能体现专业性；其三，适当举例，选取一些接近普通大众的例子进行讲解，能够拉近与客户的距离；其四，了解产品优势的同时也需要对其劣势心知肚明，在与客户进行沟通的过程中，尽量做到扬长避短。

【案例】金牌销售徐丽丽在一次经验分享会上说到一个故事。当年刚上岗的小徐在超市家用电器区域工作，一天她遇到了一位来咨询冰箱的大姨。大姨问："小姑娘，这台空调为什么比那一台贵那么多钱呢？"小徐隐约记得岗前培训的一些内容，于是回答道："这个是国际知名的大品牌，所以价格高。"大姨说："我不认得这个牌子，它好在哪里呢？"小徐又说道："质量好。"大姨无奈道："我就是想知道质量好在哪里？"小徐一时哑口无言，只得说道："不容易坏……"因为这件事，小徐被经理严厉地批评了，并且罚小徐抄写家用电器区域里所有产品的资料。徐丽丽说道："当年自己根本不知道什么是导购，以为就是带着顾客去付钱。"实际上，导购也好，推销也罢，都应该以一个行业专家的标准来要求自己，否则永远无法掌控局面，只会错失销售的机会。

（三）抓住利益核心，多角度探讨

销售，归根到底就是利益的交换。对于客户群体来说，只有利益符合自身的要求，他们才会进行交易。销售人员需要从客户的角度考虑问题。对于客户本人来说，若只是了解产品的优势，显然不能做出全面理智的决定。因此，面对客户——尤其是理智型客户，推销人员除了介绍产品的优势，还应该在一定程度上介绍产品的劣势和不足，向客户展示产品的两面性，从不同的维度最大限度地让客户了解产品的有关信息。这样一来，不仅能够提高客户对推销者的信任，也可以帮助客户做出最佳决策。需要注意的是，即便是需要体现产品的两面性，也应该在叙述过程中有所偏重，即多阐述优势，少阐述劣势。

【案例】家具城里，一位女士在沙发座椅区徘徊。销售人员刘江上前打招呼，女士指着两款不同的沙发椅问道："这两款沙发大小都差不多，为什么会差了500块钱？"刘江指着价格较高的一款先解释道："这一款是皮质沙发，豪华庄重，而且耐脏易打理。填充物是天然乳胶，透气性好，抗菌防螨。"接着，他指着另一款解释道："这一款是布艺沙发，可以直接拆卸清洗。内在填充物是人造棉，柔软性很好。"女士无法下定决心。刘江看出她更在意沙发的舒适度，于是继续说道："这两款各有优劣，布艺沙发的压缩负荷较小，所以回弹性会差一点，坐感就不如皮质沙发。皮质沙发舒适度好，就是价格稍贵一些。不过沙发是用来休息的，当然是越舒服越好。"女士听了刘江的介绍后，思索了几分钟，最后决定购买皮质沙发。

二、倾听的方法

（一）进行适当的附和

在倾听过程中，除集中精神、保留耐心的态度外，还需要表现出沟通的参与感，也就是要针对目标客户的表述，做出适当的回应。简单来说，就是在对方完整地表达信息后，通过一些简短的语言句式，表达肯定、赞赏的态度，增强对方沟通的兴趣和沟通的信心。例如，"您说得对""就是这个道理""还是您考虑得周到"。需要注意的是，在表达肯定的同时，需要辅以积极的体态语言，如眼神沟通、点头颔首、上扬的手部动作等。

（二）重复对方的话语

除了适当的附和，在倾听的过程中，还可以通过重复对方话语的方式与目标客户建立联系。重复对方的话语，实际上是在暗示或者向客户表达自己的关注，能够让对方感受到自己的尊重和重视，在一定程度上促进沟通的进程。重复对方的话，并不是指无选择地重复对方所有的话语，必须把握时机、选择内容。在不打断对方的基础上，选择对方话语中的部分内容进行重复，注意音量不要过大，以轻声细语为佳，同时也要辅以积极的体态语言。

（三）插入适当的提问

在销售过程中，倾听的目的绝对不仅仅是倾听，而是通过倾听，了解目标客户的需求，找到双方的利益共同点，找到合作的可能性。这就要求销售人员通过倾听这个过程，找到有效的关键信息。但有时候消费者不会直接表述，这时就需要销售人员主动出击，进行提问。在对方叙述过程中提问，需要注意提问的简短性和有效性。长篇提问会影响目标客户的阐述思路，可能会引起客户的反感。因此，一语中的才是倾听过程中提问的重要准则。

三、提问的技巧

（一）引导式提问

引导式提问是指在营销过程中，以疑问的形式争取对方的认同，引导目标客户得出预期的目标选项。引导式提问也适用于沟通中出现异议的场景。在销售过程中客户难免会提出异议，这时候与客户争辩绝不是解决问题的办法，而通过语言引导，让客户自己发现问题，这才是绝佳的选择。引导式提问大多时候需要一定的语境，需要推销人员根据逻辑来掌握提问的时机，以及提问次序，在不知不觉中引导客户的思考，引导客户选择。

【案例】在与客户沟通的过程中，尽量不要让他们有机会说"不"。因为一旦客户的回答是"不"，再要改变他们的想法就很困难了。"我看您刚刚在试用这一款新手机，需要我给您介绍一下吗？""不用，这款价格太高了。"如此，推销就难以进行。"6+1"成交法是一种营销沟通的方法。心理学研究发现，如果销售人员能够连续问客户 6 个问题，并让对方回答 6 个"是"，那么销售人员提出的第 7 个问题，客户也会惯性地回答"是"。销售人员说:"现在的生活没办法离开手机,您工作也常常用到手机吧?"客户回答:"是啊。""所以手机还是得挑个质量好的比较合适,您说对吧?""当然!""上网速度要快一点会比较方便,但是护眼也很重要,是这个道理吧?""对。""刚刚看您比较偏好浅色系?这一款手机,白色、上网速度快、蓝光护眼……很适合现在的年轻人,您试试?"

(二)开放式提问

开放式提问是指在目标客户可以接受的范围内,不断地通过提问试探对方的想法和意见,充分挖掘信息,适时调整营销策略,以达到营销的目的。开放式提问可以显示销售人员对客户意见的重视,能够提供给客户"销售人员是在为客户着想"的心理暗示,帮助促成销售目的。开放式问题的核心在于客户的需求。需求是销售的关键所在,有需求才会有市场。决定销售成败的永远不会是销售人员的口才和努力,因此在任何情况下,都要以客户为中心。如果销售人员能够从提问中收集信息,然后帮助客户做出最佳选择,客户便会购买你的产品。这种提问的方式是为了鼓励客户进行详细的回答,因此提问之前需要预设答案,如果回答只有"是"或者"不是",那这种提问就是不恰当的。

【案例】销售人员在推销新商品的时候,常常会通过提问了解客户对于产品、企业的熟知程度。比如销售人员提问道:"您有听过我们公司或者我们这一款新产品吗?"实际上,这种提问的方式,难以得到较为详细的回答,沟通就难以继续。试着以"关于我们公司,或者我们这一款新产品,您知道多少呢?"等话语来提问,可以为进一步的沟通打下基础。当然,开放式提问不是漫无目的地提问,可以围绕"客户需要什么""客户何时需要""客户需要多少"这三个方面的内容来进行。如"我们的手机款式齐全,每一款颜色都有,您喜欢哪一种颜色呢?""我们有现货,也可以定制,看您需要哪种?"

(三)选择式提问

选择式提问是将已经预备好的营销方向以备选项的方式提供给目标客户,给予对方一定的选择空间,以此来引导客户下定决心。很多情况下,客户可能一开始没有对销售人员的产品感兴趣,这时候就需要销售人员引导客户思考,从而使客户很难拒绝自己的要求。同时,选择式提问可以控制沟通的主动权,把沟通的内容转移到自己的销售范围。选择式提问还因客户回答的简短直接,在一定程度上节约销售人员的沟通时间成本,提高沟通的效率。但是需要注意的是,选择式提问难以了解客户真实的想法和购买兴趣,这对于后续的合作并不能取得良好的效果。因此,一般情况下,选择式提问不能过多使用,要适可而止。

【案例】早餐店的李老板想要增加配菜的销量,于是他总在顾客点餐的时候问道:"您是要加卤蛋还是要加荷包蛋?"这时候,大部分顾客都会习惯性地二选一。后来,李老板推出了一款新口味的炸蛋,他想要主打这个产品,于是又在顾客点餐的时候问道:"新推出的炸蛋很受欢迎,您加一个还是加两个?"这时候,大多数顾客都会点上一个炸蛋尝尝。

第十三章 营销口才

假设你是一名书籍销售主播，请在市场调研和分析的基础上，回答以下问题，确认你的目标客户形象，并且设计一段主播开场的介绍词。

1. 请问你的客户的年龄范围是什么？他们的文化程度怎么样？收入范围是多少？
2. 请问你的客户倾向于购买哪种类型的书籍？
3. 请问你的客户购买书籍的频率是多少？
4. 请问你的客户每次购买书籍的数量大致是多少本？
5. 请问你的客户购买书籍的时间段大概是什么时候？
6. 请问你的客户对你的产品、服务有什么样的评论？

第三节 营销难题

一、营销难题的类型

在销售过程的任何阶段，销售人员都有可能面临客户提出的异议。事实上，客户的异议处理是营销过程的组成部分，贯穿整个营销过程。就销售人员来说，这些异议一旦处理得不够完善，就会增加交易失败的概率，使得营销失败。虽然大部分的消费者都会直言不讳地表述自己的异议，但也有部分消费者不会，而是倾向于采用较为委婉的语言方式。当然，无论消费者如何表述，销售人员都必须清晰地了解对方语言背后的真正内涵，了解异议的内在动因。如此，才能对症下药，有的放矢地解决问题。

客户的异议多种多样，根据不同的情况会有不同的体现，主要可以分为三个方面。其一，针对商品提出的异议，包括商品的质量、规格、包装、售后、使用方法等。其二，针对交易情况提出的异议，包括商品价格、支付方式、折扣力度、交货日期等。其三，针对服务提出的异议，可能表现为对销售人员的不信任、不满意等。根据不同的情况，销售人员要有不同的解决措施。特别需要注意的是销售人员的语言表达技巧，销售人员不仅要主动及时地与客户沟通，还要打消客户的疑虑，重新建立良好的合作关系。

二、沟通的语言技巧

（一）安抚情绪，冷静处理

解决异议的基本原则是面向当下，努力从当下可以获得的资源中寻找解决矛盾的办法，而不要把精力浪费在既成事实的过往中。如果与客户在沟通过程中出现了异议，作为销售人员，务必保持冷静，不可与客户争辩，应该积极地与客户沟通，解决问题，而不是激化矛盾。首先，销售人员要耐心听取客户的异议，尽量让客户多表达。一方面可以帮助客户纾解情绪，另一方面也可以从客户的叙述中找到真实意图。其次，在遣词造句上需要特别注意，

要避免一些生硬的词语、句子,更不能出现任何批评指责的词句。如"你不专业,你听我的""你的想法太简单了""我们的产品怎么会有问题呢"等。再次,在沟通过程中,客户难免会有错误言辞或者不准确信息,作为销售人员一定不可锱铢必较,而是一笑置之或者淡然处理。如果有必须反驳客户的理由,务必采用委婉的方式,语气平和耐心。

【案例】2023年9月,网络带货主播××在介绍××品牌的一款眉笔时,直播间里有网友评论道:"该品牌眉笔越来越贵了。"××没有解释,反而当即回怼网友:"哪里贵了,国货很难的。"随后,他更是提醒网友应该从自己身上找原因,"这么多年工资涨没涨,有没有认真工作?"一石激起千层浪。"××带货怼网友"的话题迅速冲上微博热搜。第二天,××通过微博公开道歉,但网友似乎并不买账。××从业初期凭借专业的介绍、独特的风格,以"美妆达人""口红王子"之称红遍网络,至此,苦心经营的"专业人士""接地气"形象一落千丈。

(二)直观数据,解释异议

当客户的异议是出于对产品、企业、服务等方面缺少了解时,销售人员可以采用"列数据、摆事实"的方法进行解决。引用关于产品、企业的相关数据,包括销售数据、顾客好评率、回购率,或者企业规模、成绩等。直观的数据引用,可以方便客户比较衡量,可以增强客户对销售人员的信任,化解客户的疑虑,帮助提高沟通的效率。在引用数据的过程中,需要遵守真实、准确、简洁三个原则。第一,真实。虚假的数据会造成恶劣的后果,真实是销售的红线。第二,准确。销售人员对销售数据的陈述必须十分准确,不要采用大概、可能、左右等模糊性语言。一方面会让客户觉得在掩饰真相,另一方面也会显得不够专业。第三,简洁。直观的数据有利于沟通,但数据堆砌的沟通会造成语言的枯燥乏味,影响沟通的效率。

【案例】××公司计划购进一批打印机,符合采购标准的有A型号和B型号。采购部想以降低成本为主,购买价格较为便宜的A型号。销售人员小赵却觉得B型号更适合。于是他跟采购部经理说道:"贵公司购买新打印机替换旧款打印机,主要是为了提高工作效率,您说是吧?我给您算一笔账,首先,A型号比B型号的价格低了5%,但是B型号的打印速度比A型号高出7%,这里的时间成本可是值得考虑的。其次,您可以看看我整理的销售数据,选择我们品牌的、与贵公司规模相近的公司选择A型号的有34.5%、选择B型号的是52.3%。最后,从我们的回访记录上看,B型号的好评率也高出A型号2%。所以,贵公司是否需要再考虑一下呢?"

(三)肯定异议,补偿代替

当客户的异议是出于客观真实,交易的劣势明显处于销售方的时候,可以采用"肯定异议,补偿代替"的方法。这种方法因为没有直接的反驳,而是首先肯定了客户的异议,就会在一定程度上给予客户信任感。客户会在潜意识里认可销售人员的实事求是精神,留下好的印象,从而能够更快速地建立与其合作的可能性。接着,在肯定异议的基础上,销售人员需要立即提供代替方案,并且通过分析优劣势,帮助客户充分了解代替方案的价值,使客户满足心理需求,从而接受补偿代替方案,达到销售的目的。采用这种沟通策略时,尤其需要注意沟通的语气、语调,保证表达的真诚感,而不是被客户指出缺陷时的尴尬或者漫不经心。

【案例】现代消费者喜欢追求时尚、紧跟潮流,一些商品就会因为"时效过期"而受到冷落。例如,在衣物穿搭的销售过程中,客户常常会提出异议:"这个款式是去年流行的吧,去年很多人穿这款。"销售人员可以试着回答:"款式确实是去年的,您真是好眼力,一眼就看出来了。但这个款式一直比较热销,所以我们一直在进货。您看质量绝对没问题,而且黑白是经典色调,色彩搭配不过时。这样,这件衣服打个九五折,可以省下十多块钱,您看怎么样?"

假设你是一名汽车销售人员,当出现以下情况的时候,你应该如何处理?
1. 客户一直拿本店的汽车与其他店的汽车进行比较。
2. 客户在言语上攻击本店的产品,抓住一些细枝末节斤斤计较。
3. 客户认为销售过程中销售人员对自己态度冷淡,出口抱怨。

练习园地

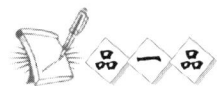

说一说下面案例中的销售人员是如何打动消费者的?

文具店里,一位顾客正在挑选中性笔。

店员:"我们今天有一款笔正在打折,您要不要看一看?您平时用的是什么颜色的笔呢?"

顾客:"不是我用的,我出来散步,我儿子让我带两支笔。"

店员:"那正好,××牌中性笔买10支打八折。你要不要看一下?"

顾客:"好像用不了这么多。"

店员:"笔是易耗品,用得快呀。而且小孩子的文具不嫌多。"

顾客:"倒也是,他天天丢笔。那就拿10支吧。"

店员:"我给您搭配一下,黑色六支,蓝色、红色各两支,怎么样?"

顾客:"可以的,谢谢。"

店员:"要不要带一个笔袋或者笔筒?比较方便收纳。"

顾客:"行,来个笔袋。"

店员:"好的,给您包起来了。"

指出下面案例中的销售人员的沟通问题,并加以改正。

销售人员:"根据您上次发给我的办公椅采购需求,我建议您可以选择 CX 型号。"

顾客:"什么是 CX 型号?"

销售人员:"CX 型号刚好符合您所有的要求。"

顾客:"那材质呢?我没提材质的要求。"

销售人员:"哦,对,是这样的。如果您要木质的,我推荐 MX 型号;如果要金属的话,我给您推荐 FC 型号。你看怎么样?"

顾客:"我看什么?我什么都没看见!"

模拟完成一次直播带货,主营产品自选。

第十四章 求职语言艺术

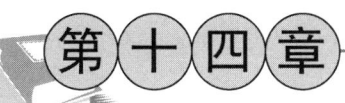

(1) 清楚求职语言的概念;
(2) 了解求职语言的内容及特征;
(3) 进行求职语言的训练。

本章主要包括三节内容,第一节是基本理论,第二节是求职语言,第三节是求职语言的训练。当代大学生在求职过程中发现求职语言越来越重要,具有良好的求职语言不仅能够在众多的竞争者中脱颖而出,还能在日趋激烈的职场上找到属于自己的位置,提升自身的核心竞争力和求职成功率。

第一节 基本理论

一、求职语言艺术概述

求职语言艺术是指在求职过程中使用恰当、精准的语言表达,展现出自己的优势和价值,从而获得用人单位青睐的各种技术。它不仅关乎求职者个人形象的塑造和能力的展示,也是用人单位选拔优秀人才的重要标准之一。

下面是求职者在面试交流时需要注意的几个方面:

自我介绍:自我介绍是求职过程中的第一个环节,所以应该重点准备并注重细节,自我介绍包括开场白、姓名、教育背景、实习经验、技能和兴趣爱好等内容。

话题转换:在面试过程中,求职者需要认真倾听面试官的问题,并灵活转换回答的话题,将自己的优势和特长展现出来。

良好的形象和语调:借助适当的语气与语调,可以有效地传递自己的信心、热情、成熟度和专业素质,建立正面形象,在面试官那里留下良好印象。

陈述成果:除了说明个人技能和能力,还需要清晰阐明自己的成就和贡献。这能够进

一步向用人单位展示个人价值，并且可以证明能在工作中为公司做出贡献。

礼貌谦虚：在面试过程中，求职者应该始终保持礼貌和谦虚，以展现自己的专业素养和职业基本修养，同时也能表达对用人单位的尊重。

总之，求职语言艺术是一个重要的技能，它需要认真准备、注重细节，能够有效地展现个人优势、特长和潜力。通过强化求职语言的艺术能力，可以提升求职者的竞争力，赢得更多的机会和资源。

二、面试考核的内容

面试考核内容通常根据不同的岗位和公司而有所差别，以下是一些常见的面试考核内容。

基本信息核实：在面试前要对求职者的简历和其他材料进行核实，包括求职者的教育背景、工作经验、技能、居住地和身份证明等。

个人情况：谈论一下求职者的基本信息、自我介绍、性格特点、兴趣爱好、家庭情况等，并回答面试官的提问。

工作经验和能力：在交流中甄别求职者的个人潜力和能力，了解求职者在过去的工作中哪些具体的任务完成得很出色，如何应对工作挑战等问题。

技术能力：评估求职者在工作中需要具备的硬件或软件技能、行业创新、熟悉的工具和平台，是否了解行业相关标准和行业趋势等。

专业经验：检验求职者的专业知识背景和技能程度，是否与目标职位的需求匹配。

团队协作：检验求职者有没有良好的沟通技巧和团队协作能力，并设置任务观察求职者如何融入其中并采用合理的执行方式。

职业规划：在了解个人背景的基础上，考察求职者对自己职业发展的计划是否清晰、可实现。同时也需要了解其对目前行业或公司战略的理解与反思。

其他方面：包括文化适应度和未来职业规划或期望薪资等相关内容，大多数面试官还会看重候选人的一些非工作特质，如思维敏捷、开朗活泼、专业风范、持续学习等。

除此之外，面试过程中还可能涉及笔试、组团讨论、案例分析等考核环节。总体来说，面试考核内容主要是为了全面了解求职者的背景信息、专业与技能水平、工作能力、团队协作以及其他素养特质，以确定求职者是否适合申请的工作岗位。

三、面试的类型

面试类型有很多种，以下是一些常见的面试类型。当然有些面试类型在很多时候或场合下是相互交叉的。

面对面面试：在面试官和求职者之间进行直接的面对面交流。这是最常见的面试类型，可以用来评估候选人的表达能力、沟通技巧、外表等。

面试小组讨论：由几个求职者共同做一些任务或者提出解决方案，以评估他们的团队协作能力、解决问题能力和社交技能。

网络面试：通过网络工具（如 Skype、Zoom、腾讯会议、QQ、微信等）远程进行视频面试，不受时间和地点的限制。这种方式适合全国甚至国际范围内的求职者。

组合式面试：使用多种方法进行面试，如笔试与面对面面试的形式结合，或是现场拓展游戏和小组讨论结合等，从而获取更全面的信息，考查求职者的综合能力。

线上笔试：求职者在规定时间内完成面试公司要求的考核题目，包括基础学科、技能测试、盘算分析、熟悉专题等。该种方式旨在评估候选人的工作能力和解决问题的思维方式。

行为面试：以候选人过去的工作表现和互动方式作为预测他/她未来行为的依据。经过提问，根据候选人对于以前工作经验的表述进行判断。

以上是一些常见的面试类型，每种类型都有其特点和优势，并能够很好地评价求职者的能力和素质。

第二节 求职语言

求职语言和其他语言相比，如演讲语言艺术、日常社交语言艺术、辩论语言艺术、口才综合运用等在形式及内容上有很大的区别，特别是对于初出学校迈入社会的广大学子来说，尤为重要。

一、求职语言的重要性

求职语言是求职者与招聘方之间进行沟通的重要工具。通过清晰、准确、得体的语言表达，求职者可以更好地展示自己的能力和优势，从而提高自己的竞争力。

求职语言可以帮助求职者更好地理解招聘方的需求和要求。通过对招聘信息的仔细阅读和分析，求职者可以了解招聘方对职位的要求和期望，从而更好地准备自己的求职材料和面试回答。

二、求职语言的注意事项

语言表达要清晰、准确。求职者在撰写求职材料和面试回答时，要注意语言表达的准确性和清晰度，避免使用模糊、含混不清的语言。

语言要简洁明了。求职者要注意语言的简洁性，避免冗长、复杂的句子和段落，让招聘方能够快速地了解自己的能力和优势。

语言要得体、恰当。求职者要根据不同的求职场合和职位要求，选择得体、恰当的语言表达方式，避免使用粗俗、低级的语言。

语言要有逻辑性。求职者要注意语言的逻辑性，让自己的回答和陈述具有条理性和连贯性，避免出现跳跃、不连贯的情况。

语言要有说服力。求职者要通过有说服力的语言表达，让招聘方相信自己胜任该职位，从而提高自己的竞争力。

三、求职语言的技巧

突出重点。在求职材料和面试回答中，要突出自己的重点和优势，让招聘方能够快速地了解自己的核心竞争力。在面试过程中，应集中精力说明自己在应聘岗位上可以做出的具体贡献，并且在此基础上进行必要的比较或证明。将重点放在与应聘岗位需求相符合的经验和技能上，从而让用人单位对自己的能力有一个清晰且准确的认识。

积极而自信的态度。在面试中保持积极、乐观和自信的态度能给招聘方留下深刻的印象。在表达自己的想法时，不要怯场或紧张，应展现出成熟、专业和目标明确的形象。

强调自己的成果。除了阐明自己的技能和经验，还应突出自己的成就和贡献。这能够进一步向用人单位展示个人价值，并且证明自己能在工作中为公司做出贡献。

不随便回答。在进行面试时，如果自己无法回答某个问题，不要进行漫无目的的回答。正确的方法是坦率承认自己不知道，并简短说明自己对这个话题的探究方向。

使用具体事例。在求职材料和面试回答中，要使用具体的事例来支撑自己的观点和陈述，让招聘方更加相信自己的能力和优势。

注意语言的规范性。求职者要注意语言的规范性，书面表达避免使用错别字、病句，口语表达须有一定逻辑连贯性，让自己的求职材料和面试回答更加专业和规范。

注意语言的语气和语调。求职者要注意语言的语气和语调，让自己的回答和陈述更加生动、有感染力。适当使用风格化语言。在适当的情况下，选择恰到好处的口吻、语气以及词汇组织方式能增强说服力和影响力。

注重有效沟通。在面试过程中，不仅要谨慎用词，还需要关注如何增进面试官和求职者之间的有效交流。这包括正确回答问题、询问问题以及积极倾听和理解面试官的问题。

多练习。求职者要多练习求职语言的表达，提高自己的语言表达能力和沟通能力。

总体来说，使用恰当、精准的求职语言能有效地增强自身的印象和竞争力。通过以上几个技巧可以帮助你更好地准备面试，并使自己在面试中表现得更加专业、自信。

第三节　求职语言的训练

面试课堂训练是一种提高面试技巧和应对能力的培训方式，以下是一些面试课堂训练的内容和方法。

自我介绍：向同学展示你能够在两三分钟内介绍自己，包括个人信息、教育背景和职业目标等。尝试每次都有所不同，这样可以锻炼你的反应速度，增加流利度，并使你更加了解自己的强项和事业目标。练习自我介绍并注意表达清晰、简短且重点突出。自我介绍时可以提及自己的教育背景、工作经验、专业技能以及个人爱好等内容，但要避免过长或啰嗦。

行为面试：思考如何合理且全面地回答面试官提问的问题。候选人需要结合以前的工作经验描述情境，审查问题所在，找到问题关键保证答案有说服力。如可以浏览公司相关的文化资料、历史材料，并把它换成很简短的句子，确保自己已经理解公司的文化内涵。要提前领悟企业文化，了解企业发展方向；通过简单回答对资料加以应用。

推销自己：展示自己的特点和价值，证明自己是最优秀的候选人。可以总结以前的工作经验，凸显自己可以独立开发项目或担当重任。

小组讨论：建议自己带领小组解决问题，包括分析、谈判、协作和执行任务。寻求与其他候选人进行合作的机会，在高压下互相鼓励，指出矛盾并理智解决等，表现积极和引导的作风。

临时演讲：选择一个命题或在一些特定的场合进行临时演讲，以此提高自身的表达能力。

弱点强化：针对自身的一些弱点，有目的性地加强训练。如培养在公共场合说话的自信心。

语气特训：除了平常说话所处的正常情境，还可以通过很多其他情境练习各种语气，如赞美、感谢、质疑等。

这些常见的面试课堂训练的内容和方法，可以帮助求职者锻炼面试技巧，增强面试自信，提高应聘的成功率。总之，求职语言艺术需要长时间的练习。在多次练习和不断进步中，显著提升自己的口头表达能力。

练习园地

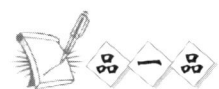

提问：请你自我介绍一下（半结构化面试题目及答题思路）。

（答题思路）

1．介绍内容要与个人简历中的内容一致；
2．表述方式尽量口语化；
3．要切中要害，不谈无关、无用的内容；
4．条理要清晰，层次要清楚；
5．事先最好背熟相关内容。

经典面试题目和答题技巧分享。

提问：1．五年内，你的职业规划是什么？

（答题思路）：最普通的回答是"我准备在技术领域有所作为"或"我希望能按公司的管理思路发展"。当然，你也可以说出一些你感兴趣的职位。考官总是喜欢有进取心的应聘者，如果回答"不知道"，或许就会使你丧失一个好机会。

提问：2．我们为什么要聘用你？

（答题思路）：这个问题主要是测试你的沉静与自信的度。可以根据自己的实际情况和优势，加以说明，让你的答案具有说服力。而一个简短、有礼貌但非常笃定的收尾也很重要，例如，"我能做好我要做的事情""我相信自己"等。

1．不同的面试考核内容也不尽相同，但总有一些主要的考核内容，有哪些？

2．你认为求职语言中最核心的部分是什么？为什么？

3．以一个即将毕业的大学生身份，亲自实践和切身体会在求职过程中语言艺术的重要性。

语言表达能力是求职者在面试中经常被考查的能力之一，语言表达能力的好坏会影响求职者的求职成败。

请用以下词语编故事：河流、冰冷、墙、订书机、急躁。

（参考答案）小王是一个乡村教师，那年冬天，他到县城去采购一些教学用品，回来经过一条独木桥时，不小心滑倒到河流中，连袋子里的东西也掉了出来。小王顾不上冰冷刺骨的河水，连忙去捞，但是捞来捞去，就只捞到一个订书机，奇怪了，其他的东西到哪儿去了？正在小王急躁地找来找去的时候，忽然听到一阵鸡鸣，他猛得爬起来，不小心撞到墙上，他摸着头，长出了一口气，原来是做了一场噩梦。

请用以下词语编故事：休假、事件、车辆、钢琴、清楚。

（参考答案）小李今天休假，他正愉快地开着车准备去野外踏青，突然发现前面高速公路已经堵塞了，打听后才知道前面发生了比较严重的车辆相撞事故。小王清楚地知道，一时半会是走不了了，无奈之下，他只好打开音响，播放自己最喜欢的钢琴曲，以打发等待的时光。

请用以下词语编故事：环境、实力、旅游、基础、发展。

参 考 书 目

附　　录

附录 1　普通话水平测试用必读轻声词语表（2021 年版）
附录 2　普通话水平测试用儿化词语表（新大纲）
附录 3　标点符号用法
附录 4　常用客套用语精选
附录 5　党政机关公文处理工作条例
附录 6　普通话水平测试用朗读作品 50 篇
附录 7　2022 年冬季奥运会开幕式和闭幕式的创意和文化表达

后 记

对于这本教材《写作与交流》的问世,我们感到无比激动和欣慰。通过这本教材,我们希望能够推动写作与交流教育的发展,为广大读者提供高质量的学习资料,帮助他们在这个信息时代中取得更多的成就。

在教材《写作与交流》中,我们力求将写作与交流的理论知识与实践技巧有机结合。我们深入剖析了写作与交流的关键要素,如信息整理、论证技巧、表达方式与风格等,并通过丰富的案例,帮助读者深入理解并运用知识。同时,我们还为读者提供了大量的练习和实践活动,以帮助他们巩固所学知识,并将其应用到实际情境中。

我们追求的不仅仅是表面的技巧,更是希望读者能够逐渐培养批判性思维、创造性思维和沟通能力。写作与交流教育不仅仅是为了学会如何用文字和语言表达,更是为了培养读者的思考能力和表达能力,使他们能够在各个领域中更加成功地与他人合作与沟通。

我们在编写教材的过程中,参考了众多优秀的教材和研究成果,同时也凭借自身的经验和理解进行了深入的思考和探索。在此,我要对所有为本教材做出贡献的作者、编辑和其他工作人员表示衷心的感谢。正是因为你们的努力和奉献,这本教材才能够呈现在大家面前。

最后,我们要感谢大家——尊敬的读者。你们的支持和关注是我们最大的动力。这本教材的出版离不开你们的信任和期待。希望通过这本教材,你们能够获得实质性的帮助和指导,提升自己的写作与交流能力,实现个人和职业生涯中更大的成就。同时,也希望你们能够将所学所用,努力发展和完善自己的表达能力,成为社会中的精英和领军人物。

随着这本《写作与交流》教材的出版,我们相信这只是一个新的起点。我们将继续致力于写作与交流教育的研究和推广,为广大读者提供更多有价值的教材和学习资源。期待不久的将来,我们再次相聚于更高的平台,共同探讨更深入的写作与交流技巧和理论。

最后,由衷地感谢大家的支持和关注。愿《写作与交流》这本教材能够给你们带来实质性的帮助和指导。希望我们能够不断地提升自己的写作与交流能力,创造出更加美好和璀璨的未来!

再一次感谢大家!

祝愿你们前程似锦,一切顺利!

谢谢!